Vergessene Pfade
Deutschland

Der Schraubenkopf im Bielatal (TOUR 19

Vergessene Pfade

DEUTSCHLAND

99 außergewöhnliche Touren abseits des Trubels

Richard Goedeke, Daphna Zieschang,
Anita Morandell-Meißner, Bernhard Pabst, Gottfried Eder,
Michael Kleemann, Joachim Burghardt, Gerald Schwabe,
Benedikt Grimmler, Annette und Lars Freudenthal,
Matthias Wittber, Antje Bayer

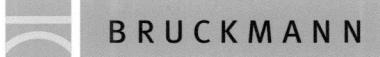
BRUCKMANN

Die Quarzitklippen am Ackerkamm zeigen mit Krustenflechten und Heidekraut ein eigenes Gepräge. (TOUR 3)

Inhalt

So kann der Harz denen schmecken, die Steinpilze sicher erkennen können!

ELBSANDSTEINGEBIRGE   40

**Eine der zahlreichen Flechtenarten
in der Sächsischen Schweiz**

Das Burglesauer Tal begeistert durch Wacholderheiden und den formschönen Wasserturm. (TOUR 23)

Faszinierendes Gebilde: Baumschwamm. (TOUR 36)

BAYERISCHE HAUSBERGE

Die Schachten: Einst einsame Hochweiden, sind sie heute idyllische
Wanderziele. (TOUR 41)

Kinder haben an dem bizarren
Wurzelwerk ihre helle Freude.
(TOUR 53)

Blick ins stille Elmautal (TOUR 55)

ALLGÄU UND BODENSEE   172

Die Marienbrücke hoch über
der Pöllatschlucht (TOUR 56)

SCHWARZWALD

Religiöse Zeichen helfen bei der Orientierung im tiefen Wald. (TOUR 68)

PFALZ   230

TAUNUS   256

Der Mollenkopf ist der höchste
Punkt der Wanderung von Weidenthal
nach Neidenfels. (TOUR 85)

Die Pfälzer Sandsteinformationen
bestechen durch ihre verschiedenen
Rottöne. (TOUR 81)

Gemütliches Picknickplätzchen mit Aussicht. (TOUR 97)

Gemütliche Einkehrmöglichkeit im Landgasthof (TOUR 90)

Auf vergessenen Pfaden unterwegs

Abseits der breiten Wanderrouten, die jährlich von Tausenden Erholungssuchenden begangen werden, finden sich oft erstaunlich ruhige Pfade, auf denen man gänzlich ungestört unterwegs ist. Und das überall in Deutschland. Es ist die Mischung aus Ruhe und besonderem Naturerlebnis, die diese Wanderungen so besonders macht.

Auf den 99 Touren in diesem Buch führen wir Sie auf viele dieser unbekannten Pfade, angefangen vom Harz und dem Elbsandsteingebirge über den Süden Deutschlands bis hin zur Pfalz und in den Taunus. Dabei haben wir neben echten Geheimtipps auch die besonderen touristischen Highlights nicht ausgespart, gehen sie nur auf etwas anderen Wegen als die breite Masse an.

Verantwortung und Selbsteinschätzung Wir wünschen uns, dass Sie am Ende der einzelnen Touren zufrieden auf die vergangenen Stunden und das Geleistete zurückblicken können. Dies gelingt am besten, wenn man sich – und seine Mitstreiter – richtig einschätzt. Die längeren Touren sollten daher erst in Angriff genommen werden, wenn schon eine gewisse Grundkondition und Erfahrung im Gelände vorhanden sind. Gerade bei weniger begangenen Pfaden sind Markierungen und Beschilderungen nicht immer eindeutig, sodass man stets achtsam sein muss, um nicht vom Weg abzukommen. Auch das Wetter will richtig eingeschätzt werden, denn gerade an heißen Sommertagen bilden sich am Nachmittag gerne Gewitterwolken, die oft mit Platzregen und Hagel sowie Blitz und Donner niedergehen. Ein Regenschutz sollte deshalb immer dabei sein. Ebenfalls hilfreich ist es, die Entwicklung von Regenwolken im Internet zu beobachten. Im Zweifelsfall sollte man sich auch nicht davor scheuen, eine Tour abzubrechen.

Gut gerüstet besser ans Ziel Auch wenn manche Touren in diesem Buch eher als Spaziergang denn als Wanderung durchgehen, gilt grundsätzlich: Feste Wander- oder Trekkingschuhe sind ein Muss für sicheres Wandern. Halbschuhe, Turnschuhe etc. bieten zu wenig Halt, wirken sich negativ auf die Fußgesundheit aus und sind oft der Auslöser von vermeidbaren Unfällen. Wanderstöcke hingegen begünstigen

Waldromantik auf vergessenen Pfaden beim Aufstieg zum Grünstein. (TOUR 45)

Der Pfad zum Pavillon über Heiligenstadt führt an einem schroffen Felsgrat vorbei. (TOUR 25)

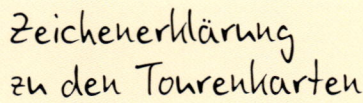

Zeichenerklärung zu den Tourenkarten

→	Wandertour mit Laufrichtung		Schutzhütte, Berggasthof (Sommer/Winter)
- - -	Tourenvariante		Schutzhütte, Berggasthof (Sommer)
A E	Ausgangs-/ Endpunkt der Tour	↑	Unterstand
1	Wegpunkt		Grillplatz
	Bahnlinie mit Bahnhof		Jugendherberge
S	S-Bahn		Campingplatz
)=====(	Tunnel	i	Information
	Seilbahn, Gondelbahn	M	Museum
H	Bushaltestelle		Bademöglichkeit
P	Parkmöglichkeit	B	Bootsverleih
	Hafen	★	Sehenswürdigkeit
	Autofähre		Ausgrabung
	Personenfähre		Kinderspielplatz
	Flugplatz		schöne Aussicht
	Kirche		Aussichtsturm
	Kloster		Klettersteig/ Steig mit Sicherung
	Burg/Schloss		
	Ruine		Wasserfall
	Wegkreuz		Randhinweispfeil
	Denkmal		Maßstabsleiste
	Turm	0 300 m	
	Leuchtturm		
	Windpark		
	Windmühle		
☆	Mühle		
	Hotel, Gasthof, Restaurant		
	Jausenstation		

Piktogramme erleichtern den Überblick

 Gehzeit

 Höhenunterschied

 Weglänge

eine gesunde, aufrechte Körperhaltung und schonen die Gelenke. Ebenfalls von Vorteil ist bequeme Wanderkleidung aus Funktionsmaterial, das schnell trocknet und leicht ist. Auf Abstand sollten wir hingegen beim Rucksack gehen, und zwar auf Abstand zum Rücken. Dies ermöglichen spezielle Bauweisen, die das Gewicht optimal verteilen und eine bessere Luftzirkulation erlauben. Dadurch bleiben Wanderhemden auch an Sommertagen länger trocken, und man hat ein deutlich besseres Gefühl auf der Haut.

Auch mal Pause machen Zu einer schönen Wanderung gehört natürlich auch eine Einkehr oder längere Rast. Unsere Wanderungen führen deshalb zu zahlreichen herrlich gelegenen einsamen Plätzen, von denen man Jahre später noch schwärmt und die sich perfekt für ein Picknick eignen. Zudem kommen die meisten der Touren an einer Wirtschaft vorbei. Bevor Sie darauf verzichten, eigenen Proviant mitzunehmen, vergewissern Sie sich aber, dass die gewählte Wirtschaft oder Hütte geöffnet ist. Ausreichend zu trinken und die ein oder andere Stärkung sollten Sie in jedem Fall dabeihaben.

Anfahrt Die überwiegende Zahl der Wanderziele in diesem Buch sind gut mit öffentlichen Verkehrsmitteln zu erreichen. Wer mit dem Auto anreist und ein Navi nutzt, kann sich auf der Website zum Buch unter http://gps.bruckmann.de die GPS-Daten der einzelnen Touren downloaden. Diese führen punktgenau zum Ausgangspunkt der Wanderung bzw. zur nächstgelegenen Parkmöglichkeit.

Gehzeiten, Höhenangaben und Wegbeschaffenheit Die genannten Zeiten sind die reinen Gehzeiten. Weil es bei vielen der Touren einiges zu entdecken gibt, sollten Sie in jedem Fall zusätzlich Zeit einplanen, um die Landschaft auf sich wirken zu lassen und die ein oder andere Pause oder gar eine längere Einkehr einzulegen. Rechnen Sie auch bitte etwas Zeit für unvorhergesehene Änderungen ein, sodass Sie bei zusätzlichen Abstechern, bei kürzerem Verlaufen oder einem gesperrten Weg (z. B. wegen Holzfällarbeiten) noch rechtzeitig zurück am Ausgangspunkt sind. Unsere Höhenangaben beinhalten die tatsächlich zu leistenden Höhenmeter. Lediglich kleine Kuppen und Senken mit nur geringem Höhenunterschied haben wir ausgelassen. So stehen Sie nicht plötzlich vor einem großen Zwischenanstieg, der nirgends erwähnt wird.

Brocken vom Eckerstausee (TOUR 6)

Auf alten Wegen erleben Wanderer den jungen Nationalpark. (TOUR 74)

Schwierigkeitsgrade

🔵 **Leicht:** Eher kurze Wanderungen, die keine oder kaum Trittsicherheit erfordern und nur wenige Steigungen beinhalten.

🔴 **Mittel:** Touren mit längeren Auf- und Abstiegen und/oder längere Wanderungen, die eine gewisse Kondition und Trittsicherheit erfordern.

⚫ **Schwer:** Diese Touren setzen Kondition und Trittsicherheit, zum Teil auch Schwindelfreiheit voraus. Hier geht es ganz gut bergauf und bergab.

Harz

Der Roland in Questenberg (o. li.). Auch ein vom Wind geworfener Wald erneuert sich (u. li.). Urwald nahe dem Brockengipfel (o. re.). Bahn auf der Brockenkuppe (u. re.).

1

Auf den unbekannten Eckpfeiler des Innerstetales

Von Lautenthal auf den Ecksberg

Leicht   11,2 km   280 m   3 Std.

Tourencharakter
Nur anfangs siedlungsnahe, später ruhige Wanderung auf meist naturnahen Forstwegen, mit nur kurzen Pfadstrecken, teils mit hübschen Waldszenerien

Ausgangs-/Endpunkt
Lautenthal, bei der Straße »Spar die Müh«

Anfahrt
Auto: Von der Harzrandschnellstraße B 82 zur Ausfahrt Langelsheim und über die L 515 ins Innerstetal nach Lautenthal. **Bahn/ Bus:** Bahn bis Goslar, dann Bus nach Lautenthal

Einkehr
In Lautenthal; originell oberhalb des Ortes: die Gaststätte Maaßener Gaipel

Karte
Besonders empfehlenswert ist die mit dem Harzklub erstellte Karte Wandern im Westharz (1:50 000) der LGN Niedersachsen (siehe auch lvermgeo.sachsen-anhalt.de).

Information
Tourist-Info, Kaspar-Bitter-Str. 7b, 38685 Lautenthal, Tel. 05325/44 44, lautenthal.de

Dies ist ein Geheimtipp abseits aller gängigen Tourismusziele – einfach ganz der romantischen Vorstellung vom ruhigen, abgelegenen Happen schöner Natur entsprechend. Das Ziel ist ein kleiner, hübscher Gipfel mit urigen Buchen und Ahornbäumen.

Zur Mandolinenhütte Von der Straße »Spar die Müh« führt der kleine ❶ geologische Lehrpfad (wo auch der Straßenname erklärt wird) nordwärts. Danach folgen wir dem kleinen Weg östlich an der Innerste entlang, unterhalb der Siedlung Laddeken vorbei, zur Straße ❷ K 35 Innerstetal–Wolfshagen.
Wir kreuzen diese und gehen auf dem Sträßchen Am Laddeken zuerst an einer kleinen Fabrik vorbei, dann an der Innerste entlang zu den Häusern Rote Klippe und anschließend etwas ansteigend im Wald weiter zur

Die Mandolinenhütte am Aufstieg zum Ecksberg

Mündung des Ochsentales. Hier zweigen wir nach rechts ab und steigen auf einem sehr hübschen, ❸ **schmalen Weg** steil hinauf zur idyllischen Mandolinenhütte. Sie steht oberhalb der Klippe bei einem Rastplatz mit Aussicht und Erinnerungstafel nahe am nach einem Harzer Heimatdichter benannten Albert-Pilz-Schotelius-Platz.

Zum Ecksberg Auf der hier erreichten Forststraße wenden wir uns nach links, ostwärts, und steigen in einem weiten Bogen bis in den Grund des Ochsentales ab. Dort gehen wir von einem ❹ **Forststraßenkreuz** wieder westwärts hinauf (die mögliche Abkürzung über die zweite, steiler hinaufführende und unbefestigte Holztrasse ist teils schlammig und deshalb nur gummigestiefelten Liebhabern von so etwas zu empfehlen). Nach rechts ansteigend er-

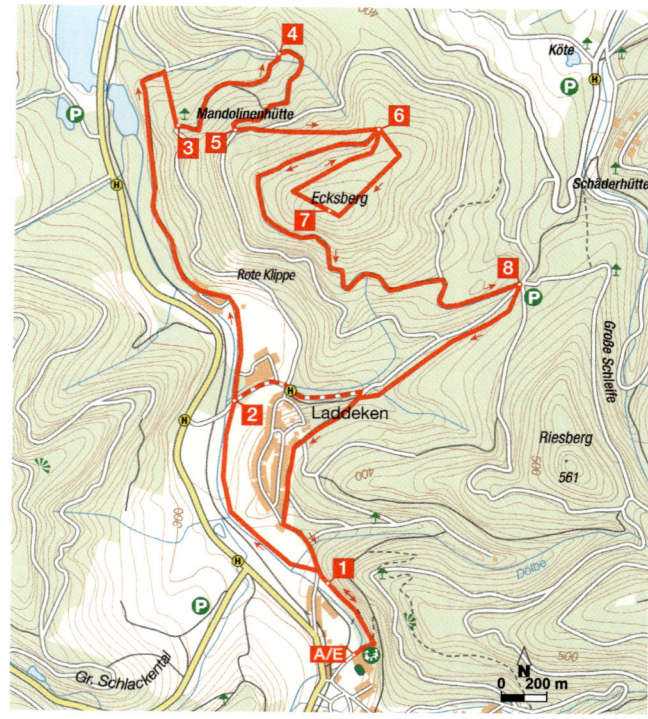

reichen wir eine scharfe ❺ **Kehre mit Straßengabelung**. Hier gehen wir wieder nach links, verlassen aber nun die breite Forststraße und steigen auf einem unbefestigten, zerfahrenen Weg weiter. Auf seiner festen linken Kante passabel in Pfadqualität gehend, erreichen wir einen höher gelegenen Holzplatz am ❻ **Ende einer Forststraße**. Von hier steigt man am schönsten gerade hinauf zum Bergkamm und zu einer Wiese. An ihrem Rand entlang führt ein Pfad dann nach rechts hinauf zum ❼ **Gipfel des Ecksbergs** (Aussicht über Lautenthal).

Durch urigen Bergwald Anschließend steigen wir in nordwestlicher Richtung in lichtem Wald 200 Meter weglos hinab bis zu einem undeutlichen, querenden Weg. Dieser bringt uns nach rechts zurück zum Holzplatz.

Nun gehen wir links auf der kleinen Forststraße in einem weiten Bogen hinab. Damit queren wir malerisch ursprüngliche, von kleinen Felsköpfen und Schutt durchsetzte Hänge mit urigen Bergahornen und Buchen und erreichen so eine auf einem Bergsporn gelegene Hütte und weiter unten an einer Kehre eine alte Bank.

Der Weg leitet schließlich in einem Linksbogen zu einer von links herabführenden Straße und dort rechts weiter hinab bis zum an der Autostraße gelegenen ❽ **Wanderparkplatz Riesberg**.

Von diesem gehen wir nach rechts auf dem angenehm grasigen Weg in Richtung Lautenthal nahe der Straße weiter bergab. Nach etwa 800 Metern verlassen wir die Straße nach links und folgen dem Sträßchen oberhalb an der Siedlung Laddeken vorbei. Zuletzt gelangen wir wieder über den geologischen Lehrpfad zum Ausgangspunkt.

2

Der markanteste Gipfel des westlichen Harzes

Vom Gosetal auf die Schalke

Mittel 13,5 km 440 m 4 Std.

Tourencharakter
Längere, ruhige, weithin kamm-nahe Wanderung mit deutlichem Höhenunterschied, teils auf rauen Pfaden, überwiegend aber auf breiten Forstwegen auf den selbstständigsten Berg des westlichen Harzes. Von dort bieten sich weite Ausblicke zum Hochharz und zur Clausthaler Hochfläche.

Ausgangs-/Endpunkt
Kleiner Parkplatz in einem Steinbruch ostseitig an der nach Clausthal führenden B 241 im Gosetal

Anfahrt
Auto: Von Goslar über die B 241 in Richtung Clausthal-Zellerfeld, ca. 1100 m nach dem Campingplatz und noch 2 km vor der großen Kehre zu einem kleinen Parkplatz im Steinbruch im Gosetal. **Bahn/Bus:** Nicht optimal – Bahn bis Goslar, dann mit dem Stadtbus bis zur Clausthaler Straße und von dort zu Fuß bzw. eventuell mit dem Taxi zum Ausgangspunkt

Einkehr
Unterwegs keine

Karte
Besonders empfehlenswert ist die mit dem Harzklub erstellte Karte »Wandern im Westharz« (1:50 000) der LGN Niedersachsen (siehe auch geolife.de).

Information
Tourist-Info, Markt 7, 38640 Goslar, Tel. 05321/780 60, goslar.de; harzinfo.de; harztourist. de

Brocken von der Gipfelkuppe der Schalke

Die bewaldete Bergkuppe westlich vom Einschnitt der Talsysteme von Söse und Oker ist der höchste Gipfel des Gebirges. Deshalb trug er in Zeiten des Kalten Kriegs auch Radaranlagen und Sender. Heute ist die Kuppe erfreulich gut renaturiert.

Zur »Großfürstin Alexandra« Unser Ausgangspunkt, die Parkmöglichkeit, befindet sich im Gosetal bei einem ostseitigen, unter einem Seitental gelegenen Steinbruch. Auf oft feuchtem Weg östlich vom Bach geht's von hier etwa 300 Meter taleinwärts, südwärts, unter einem weiteren Seitental durch und gleich danach zur Einmündung eines weiteren, größeren und von links herabkommenden Tals.

Dort wandern wir im Talgrund, zuerst zwischen kleinen Felsen hindurch, über einen schuttigen Weg hinauf zu den rechts gelegenen Halden des alten, nie besonders ergiebigen Bergwerks »Großfürstin Alexandra«, wo sich von Sachkundigen mit etwas Glück noch Steine mit spärlichen Spuren von Erz finden lassen. Im teils nassen Talgrund steigen wir dann weiter hinauf zu einem das Tal querenden ❶ Forstweg. Auf diesem gehen wir nach rechts weiter und in einem großen Bogen um den markanten Bergsporn des Großen Schleifsteinsbergs herum.

Auf die Schalke Dieser Weg leitet allmählich hinauf und mündet auf den höher gelegenen »Herzberger Weg«, auf dem es nun mit wenig Steigung in gleicher Richtung weitergeht. Nach Umrundung eines breiten Bergsporns biegen wir nach dem dritten rechts hinabziehenden Tälchen (und noch vor einer Gefällestrecke) nach links. Der unbefestigte alte Weg quert etwa auf gleicher Höhe nach etwa 600 Metern zu der von Westen heraufführenden Straße. (Wer diesen alten abkürzenden und teils überwachsenen Weg verfehlt, erreicht diese Straße weiter unten bei einem großen Forststraßendreieck und folgt ihr dann nach links hinauf.) Diese führt zur ❷ Kuppe der Schalke mit eisernem Aussichtsturm und eindrucksvollem Blick zum Brocken sowie einer Wanderhütte. Hinter der renaturierten Gipfelkuppe liegt ein kleines Hochmoor; der früher dort direkt hinabführende schmale Wanderweg wurde aus Naturschutzgründen gesperrt.

Schalker und Herzberger Weg Der etwas tiefer in nordöstlicher Richtung führende breite Forstweg (auch Trasse einer Ferngasleitung) bringt uns

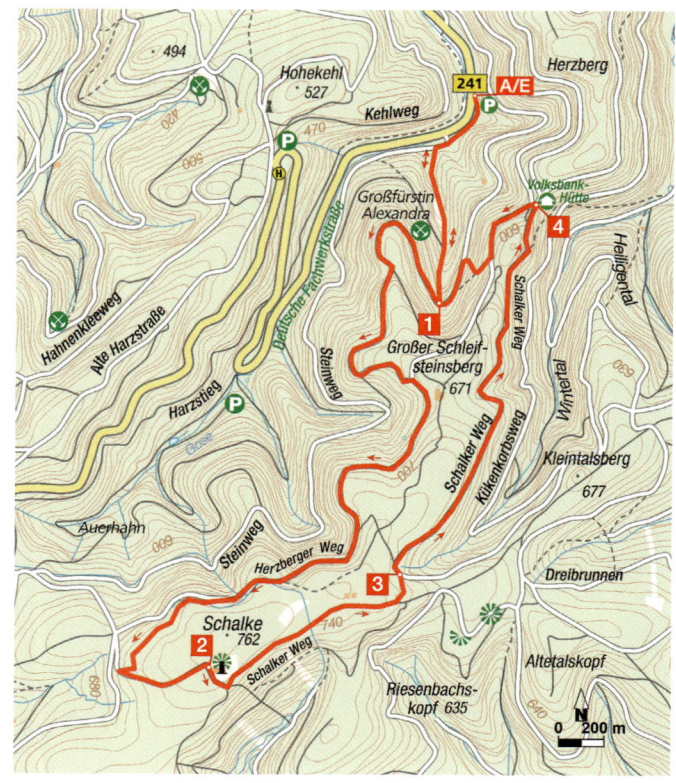

nach gut einem Kilometer zu einer ❸ **Wegegabelung**, wo wir uns links auf den Schalker Weg halten. Dieser führt als Forstweg in einem Bogen nach links in einen Talanfang und danach in nördlicher und nordöstlicher Richtung weiter.

Nach etwa drei weiteren Kilometern erreicht der Schalker Weg die in einem Bergsattel gelegene ❹ **»Volksbank-Hütte«**. Nun biegen wir hinter dem Sattel nach links in den Herzberger Weg ein und wandern auf diesem südwestwärts 600 Meter ansteigend weiter zur Abzweigung eines Forstweges nach rechts. Er führt, steiler und etwas eingeschnitten, nun hübsch schräg hinab und zuletzt nach rechts biegend auf den Hangweg im Tal oberhalb der ehemaligen Grube »Großfürstin Alexandra«. Von hier steigen wir auf dem Anstiegsweg wieder ab zum Ausgangspunkt.

3

Auf Waldwegen zur originellen Wanderbaude

Von Riefensbeek auf den Ackerkamm

Mittel	9 km	450 m	3.30 Std.

Tourencharakter
Großzügige und einprägsame Waldwanderung mit deutlicher Höhendifferenz zum großen Bergkamm; im Aufstieg auf breiten, im Abstieg auf schmalen Wegen

Ausgangs-/Endpunkt
Wanderparkplatz in Riefensbeek, östlich der Unteren Herrentalstraße und oberhalb von der Kirche am Waldrand

Anfahrt
Auto: Von Osterode oder von der Harzhochstraße B 242 auf der B 498 durchs Sösetal nach Riefensbeek. **Bahn/Bus:** Bahn bis Osterode, von dort eventuell Bus oder Taxi

Einkehr
Gaststätte Hanskühnenburg; in Kamschlacken und Riefensbeek mehrere Gaststätten

Karte
Besonders empfehlenswert ist die mit dem Harzklub erstellte Karte »Wandern im Westharz« (1:50 000) der LGN Niedersachsen (siehe auch lvermgeo.sachsen-anhalt.de).

Information
nationalpark-harz.de; harztourist.de

Der Bergkamm Acker-Bruchberg ist zwar nicht die höchste, aber nach der Ausdehnung die größte geologische Struktur im Harz. Wer das Gebirge Harz kennenlernen will, muss da natürlich hinauf, und wer den Kamm richtig erwandern will, der steigt am besten vom Tal aus auf – wie etwa bei dieser Tour.

Zur Gaststätte Hanskühnenburg Vom Wanderparkplatz Riefensbeek gehen wir im Wald in einem eingeschnittenen Weg hinauf zum ❶ **Grillplatz** und dort geradeaus weiter hinauf zu einer ❷ **Querstraße**. Die bringt uns am aktuell kahlen Berghang nach links zu einem Sattel und zum Wegekreuz am ❸ **Pavillon Ackerblick**.
Gegenüber davon folgen wir dem aktuell (2020) wüst zerfahrenen und mit Holzknüppeln reich dekorierten Weg direkt über den aktuell borkenkäferkahlen Bergrücken ostwärts bergan. Nach einer jetzt mit weiter Aussicht ausgestatteten Kuppe führt er als hübscher Grasweg stetig weiter hinauf zum ❹ **Wegekreuz** Auerhahnplatz. Hier treffen wir auf den

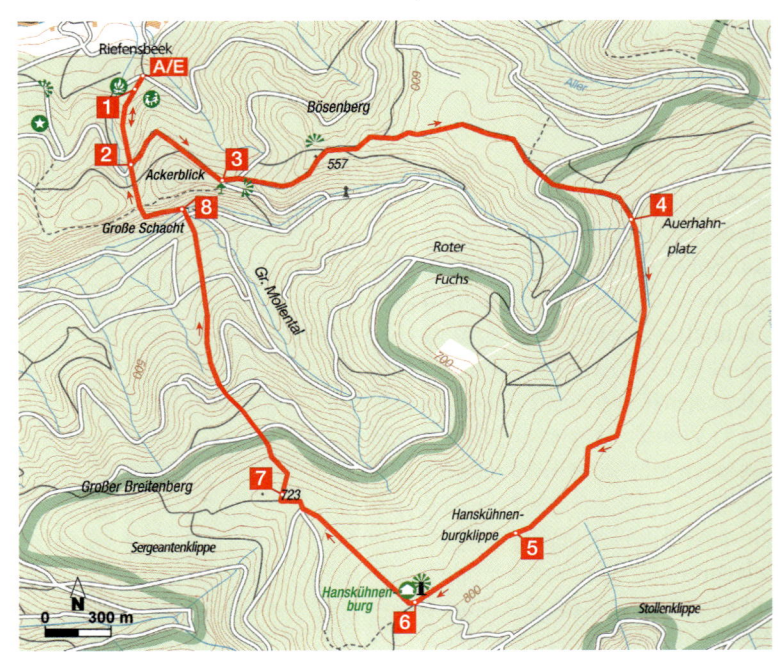

22

von der Stieglitzecke heranführenden populären Reitstieg; mit diesem geht es nun in einer Schneise steil hinauf zum Bergkamm. Von einem rechts gelegenen Felsbuckel aus bietet sich Aussicht ins Sösetal und zur Clausthaler Hochfläche und auf die Höhe des Bergkammes. Der dort verlaufende Fastweg ist jetzt als Kernzone des Nationalparks gesperrt, aber die dort oben gelegenen landschaftlichen Besonderheiten wie Moore und Blockmeere sind auch an anderer Stelle erlebbar.

Im flacheren Gelände führt der Weg weiter an der niedrigen, aber schroffen ❺ **Hanskühnenburgklippe** vorbei (nur mit etwas Kletterei besteigbar) und erreicht einige Hundert Meter danach die ❻ **Gaststätte Hanskühnenburg** (811 m).

Die Hanskühnenburgklippe liegt dicht am Kammweg.

Naturnahe Waldverjüngung Im Gebiet des Ackerkamms wurde von Förstern schon früh begonnen, statt Kahlschlag und Neuanpflanzung eine naturnahe Waldverjüngung zu betreiben. Dabei werden zunächst nur einzelne Bäume entnommen, und jungen Bäumen wird so Gelegenheit gegeben, unter dem lichten Schirm der alten Bäume aufzukommen. Wenn die letzten Bäume entnommen werden, steht bereits der neue Wald. Damit wird die kostspielige und erosions- und schädlingsempfindliche Jungpflanzung vermieden. Die so wie im natürlichen Wald nebeneinanderstehenden unterschiedlichen Altersklassen erlauben auch die Entwicklung einer Krautschicht, die zugleich Wildtieren mehr Chancen lässt. Obendrein bietet das abwechslungsreichere Waldbild den Wanderern schönere Anblicke als ein öder Fichtenforst alten Stils. Das ergibt eine gelungene Win-Win-Situation für alle.

In den Talgrund Große Schacht Der Abstieg beginnt gleich westlich vom Gebäude über eine schnurgerade Straße in nordwestlicher Richtung. Nach einem Kilometer geradeaus leitet ein hübscher ❼ **schmaler Weg** zuerst etwas nach rechts, direkt hinab weiter in Richtung Riefensbeek zu einem Querweg am jetzt dank Klimawandel und Borkenkäfer kahlen, von Harvestern und Altholz verschönerten Berghang. Etwas weiter links lässt sich die Fortsetzung des schmalen, nach rechts ziehenden Weges finden. Er führt, nach dem zweiten Querweg wieder deutlicher bis in den Talgrund Große Schacht. Hier bringt uns ein ❽ **Holzbrückchen** über den Bach. Der schmale Weg führt nach links steil hinauf zu einem Bergsattel. Jenseits steigen wir direkt ab und wandern so, zuletzt wie zu Beginn am Grillplatz vorbei, zurück zum Wanderparkplatz Riefensbeek.

Hinweis: Sollte das Brückchen nicht gebrauchsfähig sein, folgt man dem Weg im Talgrund nach rechts, steigt dann auf einem fünf Meter breiten »Jägerstieg« nach links hinauf zum Pavillon und geht von dort auf dem Anstiegsweg zurück zum Ausgangspunkt (2 km länger).

Ruhige Höhen und tiefe Täler

Von Sieber über den Lilienberg zu den Tälern der Kulmke

Mittel · 15 km · 350 m · 4 Std.

Tourencharakter
Längere Wanderung über ruhige Bergsporne und durch abgelegene Täler, mit allerlei schönen Naturwegen durch Laub- und Nadelwald, aber auch Straßenstrecken

Ausgangs-/Endpunkt
Kleiner Parkplatz nahe dem oberen Ortsende von Sieber, ca. 180 m talaufwärts von der Einmündung des Goldenketales, vor der Einmündung einer schräg rechts emporführenden Forststraße (Panoramaweg)

Anfahrt
Auto: Vom an der B 27/B 243 gelegenen Herzberg im Siebertal auf der L 521 in Richtung Sankt Andreasberg nach Sieber. **Bahn/Bus:** Bahn bis Herzberg, dann Bus nach Sieber (selten)

Einkehr
In Sieber, unterwegs keine

Karte
Besonders empfehlenswert ist die mit dem Harzklub erstellte Karte »Wandern im Westharz« (1:50 000) der LGN Niedersachsen (siehe auch lvermgeo.sachsen-anhalt.de).

Information
Tourist-Info, Marktplatz 32, 37412 Herzberg, Tel. 05521/85 21 11, herzberg.de

Die eher herbe Wanderung verläuft abseits der üblichen Ziele. Dafür bietet sie naturnahe Höhen und Täler, wenn auch die Großmaschinen der Forstwirtschaft schon mal früher gut zu gehende Wege kurzfristig in Schlammpisten verwandeln. Festes Schuhwerk, Sinn für Improvisation und Frohsinn können nie schaden – die Ausblicke lohnen die Mühen allemal.

Hans-Merkel-Hütte und Lilienberg Auf der Straße (Panoramaweg) geht es einige Meter hinauf zur Abzweigung eines schmalen Weges. Er leitet nach links rasch zu einem ❶ **Pavillon** mit Blick auf den Ort. Nun steigen wir direkt am Pavillon vorbei auf spärlichem Pfad, aber gut gängig direkt über den schmalen, steinigen und teils felsigen Bergrücken auf.
Nach einigen Minuten kommt man an einer Bank vorbei, dann steigt man immer auf dem Bergrücken eine steinige Schneise hinauf. Oben wird sie steiler und führt nach zwei Kilometern kurz vor einem Funkmasten zur ❷ **Hans-Merkel-Hütte** (Wanderhütte, schon etwas gealtert). Oberhalb vom Funkmasten wandern wir auf dem nun fast ebenen Bergrücken auf der Forststraße über die Kuppe des Lilienberges (607 m) und erreichen kurz danach ein ❸ **Forststraßenkreuz**. Hier biegen wir nach links ab und gehen auf der Straße über den flachen Bergrücken durch hohen Fichtenwald über eine weitere Kuppe zu einer großen Lichtung.

Schwarze Kulmke und Verlorene Ecke Dort biegt die Forststraße bald rechts ab. Wir gehen hier geradeaus auf dem schönen Grasweg weiter über die nächste ❹ **Kuppe**. Im dahinter gelegenen Sattel gelangen wir zu einer querenden Forststraße (sie führt durch das Goldenketal nach Sieber). Nach der Straße steigen wir in gleicher Richtung wie vorher auf dem unbefestigten Weg bergan (weiter Ausblick zurück) bis zu einem ❺ **Forststraßenkreuz**. Hier gehen wir schräg rechts auf der Forststraße wenig ansteigend weiter und queren den Anfang des Tales Schwarze Kulmke. Nach dem weiten Bogen wandern wir wieder deutlich abwärts und steigen dann auf dem nach links breit abzweigenden Forstweg steil durch schönen Laubwald an zum Wegekreuz auf dem ❻ **Bergsporn Verlorene Ecke**.
Hier wenden wir uns nach links und wandern auf dem grasigen Weg in einer Schneise zwischen Fichtenwald über den Bergsporn empor und an

einer Wiese vorbei. Schließlich steigen wir in Fichtenwald über eine Kuppe und zu einem breiten ❼ Hangweg (oberhalb beginnt der Nationalpark). Der Hangweg leitet nach rechts, mit eindrucksvollen Waldszenerien und einmal auch einem Ausblick zum Großen Knollen.

Schmierplatz und Großer Wurzelnberg Nach einer Querung des wilden Talanfangs des Baches Verlorene Kulmke gelangt man zu einer Verzweigung. Hier hält man sich geradeaus und geht auf gleicher Höhe weiter zum Forststraßenkreuz ❽ Schmierplatz. Man könnte nun der rechts eben weiterführenden Forststraße folgen; wir aber wandern naturnäher und kurzweiliger auf dem schräg nach rechts ansteigenden, unbefestigten alten Weg weiter. Nach einigen Minuten passieren wir eine links bleibende Kuppe.

Wo der Weg deutlich nach links abbiegt, verlassen wir ihn und folgen nun geradeaus einem undeutlichen Weg. Er wird bald als alter Hohlweg wieder deutlicher und führt zuerst nach rechts und dann in einem weiten Bogen nach links hinab zu einem Jagdhaus. Hier gehen wir auf der Straße nach rechts zu einer großen Kreuzung (wo die Straße vom Schmierplatz her einmündet). Nun geht es auf der breiten Forststraße in südlicher Richtung weiter bis zu einer ❾ Gabelung vor dem Großen Wurzelnberg (geradeaus ist von hier rasch der 626 Meter hohe Gipfel zu erreichen mit Blick zurück zum Acker).

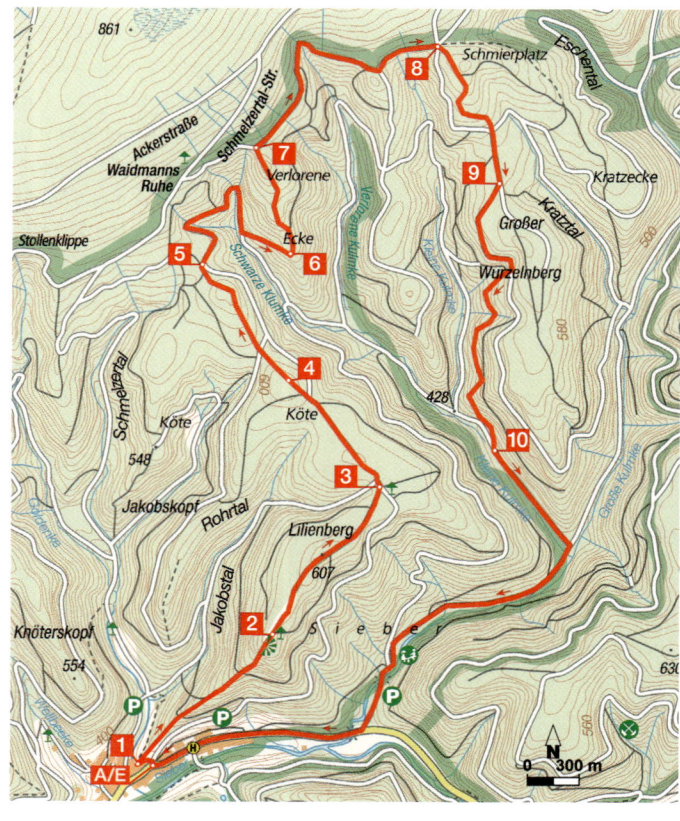

Kleine und Große Kulmke Von der Gabelung wandern wir auf der schräg nach rechts führenden Forststraße weiter. Sie leitet um die Gipfelkuppe des Großen Wurzelnbergs herum, quert ein Tälchen und erreicht am nächsten Tälchen den Beginn eines schmalen unbefestigten Weges. Dieser leitet rechts steiler hinab und erreicht schließlich (bei einer Kreuzung immer in gleicher Richtung bleibend) unweit von einem großen, alten Bergahorn die Straße im Tal des Baches ❿ Kleine Kulmke. Darin wandern wir hinab ins Tal der Großen Kulmke und dann durch dieses weiter hinab, vorbei an auf Schildern erläuterten Stätten früheren Bergbaus, ins weite Tal der Sieber.

Hier wenden wir uns nach rechts und wandern nun angenehmer, wenn auch rauer als auf dem Asphalt, auf dem Grasweg neben der Straße zurück nach Sieber.

5 Wildromantischer Hangweg und Aussichtswarte

Über Grabenwege und Butterstieg zur Wolfswarte

Leicht   10 km   300 m   3 Std.

Tourencharakter
Die Wanderung führt abwechslungsreich auf meist kleinen Wegen durch eine herb-wilde Naturlandschaft.

Ausgangs-/Endpunkt
Parkplatz Torfhaus-West, an der L 504 in Richtung Altenau, unterhalb der Jugendherberge

Anfahrt
Auto: Von Bad Harzburg über die B 4 erreichbar. **Bahn/Bus:** Bahn bis Bad Harzburg, dann Linienbusse bis Torfhaus

Einkehr
In Torfhaus

Karte
Besonders empfehlenswert ist die mit dem Harzklub erstellte Karte »Wandern im Westharz« (1:50 000) der LGN Niedersachsen (siehe auch geolife.de).

Information
torfhaus-info.de;
harztourist.de;
torfhaus.jugendherberge.de; torfhaus-harzresort.de

Dies ist eine nicht ganz vergessene Gegend – wer hier wandert, wird meist auch andere Leute sichten. Aber diese teils über den bekannten Hexenstieg führende Wanderung ist im Harz eine der besonders schönen und abwechslungsreichen Strecken auf naturnahen, schmalen Wegen.

Zum Dammgraben Vom unteren Ende des Parkplatzes bei der Jugendherberge gehen wir jetzt den breiten Weg am ❶ **Wegweiser** zur Wolfswarte vorbei nach rechts. Wir queren die Trasse eines in Zeiten des Klimawandels aus der Zeit gefallenen Skiliftes und folgen danach dem schmaleren Weg hinab in Richtung Altenau. Er bringt uns über eine Wiese und dann im Wald steil abwärts zu einem breiten Grasweg und schließlich im Kellwassertal zur Kehre einer breiten festen Forststraße. Diese verlassen wir gleich wieder nach links und und gehen nun entlang einem idyllischen Graben fast horizontal quer durch die Hänge und einige darin eingeschnittene Tälchen. Schließlich führt der Graben zu einem Tunnel. Der Weg leitet nun steil und lehmig mühsam hinauf zu einem höheren Hangweg am Beginn des wegen Windbruch aktuell gesperrten historischen Harz-Highlights Magdeburger Weg.

Auf dem Butterstieg zur Wolfswarte Viel zu schnell führt der Weg wieder in sanftere Hänge und zum Beginn des ❷ **Dammgrabens**. Diesem folgt man nun, zwischendurch kurz absteigend, für mehrere Kilometer um allerlei flache Bergsporne herum. Bald nach steilerem Bachverlauf und dem ❸ **Förster-Ludwig-Platz** (Wasserbecken, Pavillon) überquert man die Autostraße und folgt auf der anderen Seite der Fortsetzung des Grabens in einem weiten Bogen nach links.

Kurz vor einer scharfen Rechtsbiegung im Grunde eines Tälchens und vor einem Grabenhäuschen überqueren wir nach links eine ❹ **Brücke** und steigen über einen steinigen Weg hinauf. Dieser erreicht bald die Autostraße und führt neben dieser etwa 700 Meter weiter bis zum Beginn des Butterstiegs, gegenüber von der Einmündung einer Forststraße (die vom Beginn des Dammgrabens her auch eine – nicht wirklich wanderwürdige – Abkürzung der Wanderung erlauben würde, siehe Karte).

Der Steig leitet naturnah, wurzelholprig und steil aufwärts zur felsigen Quarzitklippe der ❺ **Wolfswarte** mit Ausblick auf Altenau und zur Schalke. (Der weiter südwestlich gelegene, etwa 10 Meter höhere Gipfel

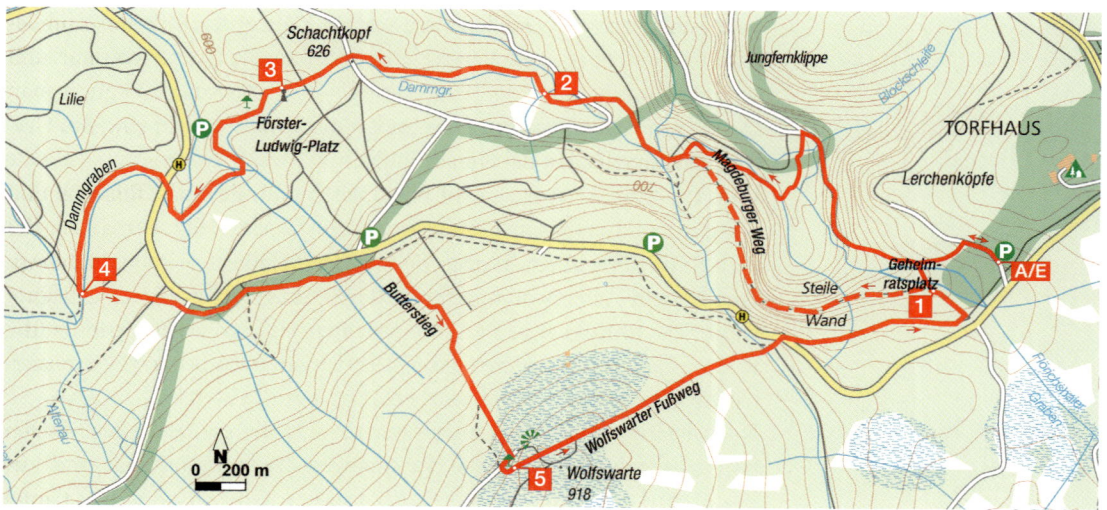

des Bruchbergs ist als Teil der sehr störanfälligen Hochmoore Teil der Kernzone des Nationalparks und deshalb für alle Besucher ganzjährig gesperrt.) Danach wandern wir in nordöstlicher Richtung über den steinigen und teils nassen Weg durch eine lange, schnurgerade Schneise hinab. Wir überqueren die Autostraße und folgen der Fortsetzung des Weges hinab zum Beginn des Magdeburger Weges und zurück nach Torfhaus.

Die von Flechten überzogene Quarzithalde der Wolfswarte

6 Stille Winkel und einsame Pfade beim Eckerstausee

Vom Radauwasserfall zu Kruzifix und Scharfenstein

Mittel	15 km	350 m	4 Std.

Tourencharakter
Großartige, ruhige Wanderung im Nationalpark, nahe der ehemaligen innerdeutschen Grenze, mit eindrucksvollen, teils im Wandel befindlichen Waldszenerien und Aussichtspunkten und mit einer Querung des tief eingeschnittenen Eckertals

Ausgangs-/Endpunkt
Radauwasserfall an der B 4 im Radautal, südlich vom Gabbrosteinbruch

Anfahrt
Auto: Über die B 4 zum Radauwasserfall; Parkplätze gegenüber vom Wasserfall So/Feiertag frei (sonst für Gäste der Gaststätte) oder immer frei im 200 m oberhalb von Osten einmündenden Seitental.
Bahn/Bus: Bahn bis Bad Harzburg, dann mit dem Stadtbus bzw. April bis Nov. auch mit dem erdgasbetriebenen Nationalpark-Bus (auch zum Molkenhaus)

Einkehr
Beim Radauwasserfall, Molkenhaus

Karte
Besonders empfehlenswert ist die mit dem Harzklub erstellte Karte »Wandern im Westharz« (1:50 000) der LGN Niedersachsen (siehe auch geolife.de).

Information
Tourist-Info, Nordhäuser Str. 4, 38667 Bad Harzburg,
Tel. 05322/753 30,
bad-harzburg.de;
harzinfo.de;
harztourist.de

Trotz ihrer Nähe zum nördlichen Einfallstor des Harzes bietet diese zwar lange, aber landschaftlich reizvolle Wanderung ruhige Wege durch Talhänge und auf der Hochfläche. Die Berührungspunkte mit den üblichen Wanderrouten um Bad Harzburg und zum Brocken werden rasch wieder verlassen.

Zum Molkenhaus Am Radauwasserfall steigen wir erst links über den steilen Steig hinauf zum Kopf der Felskanzel, dann folgen wir dem Weg entlang des Zuflussgrabens bis zur Abzweigung des gleichfalls gut ausgebauten Weges Richtung Molkenhaus. Wir steigen nun in weiteren Kehren hinauf. Nach Überqueren eines Hangweges geht es unterhalb einer bemoosten Gabbroklippe nach links empor. Nun geht es in flacherem Gelände zur ❶ **Felskanzel der Winterbergklippe** (Geländer, etwas zugewachsener Blick auf Harzburg) und dann weiter dem Weg nach (links lohnender Abstecher zur nahen Rudolfsklippe). Zuletzt führt ein breiter Forstweg hinab zur ❷ **Gaststätte Molkenhaus**.

Zum Wegekreuz Kruzifix Unterhalb des Hauses folgen wir dem Luchssteig am Hasselteich vorbei hinab zur Straße und zu einem Spielplatz am Beginn einer großen Wiese (Haltestelle Erdgasbus). Zuerst gehen wir noch auf der Straße nach rechts hinauf, danach biegen wir mit dem Luchssteig nach links ab. Er bringt uns über die große ❸ **Wiese** und danach im Wald über die steileren Hänge hinab in den Grund des tief eingeschnittenen Eckertals.

Darin wandern wir auf der Talstraße hinab zur an einen Harzklub-Veteranen erinnernden ❹ **Käsewieter-Brücke** und über sie ans östliche Ufer der Ecker. Dort gehen wir nochmals 700 Meter talabwärts und steigen dann nach rechts im Grund des wilden Großen Maitzentales an. Der Weg führt teils zwischen nach Borkenkäferbefall malerisch zusammenbrechendem Fichtenbaumgerippen durch, teils durch düsteren Fichtenwald. Die vom Borkenkäfer gemeuchelten Fichten werden vom Nationalpark bewusst als interessantes Beispiel von natürlicher Regeneration hin zu naturnäherem Wald gesehen.

Nach knapp zwei Kilometern erreichen wir die grenzparallele ❺ **Betonstraße** nahe der Ortsstelle der einstigen Ernstburg (ohne erkennbare Reste). Auf der Straße gehen wir nach rechts, südwärts, und im Folgenden an einer links gelegenen, derzeit kahlen Kuppe und der rechts in dichtem Fichtenwald gelegenen Gipfelkuppe des Großen Gierskopf (über Stichweg erreichbar) vorbei zum ❻ **Wegekreuz Kruzifix** (links auf Felsblock ein dem verschwundenen historischen Wegekreuz nachempfundenes Eisenkreuz; Schutzhütte).

Zurück zum Radauwasserfall Nun geht es auf der nach Südwesten führenden Betonstraße rechts abwärts in einen Talgrund und dort rechts auf der Forststraße Dielenweg in westlicher Richtung weiter. Sie leitet teils durch abgestorbenen Fichtenforst zum Wegekreuz Spinne.

In gleicher Richtung wandern wir weiter hinab zum Ecker-Stausee, dort am Ufer entlang und über die Krone der Staumauer zu den Betriebsgebäuden der Harzwasserwerke. Auf der Forststraße gehen wir zum ❼ **Straßenkreuz Luisenbank** (Schutzhütte; Haltestelle Erdgasbus) und halten uns dort links, westwärts, auf der Straße hinab bis zu einer Linkskurve.

Hier folgen wir geradeaus einem schmalen Wanderweg steil hinab bis zum zweiten Querweg. Auf diesem biegen wir nach rechts. In einem weiten Bogen, zwischendurch auch etwas ansteigend und an kleinen Felsen vorbei, gelangen wir so zu dem schon vom Hinweg bekannten Zickzackweg und steigen über diesen steil hinab zurück zum Radauwasserfall.

Die Ecker, einst martialisch bewachte Grenze, heute munterer Grenzbach

7

Der einsame Weg zum großen Berg des Nordens

Über den Höllenstieg von Osten auf den Brocken

Schwer	22 km	830 m	6–7 Std.

Tourencharakter
Zwar einige Strecken Straße, aber auch lange auf kleinen Naturwegen und wegen der Mühen allemal – mit Ausnahme der Brockenkuppe und der Brockenstraße – mit übersichtlichem Publikum. Bestens geeignet als autofreie Wanderung; mit dem Erdgasbus lässt sich eventuell die Strecke um zweimal drei Kilometer kürzen.

Ausgangs-/Endpunkt
Bahnhof Steinerne Renne an der Hauptstrecke der historischen Harzer Schmalspurbahn (HSB)

Anfahrt
Auto: Von der Talstraße in Hasserode abzweigend bis zum Bahnhof. **Bahn/Bus:** Bahn bis Wernigerode, dann weiter mit der HSB (hsb-wr.de; wvb-gmbh.de); an bestimmten Wochentagen im Sommer fährt auch ein Erdgasbus auf der Strecke Ilsenburg–Plessenburg–Steinerne Renne–Drei Annen.

Einkehr
Gaststätte Steinerne Renne, am Brockengipfel und in Wernigerode

Karte
Besonders empfehlenswert ist die mit dem Harzklub erstellte Karte »Wandern im Ostharz« (1:50 000) der LGN Niedersachsen (siehe auch lvermgeo.sachsen-anhalt.de).

Information
nationalpark-harz.de; sachsen-anhalt-tourismus.de; harztourist.de

Der großartige, unbekannte Aufstieg von Osten führt durch weithin urige Waldszenerien. Nur im unvermeidlichen Straßentreten des Gipfelbereichs bedeutet er eine Härteübung, aber damit versöhnen in diesem Teil des Aufstiegs die weiten Ausblicke, die auch im Abstieg über die elf Kilometer lange Strecke noch einmal zu genießen sind.

Über den Höllenstieg Vom Bahnhof Steinerne Renne folgen wir dem gut ausgeschilderten und erst einmal gar nicht vergessenen Steig, zuletzt originell über die bei Nässe glitschglatten Blöcke südlich entlang vom Bach, zur ❶ **Gaststätte »Steinerne Renne«**. Die steht mit ihrem Gastraum spektakulär direkt oberhalb der Passage des Baches, wo dessen Wasser über Granitplatten zu Tale schießen und wo auch eine Brücke hinüberführt.

Von der Gaststätte steigen wir steil hinauf zur Forststraße und gehen auf dieser westwärts. An Häusern und einer Straßenabzweigung vorbei erreichen wir die breite Eschwegestraße (Haltestelle Erdgasbus). Dieser folgen wir 200 Meter nach links, in Richtung Drei-Annen-Hohne, dann zweigen wir nach ❷ **rechts**, westwärts, ab. Auf der festen Straße gehen wir an frisch baumbefreiten Flächen vorbei bis zu einer deutlichen Biegung nach rechts. Hier beginnt der eigentliche ❸ **Höllenstieg**: Ein schmaler Weg führt geradeaus weiter zu einem kleinen ❹ **Moor**. Wir gehen nach links um das Moor herum und steigen dann im vom Käfer eindrucksvoll gemeuchelten Fichtenwald in per Säge passierbar geworde-

Der Brocken von der Kapellenklippe

nem Zickzack steiler an zu einer markanten kleinen Granitklippe mit einer kompakten, schräg gestellten Felsplatte und weiter hinauf zu einem ersten, etwa horizontalen Forstweg. Diesen überschreiten wir und wandern im Wald steiler hinauf zum zweiten Hangweg, der ebenfalls überschritten wird.

Der Pfad leitet nun neuerdings etwas weiter rechts, nördlich, zuerst in einer Art von grasiger Rinne weiter empor, eventuell improvisiert um neu gefallene Bäume herum, zu einem flachen ❺ Bergsattel (links die Kapellenklippe). Von hier führt nach rechts im toten Wald ein hübscher schmaler Weg hinauf zu den Brockenkindern und danach links an einer Skihütte vorbei steil hinab zum Bergsattel ❻ Brockenbett (hierher auch ohne zusätzlich Steigung und banaler vom Sattel geradeaus weiter und dann rechts auf dem breiten Glashüttenweg).

Zum Brockengipfel und zurück Leider ohne zulässige asphaltfreie Alternativen wandern wir von hier auf der Brockenstraße weiter. Sie wurde vom Landkreis erst kürzlich und teils mit Verwendung ortsfremder Steine als Kontrastprogramm zum Nationalpark klotzig ausgebaut und führt am urigen Wald der Nationalpark-Kernzone vorbei, gelegentlich mit Ausblicken zum Winterberg und Wurmberg, südseitig um die Kuppe der Heinrichshöhe herum.

Kurz vor der Bahnlinie mündet von links her, von Schierke, der Aufstieg durch das Eckerloch und direkt an der Bahnlinie der von Torfhaus heranführende Goetheweg. Nach Überquerung der Bahnlinie (mit dem immer wieder beliebten Fotomotiv der altehrwürdigen Züge) leitet die Brockenstraße zur nur mit vereinzelten Krüppelfichten ausgestatteten alpinen Matte der Gipfelkuppe. Nach Passieren des Bahnhofs und der übrigen Gebäude und allerlei Infotafeln und Gedenksteinen wird nach insgesamt 3,8 Kilometern ab Brockenbett der ❼ Brockengipfel erreicht.

Der Rückweg erfolgt auf der gleichen Route. Er erlaubt bei Bedarf noch den Besuch der Brockenkinder und der Kapellenklippe. Und weil in der Gegenrichtung die Landschaft doch deutlich anders aussieht und auch der fortgeschrittene Tag und damit die Beleuchtung und die Farben schon wieder anders sind, schenkt auch der Abstieg neue Eindrücke.

8 Zum Ausguck über der Mitte des Ostharzes

Von Trautenstein zum Carlshausturm

Leicht · 8,5 km · 200 m · 2–3 Std.

Tourencharakter
Waldwanderung zu einem der markantesten Aussichtspunkte des Ostharzes, durch flache Täler und auf der sanft gewellten Harzhochfläche, zuerst auf überwiegend kleinen Naturwegen, beim Abstieg meist auf Forststraßen

Ausgangs-/Endpunkt
Südlicher Ortsausgang von Trautenstein

Anfahrt
Auto: Über die östliche Harzhochstraße B 242 nach Trautenstein.
Bahn/Bus: Mit der Harzquerbahn bis Benneckenstein oder Hasselfelde, dann weiter mit dem Bus nach Trautenstein

Einkehr
In Trautenstein

Karte
Besonders empfehlenswert ist die mit dem Harzklub erstellte Karte »Wandern im Ostharz« (1:50 000) der LGN Niedersachsen (siehe auch lvermgeo.sachsen-anhalt.de).

Information
harztourist.de

Die Wanderung führt über die Harzhochfläche, die mit von Westen nach Osten abnehmender Meereshöhe das größte Landschaftselement des Harzes bildet. Der Hinweg der Tour ist wesentlicher Teil einer der seltener begangenen Überquerungen des Harzes. Die Höhen, wo heute das Carlshaus steht, waren im Kalten Krieg Teil eines militärischen Komplexes.

Zum Carlshausturm Nahe dem südlichen Ende des Dorfes Trautenstein folgen wir dem Weg am Ostufer des Dammbachs in südlicher Richtung (alte Markierung gelbes Dreieck und blaues X). Bei der Gabelung biegen wir nach rechts und gehen an der Kuppe der Bauersköpfe vorbei.
Wo der Weg deutlich nach links hinaufführt, wandern wir rechts auf dem schmalen ❶ Weg (Schild »Sophienhof«) weiter. Zwei Seitentälchen mit

Am Weg zum Carlshausturm

östlichen Zuflüssen des Dammbachs werden je nach aktuellem Zustand des Weges und der Stege mehr oder weniger unterhaltsam gequert, dann geht's links von einem Steinbruch neben einem Hohlweg hinauf zur ❷ **Forststraße**.

Auf dieser halten wir uns links und steigen am Rand eines weiten Tals hinauf zu einer Querstraße. Dieser folgt man kurz nach links, dann geht man rechts hinauf zu einem großen Wegekreuz auf dem Bergsattel der Lichtenhöhe. Hier wandern wir links, ostwärts, auf der Straße über den Bergrücken bis zum ❸ **Carlshausturm**, einem 30 Meter hohen Turm mit weiter Rundsicht über den gesamten Ostharz und zum zentralen Bergland mit dem Brocken.

Zurück nach Trautenstein Nun steigen wir zuerst nach Osten hinab zum Carlshaus und gehen dann die Forststraße in nördlicher Richtung hinab. Wir kommen an der Bärenhöhe vorbei und wandern um die Talanfänge der beim Hinweg gequerten Tälchen herum.

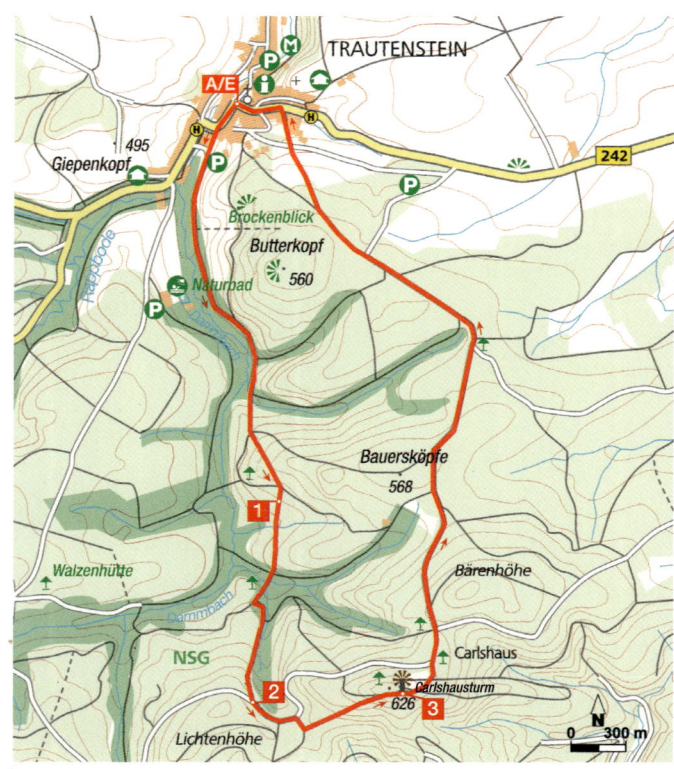

Später biegen wir links ab und folgen jetzt in nordwestlicher Richtung einer deutlichen Rechtskurve der Forststraße, westlich vom Butterkopf. Hier halten wir uns geradeaus und wandern nun auf kleineren Wegen (Markierung grünes Dreieck) direkt zurück nach Trautenstein.

9 Felsschluchten hinter dem Tourismus-Brennpunkt

Durch Bodetal, Kästental und den Hirschgrund

Mittel   12 km   300 m   3 Std.

Tourencharakter
Kurzweilige Wanderwege in wilder Felslandschaft; im Kästental ein herber, aber hochinteressanter vergessener Pfad, der einiges an Geländegängigkeit voraussetzt und für den robustes Schuhwerk sehr nützlich ist

Ausgangs-/Endpunkt
Bahnhof Thale, mit Großparkplatz nebenan

Anfahrt
Auto: Von der B 6 neu nach Thale.
Bahn/Bus: Mit der Bahn bis Thale

Einkehr
Jugendherberge Großer Waldkater, Gaststätte Kleiner Waldkater, Gaststätte Königsruhe, am Hexentanzplatz und in Thale

Karte
Besonders empfehlenswert ist die mit dem Harzklub erstellte Karte »Wandern im Ostharz« (1:50 000) der LGN Niedersachsen (siehe auch lvermgeo.sachsen-anhalt.de).

Information
Tourist-Info, Bahnhofstr. 1, 06502 Thale, Tel. 03947/25 97, thale.de; harzer-bergtheater.de; harztourist.de

Das Bodetal ist die wildeste Ecke des Harzes. Dort kann es natürlichen Steinschlag geben, und man kann nur auf eigenes Risiko hineingehen. Aber für jeden Menschen mit nur einem Funken Romantik im Herzen lohnt sich das! Immerhin ist seit Menschengedenken dort noch kein Wanderer durch Steinschlag zu Schaden gekommen.

Königsruhe und Teufelsbrücke In Thale starten wir vom Bahnhof westwärts, an der Einfahrt zum Großparkplatz vorbei, zur Therme. Davor wenden wir uns links (Goetheweg) und gehen an der Seilbahn vorbei und den Schildern folgend ins Bodetal.

Am westlichen Ufer bleibend, wird die ❶ Jugendherberge »Großer Waldkater« passiert. Weiter geht's auf dem Weg oberhalb des munter rauschenden Baches talein – im Sommer unter dichtem Blätterdach, im Winter und Frühjahr mit Durchblicken auf die beachtlichen Felsen. Nach etwa 20 Minuten erreichen wir die Gaststätte »Königsruhe« (toller Blick hinauf zur 200 Meter hohen Felswand der Roßtrappe). Wir wandern auf dem Weg taleinwärts weiter, teils auf soliden Stegen direkt über der Bode, unter der großen Trümmerhalde der Schurre vorbei und zur unter-

Im oberen Kästental ersetzen Gangsteine eine Brücke.

halb des Felsturmes Kirchl gelegenen ❷ **Teufelsbrücke**. Nun geht es südlich der Bode im steilen Zickzackkurs auf dem teils aus dem Fels gehauenen Steig hinauf (großartiger Rückblick zur Roßtrappe und zum Felsturm Besen). So wird ein schmaler, felsiger Rücken erreicht.

Durchs Kästental Nun biegt das Tal scharf nach links, und in einem weiten Rechtsbogen geht's auf dem Steig am steilen Talhang weiter. Danach leitet der Weg nach links um einen großen Bergsporn herum und führt in südlicher und südwestlicher Richtung weiter. Nach einem weiteren Kilometer zeigt unten die Bode bei einem gegenüber aufragenden Felssporn eine scharfe Rechtskurve, und weitere 700 Meter nach dieser Stelle liegen unten im Fluss mehrere große Felsblöcke eines Bergsturzes.

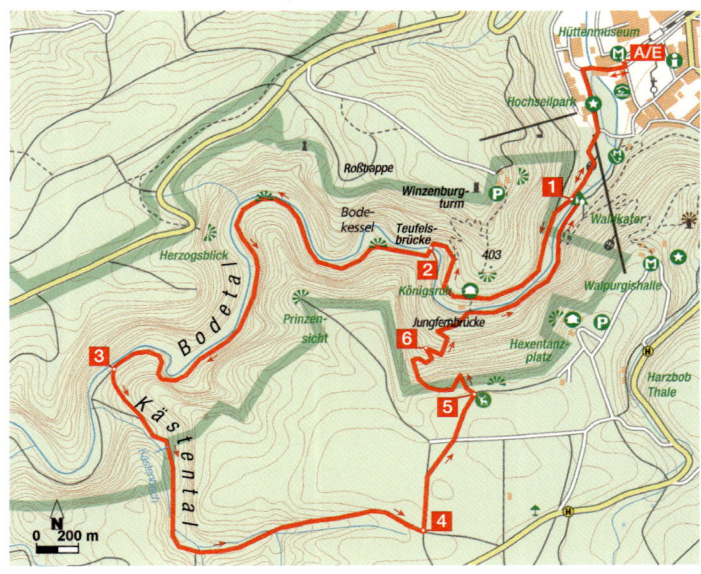

Kurz danach beginnt bei einer Informationstafel (aber ohne Hinweise auf die Abzweigung, etwa 60 Meter vor dem steilen Seitental) ein unauffälliger, schräg rechts ansteigender schmaler ❸ **Pfad**. Er führt unterhalb von einem schönen natürlichen Traubeneichenwald in das von Südosten herabkommende Kästental (das unten nur sehr schlecht passierbar wäre). Auf dem linken, nordöstlichen Talhang oberhalb von kleinen Wasserfällen und Engstellen des Baches steigen wir hinauf zu einem kleinen Felsriegel bei einer dicken Eibe (gegenüber Felshöhlen). Der Pfad führt schuttig und beschwerlich weiter hinauf, an einer Kaverne mit hübsch gefalteten Felsschichten vorbei und danach zu einem kleinen Wasserfall.

Durch den Hirschgrund Links vom Bach wandern wir mit allerlei Anforderungen an Geländegängigkeit und Matschtoleranz bis zu einer Stelle, wo gegenüber ein alter Forstweg beginnt. Dort überqueren wir den Bach und steigen dann auf dem Weg bergan. Nach sumpfigen Passagen wird er besser gangbar und leitet nun geradezu aufreizend problemlos, später nach einer Brücke wieder auf der anderen Seite des Baches, hinauf zu einer querenden ❹ **Forststraße**. Auf dieser gehen wir nach links und später in Richtung Hexentanzplatz zum ❺ **Wolfsgehege**.

Nun wenden wir uns wieder nach links und wandern auf dem Zickzackweg durch den ❻ **Hirschgrund** – mit großartigem Blick auf die nahen Zackengrate der Hirschhörner und die gegenüber imposant aufragende Roßtrappe – hinab in den Talgrund bei Königsruhe. Dort geht's am südseitigen Ufer über den Weg hinab zur Gaststätte »Kleiner Waldkater« und von dort wie am Hinweg an der Jugendherberge über die Brücke und zurück zum Ausgangspunkt in Thale.

10

Industrierelikte und Wiesentäler am Granitberg

Von Mägdesprung zum Ramberg

Leicht | 16 km | 300 m | 4.30 Std.

Der Ramberg ist einer der großen Harzberge aus dem Tiefengestein Granit. Die früher an seinem Gipfel unterhaltenen Ferienunterkünfte und auch der einstige hölzerne Aussichtsturm dort wurden aufgegeben, aber die Bergkuppe ringsum und die langen autofreien Wiesentäler haben ihren Reiz behalten und bezaubern nach wie vor.

Zur Kleinen Teufelsmühle In Mägdesprung gehen wir vom Bahnhof nordwärts (in Richtung Gernrode und Ballenstedt) entlang der Straße über die Bahnlinie und 100 Meter danach zur Einmündung eines unbefestigten und teils bewachsenen Forstweges von links. Diesem folgen wir südwestwärts in einem großen Bogen oberhalb von Bahnlinie und Bach und dann rechts hinauf zum Bergrücken. Dort gehen wir links, an einer dicken Eiche vorbei und dann in einem hohlwegartig eingetieften Weg steil hinab. Unten folgen wir einem Querweg nach rechts an einer Felsecke vorbei zum ❶ Krebsbachteich. An diesem entlang und danach weiter auf dem Weg rechts der idyllischen Aue des Talgrundes gehen wir sanft ansteigend weiter. Nach etwa zwei Kilometern biegt der Weg nach rechts ab. Er leitet

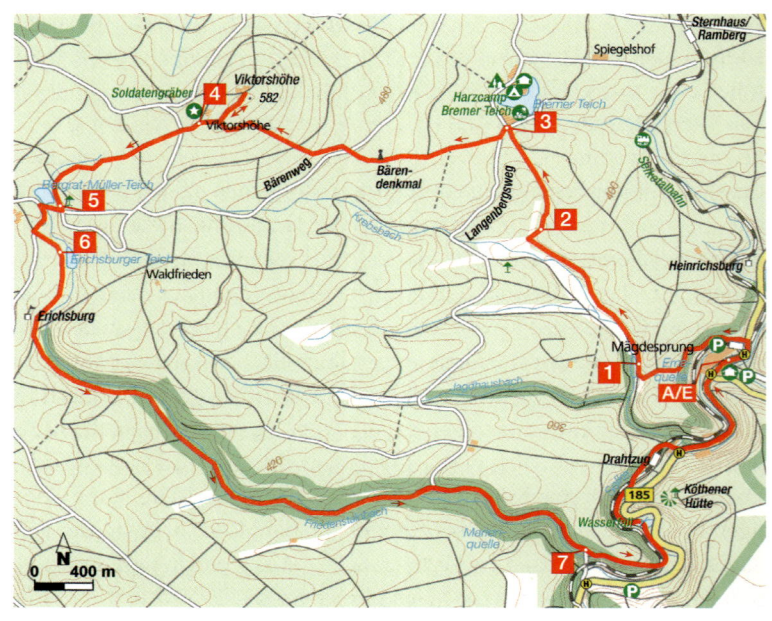

nun in einem flachen ❷ Seitental, rechts der Wiese des Talgrundes, weiter. Bei einer ersten Weggabelung nehmen wir den oberen Weg. Wo er wenig später nach rechts biegt, folgen wir dem links in der vorigen Richtung weiterführenden Weg, oberhalb der Krone einer riesigen vom Wind gebrochenen Buche vorbei. Er führt stetig ansteigend, zuletzt mit einer festen Forststraße, zu einem Forststraßenkreuz vor dem ❸ Feriengelände Bremer Teich. Gleich davor am Wegekreuz links auf dem (nicht ausgeschilderten) »Bärenweg« weiter nach etwa einem Kilometer zum Bärendenkmal. In gleicher Richtung weiter erreichen wir eine quer verlaufende Straße und gehen hier 200 Meter nach links. Nun steigen wir auf einer schnurgeraden Schneise an bis direkt zur Granitklippe ❹ Kleine Teufelsmühle (der Gipfel des Rambergs mit Viktorshöhe und Sendemast ist derzeit als Baustelle gesperrt, keine Aussicht).

Friedenstal und Krebsbachtal Von der Klippe folgen wir nach Südwesten der Forststraße hinab zur Klippe Große Teufelsmühle und nun der grasigen Trasse der Loipentrasse oder auf den Forstwegen den Schildern nach weiter zum ❺ Bergrat-Müller-Teich (Schutzhütte, Sitzplatz). Unterhalb vom stauenden Damm gehen wir weiter bis unterhalb vom Feriengelände Merkelbach. Dort biegen wir nach links ab ins Friedenstal. Auf der Forststraße entlang dem idyllischen Talgrund wandern wir talab, am ❻ Erichsburger Teich, einer verlassenen Grube und verlandeten Teichen vorbei. Nach vier Kilometern wechselt die Talstraße bei einem schönen Wiesenboden auf die andere Seite des Baches und bringt, an der Abzweigung zur nahen Marienquelle und zuletzt an Klippen aus Devongestein vorbei, zum steilhängigen Selketal. Noch vor dem Talgrund und der Bahnlinie zweigt links ein ❼ Fußweg ab und führt zunächst ansteigend weiter. Wo er sich nach Felsköpfen gabelt, gehen wir nach rechts hinab, queren die Bahnlinie und folgen danach dem hübschen Weg nahe der Selke talabwärts. Nach einer Talbiegung passieren wir den eindrucksvollen Selkewasserfall. Danach führt der Weg bald wieder oberhalb der Gleise weiter zur originell knuddeligen Gaststätte »Drahtzug« bei einem Haltepunkt der Bahn an der Mündung des Krebsbachtales und nahe der Autostraße. An dieser entlang gehen wir – leider ohne brauchbare Alternative – 600 Meter zurück nach Mägdesprung.

11 Zu einem nur gelegentlich erscheinenden See

Von Dittichenrode zum Bauerngraben und zur Queste

Leicht · 10 km · 250 m · 3 Std.

Tourencharakter
Wald- und Wiesenwanderung auf meist angenehmen Wegen durch rasch wechselnde Szenerien und an zwei Highlights des Karstwanderwegs vorbei

Ausgangs-/Endpunkt
Dittichenrode

Anfahrt
Auto: Von der B 38 über die Ausfahrt Roßla, dann nordwärts nach Dittichenrode. **Bahn/Bus:** Bahn bis Roßla, dann manchmal Bus bis Dittichenrode oder Taxi

Einkehr
In Questenberg Gasthaus Zur Queste

Karte
Besonders empfehlenswert ist die mit dem Harzklub erstellte Karte »Wandern im Ostharz« (1:50 000) der LGN Niedersachsen (siehe auch lvermgeo.sachsen-anhalt.de).

Information
bioreskarstsuedharz.de;
sachsen-anhalt-tourismus.de

Die Wanderung führt zu mehreren der besonders spektakulären Schaustücke des Südharzer Gipskarsts und bietet gerade im Kammbereich reizvolle Waldpfade und Wiesenwege mit weiten Ausblicken.

Zum Bauerngraben In Dittichenrode gehen wir zum nördlichen Ortsausgang und bald links (Nordwesten) auf einem hübschen Feldweg hinauf zur L 234. Diese wird überquert. In gleicher Richtung führt ein Wirtschaftsweg weiter in den Wald und später dann von diesem ein schmaler Pfad geradeaus zum Bergkamm. Hier sichtet man den Bauerngraben – entweder als eine unterhalb von steilen Gipsabbrüchen gelegene Wiesenmulde oder als den dort immer wieder aufgestauten ❶ **periodischen See**.
Wir wandern auf dem schmalen Naturweg (und mit gebührender Vorsicht!) nahe der Abbruchkante in östlicher Richtung weiter und später auf einem Waldweg hinab zu einem ❷ **Bergsattel**, über den die L 234 nach Agnesdorf führt (Parkplatz, von dem aus sich der Bauerngraben auch als Stippvisite erreichen lässt).

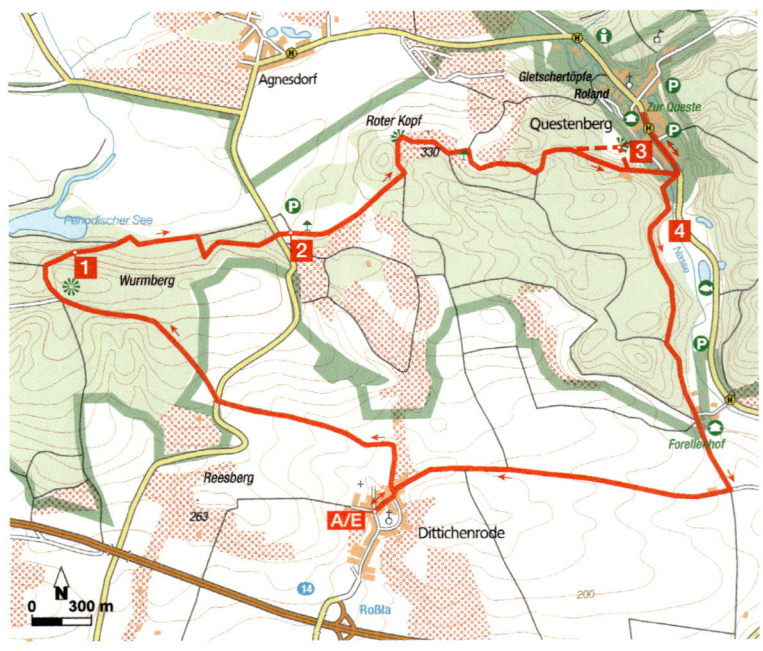

Auf die Queste In östlicher Richtung folgen wir nun den Schildern und Markierungen des Karstwanderwegs und wandern in Windungen und kleinräumigem Auf und Ab teils auf Wiesenwegen, teils an Waldrändern zur Kuppe der ❸ Queste. Hier stehen als eine der Auslaugungsformen des Karsts offene, wenn auch bemooste Gipskarren an.

Von der benachbarten Gipskuppe bietet sich ein eindrucksvoller Tiefblick auf das Dorf Questenberg und auf die von schroffen, krümelnden Gipsfelsen durchsetzten Steilhänge des Nassetales. Hier ist auch ein Baumstamm installiert, an dem seit alten Zeiten ein nach weitergeführter heidnischer Tradition erstellter Kranz angebracht ist und jährlich erneuert wird.

Der periodische See des Bauerngrabens ist gerade einmal wieder gefüllt.

Zurück nach Dittichenrode Nach rechts, südwärts, führt ein schmaler Weg hinab zum südlichen Ausgang des Dorfes (im Ort Gaststätte sowie ein hölzerner Roland; nordöstlich, nicht ganz leicht zugänglich, findet man die Reste der alten Burg Questenburg, weiter östlich an der Fortsetzung des Karstwanderwegs die Dinsterbachschwinde).

Südlich vom Dorfende ragt über einem kleinen Sumpf und einer ❹ Bachschwinde eine über 20 Meter hohe, immer wieder neu verstürzende Felswand aus Gips auf (»You have been warned!«). Gegenüber davon wandern wir auf der anderen Seite der Straße auf einem Wanderweglein nahe am Waldrand südwärts zum Forellenhof und weiter zu einem Feldsträßchen. Dieses bringt uns in westlicher Richtung ländlich-sittlich beschaulich zurück zum Ausgangspunkt in Dittichenrode.

Elbsandstein-gebirge

Am Arnstein: Die Stufen aus dem Mittelalter führen die Wanderer heute noch nach oben (o. li.). Die Biela im gleichnamigen Tal (u. li.). Das Goßdorfer Raubschloss (o. re.). Dickkopffalter (u. re.).

12

Pilzaussicht

Vom Gottleubatal ins Elbtal

Leicht   11 km   ↑132 m ↓126 m   3 Std.

Tourencharakter
Leichte Tour mit geringen Höhenunterschieden, teilweise durch Ort-
schaften. Achtung beim Abstieg,
Stufen können bei Feuchtigkeit
und Schnee rutschig sein

Ausgangspunkt
Pirna Bahnhof

Endpunkt
Obervogelgesang, Rückfahrt mit
S-Bahn

Anfahrt
Bus/Bahn: Mit der S-Bahn oder
den verschiedenen Buslinien des
ÖPNV nach Pirna. **Auto:** über die
B 172 nach Pirna; Parkmöglichkeiten im Bahnhofsbereich. Rückfahrt
mit der S-Bahn ab Obervogelgesang

Einkehr
Unterwegs keine, am Ende Gasthof
in Obervogelgesang

Die Gottleuba entspringt im Osterzgebirge und formt eines
der linkselbischen Täler. Wir wandern durch naturnahe
Laubwälder ein Stück durch dieses Tal und weiter über die
angrenzende Struppener Ebenheit, mit einer großartigen
Sicht auf Dresden und bis in die Vordere Sächsische
Schweiz sowie einem überraschenden Ausblick ins Elbtal.

Von der Innenstadt in den Wald Unser Ausgangspunkt ist der Bahnhof in
Pirna. Wir gehen über die Fußgängerampel nach rechts ein paar Meter in
die Maxim-Gorki-Straße, dann links in die Bahnhofstraße (hier bereits
die Markierung grüner Strich) und gerade über den Kreisverkehr. An einer Schule vorbei geht es in die Külzstraße und über den Tischerplatz in
die Bergstraße bis zur stark befahrenen Schandauerstraße (B172), der wir
kurz bergauf folgen, um sie in der nächsten Kurve wieder zu verlassen
und geradeaus die Hohe Straße weiterzugehen, die kurze Zeit später zu
einem Waldweg wird.

Viehleite Das Waldgebiet wird Viehleite genannt. Der Weg mit dem grünen Strich führt wenige Meter hinter einer Informationstafel leicht ansteigend nach links, dann auf gleicher Höhe am Hang entlang. Unten im Tal fließt die Gottleuba. Wir passieren alle Weggabelungen und bleiben immer auf dem markierten Wanderweg, bis es leicht bergab zum Eichbuschweg in Rottwerndorf geht. Wir gehen nach rechts und kommen zum Eichgrundweg. Jetzt ändert sich die Markierung und wir achten nunmehr auf einen gelben Punkt. An der nächsten Straßenkreuzung geht es geradeaus bis zu einer größeren Straße. Hier halten wir uns links und nehmen nach einigen Metern rechts den Forstweg (gelber Punkt). Bergan kommen wir an die B 172, die wir überqueren und an der gleich darauf links abbiegenden kleineren Straße wieder verlassen. Von hier blicken wir auf Dresden, über den Borsberg, die Bärensteine, den Lilienstein bis zum Königstein. An der nächsten schmalen Straße wenden wir uns links bergab und gehen bis zur nächsten Kreuzung; dort kurz rechts und gleich wieder links (gelber Punkt). Rechts an einigen Häusern vorbei erreichen wir den Wald und gehen an der Felskante entlang bis zur Straße. Hier ist Achtung geboten, dieser Bereich ist schwer einsehbar. Am besten bleiben wir am linken Straßenrand, bis rechts die Leitplanke endet, und überqueren erst dann die Straße. Der offizielle Wanderweg führt rechts am Straßenrand entlang. Wesentlich angenehmer ist es allerdings, am Feld- bzw. Waldrand entlangzulaufen. An der Baumreihe im Feld biegen wir rechts ab. Wenige Treppen abwärts werden wir überrascht.

Blick hinüber zu den Tafelbergen

Pilzaussicht Vor uns eröffnet sich plötzlich ein außergewöhnliches Elbtal-Panorama! Der Ort sieht wirklich aus wie ein Pilz. Neben dem Aussichtspunkt führen die alten, sogenannten Pilzstufen hinab nach Obervogelgesang. Unten angekommen, halten wir uns rechts in Richtung Bahnhof Obervogelgesang.

13 Breiter Stein, Schöne Höhe

Unterwegs im Landschaftsschutzgebiet

Leicht   10 km   ↑247 m ↓211 m 3.30 Std.

Tourencharakter
Zu Beginn leicht ansteigend, vom Breiten Stein bequem abwärts und wenig anstrengender, langgezogener Aufstieg zur Schönen Höhe

Ausgangspunkt
Bahnhof Lohmen

Endpunkt
Dürrröhrsdorf Bahnhof oder Bushaltestelle

Anfahrt
Bus/Bahn: Mit der RB 71 bis zum Haltepunkt Lohmen, ab Pirna mit den Buslinien 236, 237 oder 238 bis Lohmen Bahnhofstraße. Zurück mit der RB 71 ab Haltepunkt Dürrröhrsdorf, oder ab Dürrröhrsdorf mit den Buslinien 236 oder 234 Richtung Pirna. **Auto:** Die Anfahrt mit Pkw ist nicht zu empfehlen

Einkehr
Gaststätte Schöne Höhe

Im Mittelalter veränderte der Zuzug von Bauern aus Franken und Thüringen das wenig besiedelte Land: Es wurde umfangreich gerodet und Waldhufendörfer wurden angelegt. Heutige Siedlungen, der Strukturreichtum und die Vielfalt der Landschaft gehen teilweise auf jene Zeiten zurück. Um sie zu bewahren, wurde sie unter besonderen Schutz gestellt.

Straßendorf Lohmen Ausgangspunkt der Wanderung ist der Bahnhof in Lohmen. Rechts die Bahnhofstraße entlang, biegen wir gleich darauf links in die Fabrikstraße ein. An der Kurve gelangen wir auf die ins Tal führende Straße, der wir bergab folgen. Noch vor der Brücke über die Wesenitz nehmen wir rechts den Wanderweg mit dem blauen Punkt als Markierung. Vor uns sind hoch auf dem Felsen die schweren Mauern des Lohmener Schlosses zu erkennen, wo heute unter anderem auch die Touristeninformation untergebracht ist. Der Ursprung Lohmens geht bis ins 12./13. Jahrhundert zurück.

Unser Weg führt vorbei an einer Mühle ins kühle und manchmal düster wirkende Wesenitztal. Typisch ist die abschnittsweise Verengung zu einer schmalen Klamm mit steilen Felswänden. 110 Mühlen, Sägewerke und Schleifen nutzten die Wasserkraft der Wesenitz und ihrer Zuflüsse. Nach der kleinen Brücke, die über einen Zufluss der Wesenitz führt, zweigt rechts ein Weg ab, wir bleiben jedoch am Fluss. Auch die nächste Brücke über die Wesenitz beachten wir nicht weiter, sondern bleiben auf der bisherigen Seite des Tals und verlassen es erst mit dem nächsten Weg, der rechts leicht bergauf nach oben führt. Wir kommen an die Straße und folgen ihr bis zur Bahnunterführung. Kurz danach gehen wir geradeaus den Waldweg aufwärts. Rechts sehen wir eine kleine Brücke.

Breiter Stein mit Blick zur Schönen Höhe An einer Wegkreuzung mit Bank, Sandsteinsäule und Wegweisern biegen wir scharf links in den engen Wanderweg ein. Wir folgen dem grünen Strich in Richtung Breiter Stein, ein Stück laufen wir fast parallel zur Bahnstrecke. Nach der nächsten scharfen Rechtskurve folgen wir dem Weg bergan. Wir kommen rechts an einer Wiese und an einer Bank vorbei und folgen weiter der Markierung und Ausschilderung durch den Wald. Schließlich wenden wir uns nach links und überwinden die letzten Höhenmeter auf Stufen. Wir haben den 325 Meter hoch gelegenen Breiten Stein erreicht, ein Blockfeld aus Sandsteinen, 120 Meter über der Wesenitz. An der Schutzhütte angekommen, werfen wir einen Blick hinüber zum nächsten Etappenziel, die Schöne Höhe.

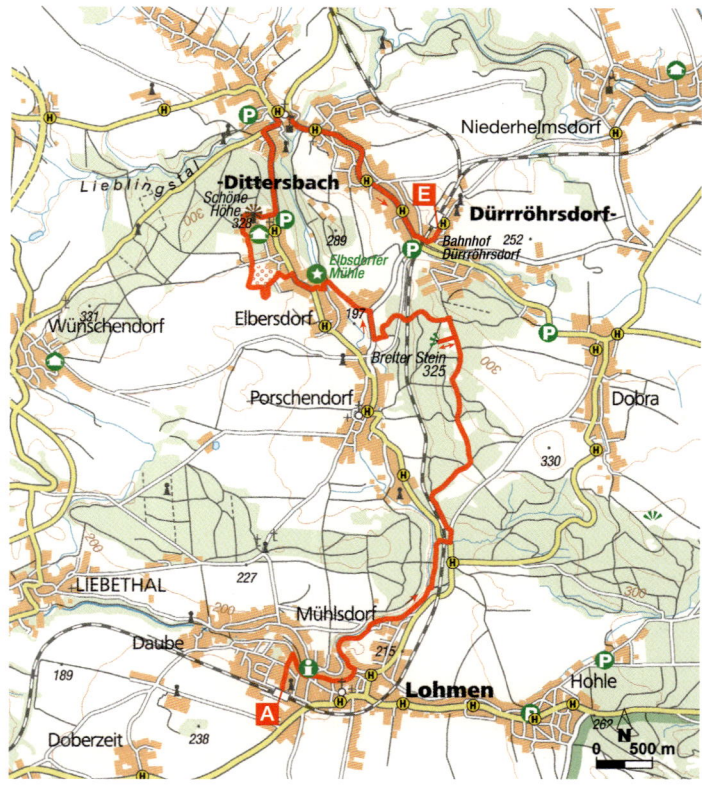

Elbersdorfer Mühle und Wesenitz

Hinunter zum Abzweig gehen wir den gleichen Weg, halten uns links, weiterhin dem grünen Strich nach, und wandern an der nächsten Wegegabelung den Berg hinunter. Über die Bahngleise und eine Wiese erreichen wir die Straße. Ein Wegweiser (Schöne Höhe) schickt uns nach rechts. Wir laufen ein Stück auf der Straße und biegen an der nächsten Straße, vor einem landwirtschaftlichen Gebäudekomplex, links Richtung Elbersdorf ab. An uralten Bäumen, die heute unter Naturschutz stehen, vorbei entdecken wir eine Mühle an der Wesenitz. Es ist die Elbersdorfer Mühle, 1564 erstmals urkundlich erwähnt. Früher war sie Mahl-, Schneide- und Ölmühle, heute ist sie Wohnhaus und seit 2006 wird dort mit einer Turbine und einem Generator Strom erzeugt. Wir wandern über die Brücke auf die andere Seite der Wesenitz, die übrigens auf 515 Metern Höhe am Valtenberg entspringt und nach 83 Kilometern in die Elbe bei Pirna mündet.

Turmschlösschen Schöne Höhe Nach der Brücke ignorieren wir die bunten Markierungen und folgen lieber den örtlichen Wegweisern Richtung Schöne Höhe. Sie führen uns weg von der Straße über schmale Pfade zwischen Privatgrundstücken hindurch und später über Wiesen bergauf zum Aussichtspunkt Schöne Höhe.

Auf dem Gipfel erwartet uns neben einer Gaststube auch ein neugotisches Schloss mit Aussichtsturm, das 1984 bis 1987 restauriert wurde. Wer noch ein paar Höhenmeter schafft, steigt die Stufen hinauf. Der weitere Weg führt nun wenige Meter zurück und dann, der Markierung mit rotem Strich folgend, in Richtung Dürrröhrsdorf-Dittersbach. Durch den Wald geht es bergab bis zu einer schmalen, kaum befahrenen Straße. Nach links laufen wir ins Tal hinunter, an der nächsten Kreuzung dann rechts weiter. Im Ort angekommen, halten wir uns auf der Hauptstraße rechts, die durch den Ortsteil Dürrröhrsdorf führt, bis wir zum gleichnamigen Haltepunkt gelangen. Von hier aus kann man auch den Bus nehmen.

14 Lilienstein

Symbol der Sächsischen Schweiz

Mittel   8 km   ↑217 m ↓221 m   4 Std.

Tourencharakter
Spektakuläre Gipfeltour mit Auf-
und Abstiegen über Treppen, Leitern und in den Fels gehauene Stufen. Steiler, anstrengender Anstieg.
Die Anreise mit dem Zug und die
Elbüberquerung mit Fähren in Königstein und Rathen machen diese
Tour zu einem besonderen Erlebnis. Schwindelfreiheit und Trittsicherheit erforderlich; Achtung im
Herbst und Winter, Rutschgefahr
durch Nässe und Eis

Ausgangspunkt
Königstein Bahnhof, Übersetzen
mit der Fähre nach Halbestadt

Endpunkt
Kurort Rathen

Anfahrt
Bus/Bahn: Mit der S-Bahn bis Königstein, von dort zu Fuß in wenigen Minuten zum Fähranleger an
der Elbe, Überfahrt nach
Halbestadt; die Fahrkarte ist auch
für die Fähre gültig. Rückfahrt mit
der S-Bahn von Rathen aus

Einkehr
Gaststätte auf dem Lilienstein sowie verschiedene Einkehrmöglichkeiten in Rathen

Aussicht vom Lilienstein

Hoch über dem Elbtal thront der Lilienstein. In einer be-
eindruckenden, fast vollständigen Schleife umrundet die
Elbe den Tafelberg. Der Gipfel bietet ein phänomenales
Panorama des Elbsandsteingebirges. Nicht umsonst gilt
der Lilienstein als Symbol einer ganzen Region und dient
als Logo des Nationalparks Sächsische Schweiz.

Vom Wasser auf den Berg Bevor es losgeht, müssen wir über die Elbe –
eine nette Abwechslung im Wanderalltag. Hinter dem Bahnhof in Königstein setzt die Fähre nach Halbestadt über.

Steiler Aufstieg auf der Südseite Links vom Fähranleger beginnt die
Wanderung (Markierung blauer Strich). Nach dem ersten steilen Anstieg
wird es gemächlicher, die »Ebenheit«, so der Name des Geländes, ist
erreicht. Zeit zum Verschnaufen und um den Blick schweifen zu lassen.
Im Rücken erhebt sich die Festung Königstein auf dem gleichnamigen
Tafelberg. 1241 wurde Deutschlands größte Bergfestung erstmals urkundlich erwähnt, erobert wurde sie übrigens nie. Vorn ist der Lilienstein
gut zu sehen, erwähnt 1379 als »Ylgenstein« (vom heiligen Aegidius oder
St. Ilgen abgeleitet).

Der Weg führt in Serpentinen zum Fels. August der Starke, Kurfürst von Sachsen und König von Polen, ließ um 1708 Stufen aus dem Fels hacken, um den Lilienstein besteigen zu können. Diese Treppe existiert noch heute und bringt uns direkt zum Gipfel, den ein Obelisk zur Erinnerung an den hohen Besuch krönt.

Tafelberg Auf dem Plateau sollte man unbedingt links zur Westspitze gehen! Leitern und Brücken überspannen tiefe Schluchten, deshalb sind Trittsicherheit und Schwindelfreiheit dringend erforderlich. Zur Belohnung gibt es eine grandiose Aussicht. Zurück geht es auf dem gleichen Weg und weiter zur Gaststätte Lilienstein und zur Ostaussicht.

Auf Leitern ins Tal – Nordabstieg Eine steile Metalltreppe und Felsstufen bringen uns hinunter in den Wald. An der Weggabelung zweigen wir links ab und folgen der blauen Markierung. Links am Wegesrand liegt die Quelle »Franzosenborn«, sie erinnert an die Französischen Truppen, die 1813 hier lagerten.

Von der Ebenheit zur Elbe Auf dem Kirchsteig wandern wir weiter Richtung Norden, vorbei am Waldfriedhof. Links zweigt der Lottersteig ab, ein schmaler Fußweg, der uns wieder an die Elbe bringt (blaue Markierung). Unten angekommen, gehen wir rechts, weiter am Ufer auf dem Kottesteig entlang nach Rathen. Dort gibt es zahlreiche Einkehrmöglichkeiten. Mit der historischen Gierseilfähre, die uns zum Bahnhof übersetzt, endet die Tour recht beschaulich. Von der Fähre können wir den Blick zu den Felsen des Basteigebietes genießen.

Südaufstieg zum Lilienstein

15 Brandgebiet

Zum Balkon der Sächsischen Schweiz

Schwer	14 km	254 m	5 Std.

Tourencharakter

Anspruchsvolle Tour, da mehrfach Höhenunterschiede überwunden werden müssen. Eine Tour mit stetem Auf und Ab, wobei es zum Teil über steile Stufen bergab und zum letzten Etappenziel (Brand) über zahlreiche Stufen hinaufgeht. Trittsicherheit erforderlich. Bei Eis und Schnee Rutschgefahr

Ausgangs-/Endpunkt

Hohnstein Parkplatz oder die Bushaltestelle Eiche

Anfahrt

Bus/Bahn: Ab Pirna mit den Buslinien 237 oder 236 (Richtung Sebnitz), an der Haltestelle Eiche aussteigen. **Auto:** Von Pirna über Lohmen nach Hohnstein oder von Bad Schandau über Porschdorf nach Hohnstein

Einkehr

Brandbaude, Waitsdorfer Schänke

Die Hochfläche zieht sich fast eben dahin. »Der Brand« heißt diese Gegend, seit das Felsenplateau samt umliegender Wälder in Flammen stand, irgendwann vor 1800. Später stehen wir ganz vorn an der Kante. Nur das Geländer trennt uns vom tiefen Canyon der Polenz unter uns.

Napoleonschanze, Schanzberg Ausgangspunkt ist der Parkplatz oder die Bushaltestelle Eiche in Hohnstein. Wir folgen dort der Ausschilderung zum Stadtbad. Am Bad vorbei gelangen wir zur Brücke der ehemaligen Bahnstrecke von Hohnstein zur Kohlmühle im Sebnitztal. Unter der Brücke hindurch folgen wir der Markierung mit dem grünen Strich. Der schmale Wiesenweg führt hinauf zum Schanzberg auf 392 Meter Höhe.

Felsriffe im Brandgebiet

Von dort aus hat man eine perfekte Rundumsicht. Verständlich, dass Napoleon 1813 genau diese Stelle wählte, um Befestigungsanlagen zu errichten, deren Aufgabe der Schutz der Straße auf dem Ziegenrücken hoch über dem Polenztal war. Die Wälle sind heute noch zu sehen. Auf einer Informationstafel findet man Erklärungen dazu und zu den Befreiungskriegen 1813. Tisch und Bänke für eine kurze Verschnaufpause sind hinter der Umzäunung rechts zu finden.

Stetes Auf und Ab Wir wandern über den Wiesenweg leicht abwärts bis zum Waldrand und lassen uns weiter von der grünen Markierung leiten. Alte Grenzsteine mit kurfürstlichen Zeichen schmücken den Wegesrand. An der Weggabelung, wo der Wald beginnt, halten wir uns links. Nach wenigen Metern zweigt der Ringflügelweg ab. Wir durchwandern nun das Schützengelege, so der Name dieser Waldregion, auf fast gleichbleibender Höhe. Bald treffen wir an der Kreuzung zum Lupinenweg auf eine Markierung mit gelbem Strich. Wir folgen ihr nun nach links auf dem Brandweg ins Tal des Tiefen Grundes.

Nach Überquerung der Straße geht es weiter auf dem gegenüberliegenden Weg, dem Holländerweg, in den Wald hinein. Er führt Richtung Waitzdorf und bringt uns zunächst zum Waldrand hinauf.

Wenig später erreichen wir den Rand von Waitzdorf. Wir treffen auf die Markierung mit dem roten Strich, biegen in den Ort ab und halten uns in Richtung Waitzdorfer

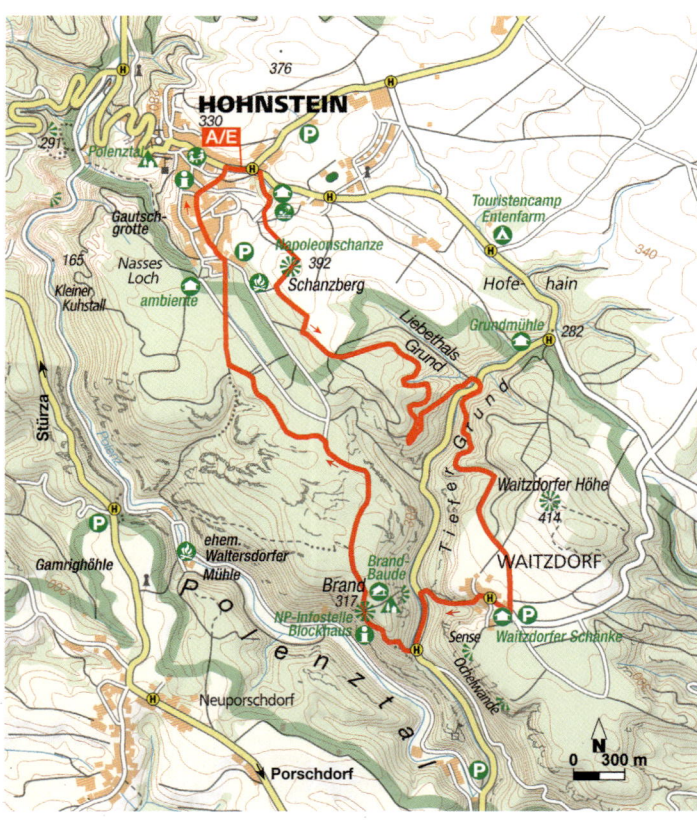

Schänke. Waitzdorf ist ein abgelegenes Dorf, in dem nur noch wenige Einwohner leben. Es ist zudem das einzige Dorf, das sich mitten im Nationalpark Sächsische Schweiz befindet. Über die zahlreichen Stufen des Dorfgrundes gelangen wir in den Tiefen Grund. Der letzte Abschnitt ist fast baumlos, denn vor einigen Jahren fiel der Wald hier einem Sturm zum Opfer. In diesem Gebiet ist die natürliche Waldsukzession, also die Abfolge der unterschiedlichen Entwicklungsstadien einer sich selbst überlassenen Naturlandschaft, hervorragend zu beobachten.

Wir laufen nun etwa zehn Minuten die Straße abwärts. Die Vegetation im Tiefen Grund ist sehr ursprünglich geblieben: Moose, Farne, Flechten wachsen an den Felswänden und entlang des Bachlaufes. Aber auch die blassviolette Mondviole, auch Silberblatt genannt, und der filigrane weise Waldgeißbart sind hier zu finden. Das Rauschen des Baches tönt angenehm in unseren Ohren.

Fast 900 Stufen zur Brandaussicht Rechts kommen wir zu einer kleinen Brücke und einem Wegweiser zu den Brandstufen und zum Brand. Nun beginnt der nicht enden wollende Aufstieg über unzählige Stufen zum Brand. Der Tiefe Grund unter uns macht seinem Namen alle Ehre.

Der Anstieg lohnt sich. Die Brandaussicht hängt wie ein Balkon ganz draußen an der Felskante und ermöglicht einen grandiosen Weitblick in die Sächsische Schweiz und tief ins Polenztal. Eine Tafel hilft bei der Identifizierung der Tafelberge und Felsformationen. Die direkt unter uns aufragende, flache Felsnadel ist die Brandscheibe. Der Name Brand geht auf eine große Feuersbrunst in diesem Waldgebiet zurück.

Nach dem beschwerlichen Aufstieg und diesem herrlichen Ausblick gönnen wir uns eine Stärkung in der gemütlichen Brandbaude oder wärmen uns in der kühlen Jahreszeit am zentralen Ofen auf. Bereits seit 1835 werden hier Wanderer bewirtet. Im historischen Blockhaus gegenüber ist eine Nationalpark-Infostelle eingerichtet (Öffnungszeiten ganzjährig 10–18 Uhr).

Von der Brandbaude wandern wir auf dem breiten Weg, der auch der Fahrweg zur Baude ist, Richtung Hohnstein zurück, vorbei an der Informationstafel zum Nationalpark. Einen Abzweig lassen wir unbeachtet und kommen nach einer langgezogenen, leicht abfallenden Kurve an eine Weggabelung. Hier verlassen wir die breite Brandstraße und nehmen links den mit einem grünen Strich markierten Weg.

Vorbei an einem idyllischen Feuchtbiotop, an dem sich gut Libellen und Frösche beobachten lassen, erreichen wir die nächste Wegkreuzung. Hier beginnt rechts ein mit rotem Strich markierter Weg, auch Neuweg genannt, auf dem wir an den Ortsrand von Hohnstein gelangen. Dort folgen wir der Straße, vorbei am alten Bahnhofsgebäude und Puppenspielhaus, zurück zum Parkplatz. Links thront die Burg Hohnstein.

16 Schwarzbachtal

Auf der Trasse der ehemaligen Schmalspurbahn

Mittel   10 km   126 m   3.30 Std.

Tourencharakter
Gemächliche Tour im Tal leicht
bergab, mit zwei straffen Anstiegen
unterwegs

Ausgangs-/Endpunkt:
Am ehemaligen Bahnhof der
Schmalspurbahn am Ortsausgang
von Lohsdorf

Anfahrt:
Bus/Bahn: Ab Pirna mit den Buslinien 237 oder 236 Richtung Sebnitz, Ausstieg in Lohsdorf am ehemaligen Bahnhof. **Auto:** Über
Hohnstein nach Ehrenberg und
weiter Richtung Sebnitz fahren,
von Sebnitz dann über Ulbersdorf
nach Lohsdorf. Dort in Richtung
Hohnstein halten

Einkehr
Unterwegs keine, Gaststätte in
Lohsdorf

Ab 1897 fuhr im Schwarzbachtal eine Schmalspurbahn mit 75 Zentimetern Spurbreite. Das Gelände erforderte Einschnitte, Dämme, viele Brücken und sogar zwei Tunnel – die einzigen Schmalspurbahntunnel in Sachsen. Der letzte planmäßige Zug fuhr am 27. Mai 1951. Noch heute sind Trasse, Tunnel, Brücken und Durchlässe gut erhalten.

Nostalgie inbegriffen Am ehemaligen Bahnhof der Schmalspurbahn am Ortsausgang von Lohsdorf beginnt die Wanderung. Wir folgen dem Schwarzbach in das enge, sympathische Granittal (Markierung gelber Strich, blauer Punkt). Die Brücken der aufgelassenen Strecke – so betagt wie die knorrigen, mit Flechten und Moosen überzogenen Bäume – umweht ein Hauch von Nostalgie. Der Bach plätschert heiter durch das friedliche Tal und es ist nur schwer vorstellbar, dass hier von 1897 bis 1951 laut dampfend die Lok auf ihrem Weg nach Hohnstein durchgetuckert ist. Heute sind die Schienen abgebaut; Tunnel und Brücken haben ausgedient.

Künstliche Ruine

Vom offiziellen Wanderweg werden sie umrundet, können aber trotzdem begangen und besichtigt werden. Sachte bergab führt uns der bequeme Wanderweg durch lichte Laubwälder, die die steilen Hänge des Tals schmücken.

Goßdorfer Raubschloss Nach dem zweiten Tunnel überqueren wir eine schmale Brücke und gelangen zur Strecke der Sächsischen Semmeringbahn, auf der regelmäßig Züge verkehren. Wir wenden uns nach rechts zum Fluss, gehen unter beiden Brücken hindurch und gelangen, dem roten Strich folgend, wieder zum Bahndamm. Nach wenigen Minuten erreichen wir den Abzweig, der uns zum ehemaligen Goßdorfer Raubschloss leitet. Links führt eine Holztreppe den Steilhang hinauf. Die Ruine wurde nachträglich auf den spärlichen Mauerresten errichtet, in Erinnerung an die 1372 erstmals urkundlich erwähnte, tatsächlich aber viel ältere Burg. Sie gehörte dem böhmischen Adelsgeschlecht der Berken von der Duba und diente dem Schutz der im Tal verlaufenden Handelsroute.

Zum Hutberg Wir gehen durch den Tunnel unter dem Bahndamm hindurch und sofort rechts direkt an der Trasse entlang, immer dem roten Strich nach. Nach wenigen Minuten unterqueren wir links erneut die Gleise und wandern den Hohlweg durch den Wald bergauf (jetzt grüner Strich). Es

Moose und Flechten

wird flacher und wir gehen rechts zwischen den Feldern zum windgeschützten Aussichtspunkt. Sein Name könnte nicht treffender sein: »Schöner Blick« über die Landschaft. Auf freiem Feld ziehen wir weiter und halten uns links, an einzelnen Häusern vorbei. Am ersten Abzweig rechts, mit der blauen Markierung, gehen wir vorbei und nehmen den nächsten kleineren Pfad, der auf die Kuppe, den Hutberg, führt. Wieder zurück auf der Straße, von der wir gekommen sind, wenden wir uns nach links, um nach wenigen Minuten abermals links auf den Langen Weg abzubiegen (wiederum blaue Markierung). Er bringt uns zurück ins Schwarzbachtal.

17 Arnstein und Kleinstein

Raubschlösser und Höhlen

Mittel   8 km   91 m   3.30 Std.

Tourencharakter
Steiler Anstieg über Steiganlagen, Trittsicherheit und Schwindelfreiheit erforderlich. Ebenso steiler Abstieg, danach moderat, später noch einmal ein steiler Abstieg. Bei Schnee und Eisglätte ungeeignet und gefährlich

Ausgangs- und Endpunkt
Haltestelle Buschmühle im Kirnitzschtal

Anfahrt
Bus/Bahn: Mit der Buslinie 241 von Pirna oder Bad Schandau aus Richtung Hinterhermsdorf, Ausstieg an der Haltestelle Buschmühle. **Auto:** Nach Bad Schandau und im Ort über den Markt, an der Kirche vorbei (Achtung: enge Straße). Kurz darauf nach links abbiegen Richtung Kirnitzschtal/Hinterhermsdorf. Dieser Straße folgen bis zur Buschmühle. Hier nur wenige Parkmöglichkeiten, besser auf den Parkplatz zuvor an der Neumannmühle ausweichen. Vorsicht bei der Anfahrt mit dem Auto: Im Kirnitzschtal verkehrt die historische Straßenbahn. Da es nur einen Schienenstrang gibt und zudem die Sicht durch die zahlreichen Kurven stark eingeschränkt ist, kommt es vor, dass einem die Straßenbahn auf der falschen Seite entgegenkommt.

Einkehr
Unterwegs keine; auf dem Rückweg die »Buschmühle« und verschiedene Gasthäuser im Kirnitzschtal

Eine mittelalterliche Wehranlage stand auf dem Arnstein, hölzern und relativ klein zwar, aber ein gefährliches Raubritternest, von dem aus Handelswege überfallen und Dörfer geplündert wurden. Heute ist das Ottendorfer Raubschloss, auch bekannt als Felsenburg Arnstein, einer der faszinierendsten Felsen der Sächsischen Schweiz.

Felsenburg Arnstein Wir starten an der Bushaltestelle Buschmühle im Kirnitzschtal oder am Parkplatz Neumannmühle. An der Kreuzung links geht es steil hinauf zum Arnstein, als Markierung dienen ein gelber Strich und ein gelber Punkt. Ein schmaler Pfad führt über Stufen zur ehemaligen Felsenburg. Auf einer Geländeterrasse stand die Unterburg. Die alten Strichlöcher, gedacht für die massigen Aufleger eines schweren Tores, sind gut zu erkennen. Darunter sind eine Burg und ein lateinisches Kreuz in die Felswand gemeißelt. Weitere Stufen führen hinauf zur Oberburg. Die originale Treppe lässt sich noch in der Wand parallel zum heutigen Aufstieg erkennen, deren Stufen sich in einen künstlich erweiterten Spalt

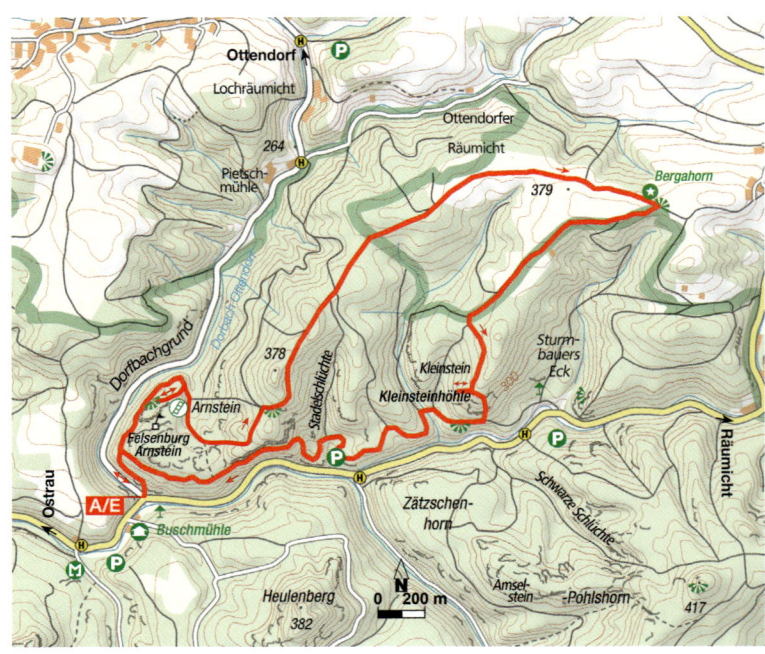

zwängen. Wir schlüpfen hindurch, sehen einen kleinen Pfeil an der Felswand und folgen ihm in die Arnsteinhöhle. Dort können wir vor den Eisentreppen ein in den Fels gezeichnetes Gesicht mit großen Ohren erkennen. Oben fallen Strichpfalze (Ausmeißelungen im Stein), ein viereckiger, in den Fels gehauener Grundriss und die 4,5 Meter tief in den Fels geschlagene Zisterne auf. An der Nordwestseite des Gipfels bemerken wir eine weitere Felszeichnung: Der Krummstab deutet auf einen Bischof oder Hirten hin. Auch am Fundament des ehemaligen Wehrturms finden wir Felszeichnungen – hier die Gestalt eines Kriegers mit Schwert. Die einstige Burganlage wurde erstmals 1436 urkundlich erwähnt und schon um 1452 zerstört. Nach dem Abstieg halten wir uns rechts und wandern weiter dem gelben Strich

»Schreckgesicht«
des Arnsteins

nach. An einer Weggabelung nach einigen Kurven zweigt links der Weg mit dem gelben Punkt ab. Wir folgen ihm allerdings nicht, sondern wandern rechts bergan auf dem Pfad Hohes Gewände (gelber Strich). Nachdem wir den Wald verlassen haben, kommen wir auf eine Wiese mit Blick auf den Ort Saupsdorf.

Kleinstein Am Naturdenkmal Bergahorn biegen wir rechts ab Richtung Kleinstein (jetzt dem roten Strich folgend) direkt zu den Kleinsteinaussichten. Die geben den Blick frei hinüber zu den Affensteinen, dem Kleinen und dem Großen Winterberg. Auf Holz- und Steinstufen geht es nun bergab. Die Kleinsteinhöhle, ein riesiges Felsentor, taucht auf der rechten Seite auf. Über steile Stufen geht es abwärts bis zu einem breiten Weg. Hier biegen wir rechts ab und wandern auf gleicher Höhe, bis wir wieder zum Abzweig gelangen, der unsere Runde abschließt und steil hinunter in Richtung Buschmühle, unserem Ausgangspunkt, führt.

18 Spanghorn und Labyrinth

Ein geomorphologisches Denkmal

Leicht   9 km   196 m   2.30 Std

Tourencharakter
Leichte Tour, im Labyrinth mit Kraxelcharakter, Trittsicherheit erforderlich. Geringe Höhenunterschiede, zu den Aussichtpunkten führen Stufen. Ideal als Familientour auch mit kleineren Kindern

Ausgangs- und Endpunkt
Parkplatz am Labyrinth

Anfahrt
Auto: Von Pirna kommend die B 172 Richtung Bad Schandau fahren, hinter Krietzschwitz an der nächsten Kreuzung rechts Richtung Bielatal abfahren, durch den Ortsteil Langenhennersdorf, dann wird links ein Parkplatz sichtbar, rechts unscheinbares braunes Schild mit der Aufschrift Labyrinth.
Bus/Bahn: Ab Pirna ZOB/Bahnhof mit der Buslinie 245 Richtung Leupoldishain/Rosenthal bis zum Abzweig Labyrinth fahren

Einkehr
Unterwegs keine, gelegentlich steht am Parkplatz ein mobiler Imbissstand.

»Nie mehr verlaufen« hat sich wohl der unbekannte Wanderfreund gedacht, als er Nummern an die engen Spalten und Durchgänge im Labyrinth geschrieben hat. Ganzkörpereinsatz und strapazierfähige Kleidung sind die Voraussetzungen für eine erfolgreiche Durchquerung der steinernen Unordnung. Einfach den Zahlen folgen – ein Spaß für Groß und Klein.

Zerklüftetes Plateau Am Parkplatz Labyrinth gehen wir links die Forststraße leicht abwärts dem grünen Punkt nach. Der Weg führt bald um eine Kurve, wir gehen aber geradeaus in Richtung Bushaltestelle Leupoldishain. Auf der gepflasterten Ortsstraße geht es kurz nach rechts, dann nach links in die Kiefernleite. Schilder weisen uns den blau markierten Weg zum Spanghorn. An Gärten vorbei und über Holzstufen im Wald erreichen wir ein stark zerklüftetes Plateau. In der vegetationsarmen Winterzeit sind die tiefen Spalten besonders gut zu erkennen. Bitte

Blumenwiese am Labyrinth

vorsichtig sein und die Zäune entlang des Pfades, die zum Schutz aufgestellt wurden, nicht umgehen. Vom Spanghorn am anderen Ende der Hochfläche scheint die Festung Königstein zum Greifen nahe – ein hinreißender Anblick! Direkt hinter der Aussicht wurde rechts eine Leiter in den Spalt zwischen die Felsen gelegt und auch mit dem blauen Punkt markiert. Hier steigen wir zum Forstweg Hirschstange ab und folgen der Ausschilderung Förstersteig Nikolsdorf nach rechts. Zurück auf der Straße halten wir uns links, dann rechts (blauer Punkt) in Richtung Nikolsdorfer Wände.

Die Nikolsdorfer Wände Wir gelangen zur Straße, die wir nach links bis zum 268 Meter hohen Stelzchen gehen. Es geht über steile Stufen hinauf und dann wieder zurück. Nun wenden wir uns nach links und umwandern das Stelzchen nördlich. An der nächsten Wegkreuzung biegen wir nach links ab, folgen der Markierung mit dem grünen Punkt und wandern durch die Nikolsdorfer Wände mit ihren stark verwitterten Wandfluchten. Geheimnisvoll im ruhigen Wald liegen die Felsen verborgen. Später stoßen wir auf einen breiten Forstweg, gehen nach rechts und kommen zu einem Rastplatz, wo rechts im Wald bereits das Labyrinth zu erkennen ist. Auf dem nächsten sichtbaren, unmarkierten Weg steigen wir rechts hinauf ins Felsengewirr.

Verwitterte Sandsteinblöcke

Das Labyrinth – skurrile Felsen Der Weg bringt uns zu einem interessanten, natürlich entstandenen Felslabyrinth mit Nischen, Höhlungen und geheimnisvollen Durchgängen – eine geomorphologische Besonderheit und deswegen unter Schutz gestellt. Das verwitterte Plateau ist durch Erosion stark zerklüftet, wodurch die abenteuerlichen Wege zwischen den Felsen entstanden sind. Ein spannender Rundgang, bei dem teilweise ein wenig geklettert werden muss. Wir folgen den am Felsen angezeichneten Nummern, um uns nicht zu verlaufen.

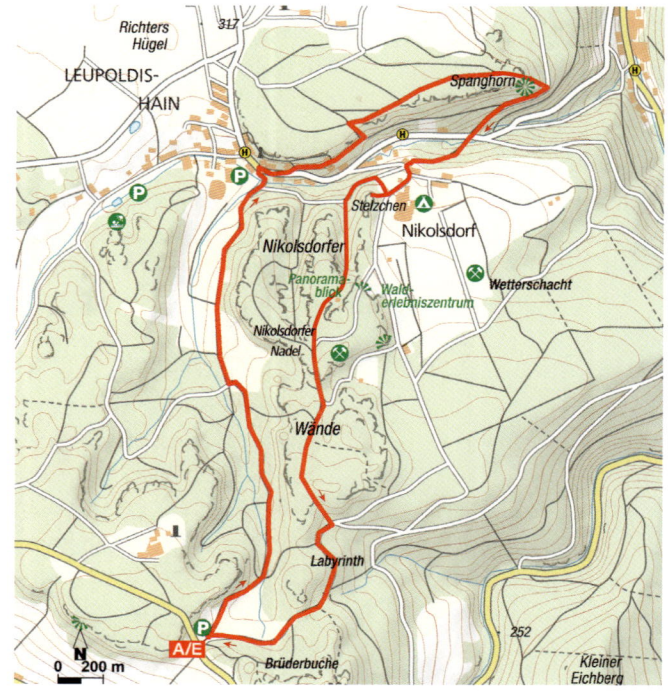

19 Zeisigstein, Sachsenstein

Bizarre Felsnadeln im Bielatal

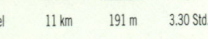

Mittel | 11 km | 191 m | 3.30 Std.

Tourencharakter:
Tour mit zum Teil kurzen, aber steilen Anstiegen, dort – und auf den Steiganlagen – Schwindelfreiheit und Trittsicherheit erforderlich. Bei Schnee und Eisglätte eher ungeeignet. Interessantes Moor unterwegs

Ausgangs- und Endpunkt:
Bielatal, Parkplatz Ottomühle

Anfahrt:
Auto: Von Pirna aus die B 172 Richtung Bad Schandau, hinter Krietzschwitz an der nächsten Kreuzung rechts Richtung Bielatal abfahren. Durch den Ort hindurch, im Tal bleiben. Links ragen Felsnadeln aus dem Wald, kurz vor den Häusern um die Ottomühle ist links an der Straße der Parkplatz. Von Königstein kommend der Ausschilderung Richtung Bielatal folgen. Im Ort weiter wie im Text beschrieben

Einkehr
Unterwegs keine, jedoch in Bielatal Imbiss

Zeitlose Kräfte, Wasser und Wind, bearbeiteten den Stein und schliffen ihn zu Felsskulpturen, die den Regeln der Schwerkraft trotzen. Mehr als 230 extravagante Gipfelgesellen stehen im Bielatal, wie die Herkulessäulen und der Schiefe Turm. Der Sandstein ist hier besonders fest, horizontal gebändert und beliebt bei Kletterern.

Die Wiesensteine Wir parken auf dem letzten Parkplatz im Tal und gehen geradeaus weiter in Richtung Ottomühle. Rechts, am Haus Nr. 5, gelangen wir über die Wiese, dann auf einem schmalen Pfad in den Wald und schließlich zu den Wiesensteinen. In südwestlicher Richtung geht es weiter, bis wir auf dem Mehlsteig sind. Wir queren den Beutwaldweg, einen Forstweg, und mehrere kleinere Pfade und wandern immer geradeaus bis zu einer Weggabelung. Folgende Markierungen sind hier zu finden: gelber Strich auf weißem Grund und roter Strich. Achtung, der senkrechte gelbe »Pinselstrich« markiert den Forststeig. Bitte nicht verwechseln!

Zeisigstein Wir bleiben auf dem Mehlsteig und gelangen der Ausschilderung gelber Querstrich auf weißem Grund folgend von hier aus in einer halben Stunde zum Zeisigstein mit 551 Metern Höhe. Vor dem Aufstieg auf den Gipfel ist rechts ein Rastplatz. Auf engem Pfad und Metalltreppen erklimmen wir den Gipfel und genießen das Panorama. Zurück auf dem Hauptweg gehen wir wieder einige Meter bis zum Abzweig mit dem gelben Punkt zurück. Wir biegen links ab und nehmen an der nächsten Gabelung den rechten Weg mit dem Pfeil zum Johanniswacht-Sachsenstein. Rechts liegt das geschützte Kochemoor, welches wir rechts umrunden. An einer Kreuzung überqueren wir den breiten Forstweg und wandern geradeaus (Hirschstange, roter Strich). Auf dem zweiten, nicht markierten Abzweig nach links gelangen wir in den Diebsgrund, dort kommen wir an eine Kreuzung und nehmen rechts den im spitzen Winkel bergauf führenden Steig. Ab hier befinden wir uns auf dem Forststeig. Oben angekommen, gehen wir geradeaus in nordöstlicher Richtung den Forstweg entlang. Immer wieder kreuzen andere Wege. An einer T-Kreuzung schließlich treffen wir auf den Weg mit der grünen und gelben Punkt-Markierung.

Sachsenstein Ein Abstecher nach links führt zur Aussicht auf dem Sachsenstein. Zurück vom Abstecher geht es weiter zur Johanniswacht. Wir

Auf Leitern zum Gipfel

erreichen den Aussichtspunkt auf dem Felsen und blicken auch von hier oben auf die unzähligen Felsnadeln des Bielatals. Haushoch über den dunklen Wald ragen quergeschichtete große und kleinere Türme in den Himmel. Schaut man genauer hin, sind auf den Gipfeln Metallboxen zu sehen. Sie enthalten die Gipfelbücher.

Abstieg durch die Felsen Über Metallleitern steigen wir durch eine Felsspalte zurück ins Tal der Biela. Vorsicht bei nassem oder eisigem Wetter – dieser Pfad erfordert Trittsicherheit und entsprechendes Schuhwerk. Auf der Talstraße nach rechts geht es zurück zum Parkplatz.

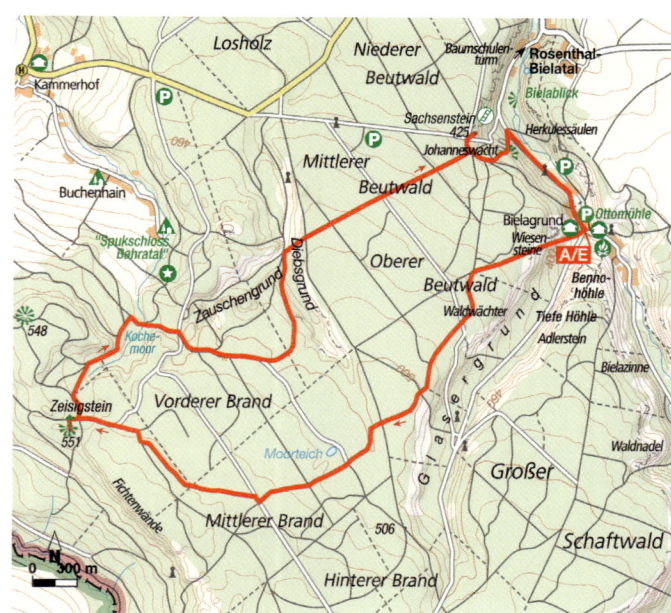

Diebskeller am Quirl

Von Rosenthal nach Königstein

Mittel · 13 km · ↑176 m ↓452 m · 4 Std.

Tourencharakter:
Eher beschauliche Tour, mit leichtem Anstieg zu Beginn und anschließender Talwanderung, steiler Anstieg zum Fuße des Quirls. Danach eher gemütlich

Ausgangspunkt
Rosenthal, Bushaltestelle Dorfplatz

Endpunkt
Königstein (S-Bahn oder Bus)

Anfahrt
Bus/Bahn: Mit den Buslinien 245 ab Pirna ZOB-Bahnhof oder 242 ab Königstein Reißigerplatz bis Rosenthal. **Auto:** Anfahrt mit dem Pkw nicht empfohlen

Einkehr
Unterwegs keine, am Ende in Königstein verschiedene Einkehrmöglichkeiten

Das Quirl-Massiv ist ein relativ niedriger Tafelberg mit geschlossener Hochfläche, auf der einst Felder angelegt waren. Am Quirl gibt es zahlreiche Höhlen. Eine große Schichtfugenhöhle an der Nordostseite ist der Diebskeller: 28 Meter lang, acht Meter breit, bis zu vier Meter hoch und mit einem Steintisch aus dem 18. Jahrhundert möbliert.

Diebskeller

Rosenthal An der Bushaltestelle im Ort Rosenthal – am kleinen Platz – gehen wir, die Kirche hinter uns, zwischen den Häusern hindurch, auf den Weg mit dem roten, dem gelben Punkt und dem grünen Strich. Wir wandern zunächst einen Wiesenweg bergan. Auf dem Bergrücken angekommen, lohnt ein Blick zurück über den Ort. Der rote und gelbe Punkt markiert hier den Brandweg rechts. Wir aber bleiben geradeaus auf der Lampertstraße (grüner Strich) und wandern diese hinab ins Tal, bald begleitet vom Lampertsbach. Am Ende des Weges kommen wir an der Ladewegbrücke auf die Straße im Tal des Cunnersdorfer Baches. Dem grünen Strich nach schwenken wir nach links und laufen wenige Meter die Straße abwärts, um gleich den nächsten nach rechts gehenden Weg einzuschlagen.

Verwitterungsform im Sandstein

Aufstieg Nun geht es steil bergan. Nach einer leichten Rechtskurve zweigen wir links in den Kirchleitenweg ab. (Sollten wir das verpassen, dann nehmen wir den nächsten Abzweig, roter Punkt nach links). Fast auf gleicher Höhe bleibend, gelangen wir an einer Weggabelung links auf den Weg mit dem roten Punkt. Er führt uns, wieder bergan, zum Fuße des Quirls.

Quirl Wir bleiben dem roten Punkt treu und nach einigen Metern zweigt ein unmarkierter, aber recht breiter Weg, der Kanonenweg, nach rechts ab zum Plateau des Quirls. Wir machen einen Abstecher, gehen bergan und oben angelangt, nach rechts zum Aussichtspunkt. Direkt gegenüber thront der Pfaffenstein. Zurück vom Abstecher wenden wir uns nach rechts und umwandern den Tafelberg weiter. Auf der Nordseite angekommen, sehen wir einen Trampelpfad, der wenige Meter hinauf zum Felsen führt, und die Ausschilderung zum Diebskeller, den wir uns selbstverständlich anschauen. Danach geht es weiter leicht bergab bis zu einer Weggabelung, an der der mit dem roten Punkt bezeichnete Weg scharf links abbiegt, wir uns aber rechts halten, zum Waldrand gehen, dort links entlang am Sportplatz vorbei in Richtung Pfaffendorf/Königstein. Zur Straße hinunter gehen wir links einige Meter bergab und folgen noch vor der Kurve dem schmalen, steilen Weg rechts zwischen den Häusern hinab nach Königstein. An der historischen Wegesäule halten wir uns auf der Straße rechts und kommen zu einem Kreisverkehr. Hier können wir wieder in den Bus oder die S-Bahn einsteigen.

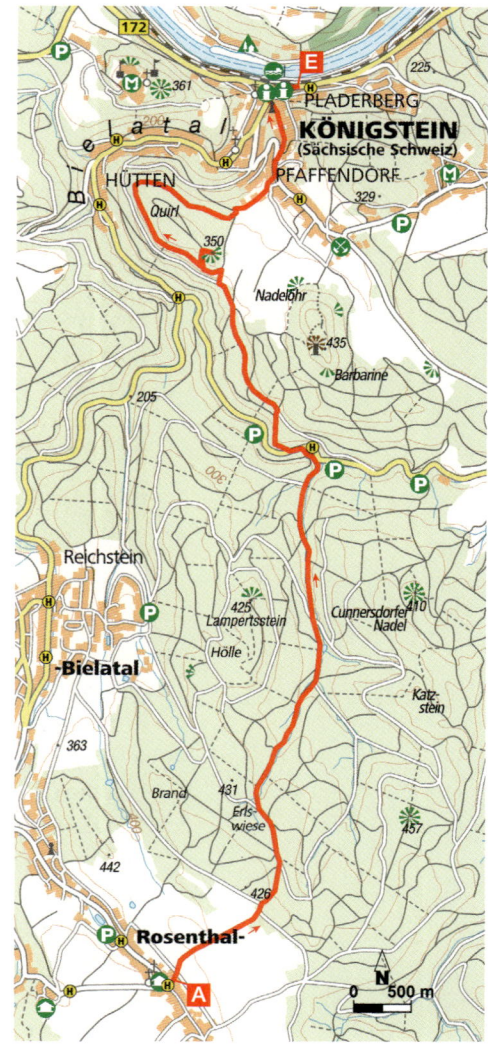

21 Tafelberg-Panorama

Stufen der Landschaft

Leicht · 6 km · 0 m · 1.30 Std.

Tourencharakter:
Leichte Tour ohne Höhenunterschiede

Ausgangs- und Endpunkt:
Parkplatz im Kurort Gohrisch in
Nähe der Straßengabelung Rich-
tung Bad Schandau und Papstdorf

Anfahrt:
Bus/Bahn: Mit der S-Bahn bis
Königstein, 5 Min. Fußweg zum
Reißigerplatz (am Kreisverkehr)
und dort umsteigen in die Buslinie 244a Richtung Cunnersdorf;
in Gohrisch an der Haltestelle
»Parkplatz« aussteigen. **Auto:** Von
Pirna über die B 172 bis Königstein, in Königstein rechts steilen
Abzweig nach Gohrisch (ausgeschildert) nehmen und bis zum Parkplatz fahren. Von Bad Schandau
auch die B 172 Richtung Königstein, jedoch nach der Brücke in
der ersten Kurve links der Ausschilderung Richtung Gohrisch folgen.
In Gohrisch an der größeren Straßenkreuzung geradeaus und gleich
danach rechts ist der Parkplatz.

Einkehr
Gaststätten in Gohrisch

Das Elbsandsteingebirge ist ein ehemaliger Meeresboden, entstanden vor 100 Millionen Jahren in der Kreidezeit. Bis zu 600 Meter starke verdichtete und zu Stein gepresste Sandschichten blieben nach dem Rückgang des Meeres zurück. Durch Erosion entstand eine Landschaft mit drei »Stockwerken«: Tafelberge, Steine und Felsriffe, Ebenheiten und schließlich Täler, Gründe und Schluchten.

Beschauliche Runde Wir starten unsere Tour am Parkplatz im Kurort Gohrisch in Nähe der Straßengabelung Richtung Bad Schandau und Papstdorf. Vom Parkplatz aus gehen wir rechts wenige Meter die Straße entlang und gleich wieder nach rechts (gelber Punkt). Wir kommen zum Feuerlöschteich und halten uns links Richtung Campingplatz, den wir links liegen lassen. Die Straße wird nun zum Wiesenweg und kurz nachdem wir in den Wald gelangt sind, geht links ein Abzweig zur Aussicht Liliensteinblick. Eine ganz besondere Perspektive auf den Lilienstein erwartet uns dort. Zurück vom Abstecher geht es weiter dem gelben Punkt

nach in den Wald hinein. An einem Wegweiser, der auf den Kammweg aufmerksam macht, gibt es zwei unterschiedlich lange Routen-Varianten:

Hörnelteich mit Lilienstein im Hintergrund

Kammweg, längere Variante Entweder biegen wir hier links ab und wandern entlang des Hanges auf dem Kammweg zu Annas Ruhe, dann am Friedhof vorbei und schließlich zum Ausgangspunkt nach Gohrisch zurück. Oder wir entscheiden uns für die nun weiter beschriebene Wegführung.

Panorama, kürzere Variante Dabei bleiben wir auf dem Wanderweg mit dem gelben Punkt. Dieser wird nun schmaler und führt uns am Waldrand entlang. Auf der anderen Seite werden Gohrisch und Papststein sichtbar. In einer Rechtskurve deutet eine Markierung auf den links abzweigenden Weg zum Aussichtspunkt Annas Ruhe – ein Abstecher, der sich lohnt. Wir wandern weiter am Waldrand, nun auf dem Hörnelweg und gelangen nach einigen Metern an das Feuchtbiotop Hörnelteich – den Lilienstein im Hintergrund. Beim Weitergehen sehen wir neben dem Pfaffenstein und dem Gohrisch die Festung Königstein, den Papststein und die Kleinhennersdorfer Steine – ein zauberhaftes Panorama mit Tafelbergen.
Bevor der Weg wieder zur Straße wird, drehen wir uns noch einmal um und genießen den Blick in die Ferne, bis zur Hohburkersdorfer Höhe am Horizont. Die kleine Straße führt uns nun durch den Ort, an einer Gabelung geht's weiter geradeaus und wir gelangen wenige Meter rechts vom Parkplatz wieder auf die Hauptstraße.

22 Gelobtbachtal, Zirkelstein

Am Mühlteich vorbei zum Jungbrunnen

Mittel	10 km	242 m	4.30 Std.

Tourencharakter
Zunächst flach im Elbtal, dann
zum Teil steiler Anstieg ohne Steiganlagen und nach einem Stück auf
fast gleichbleibender Höhe nochmals steiler An- und Abstieg zum
Zirkelstein über Treppen und Leitern. Trittsicherheit und Schwindelfreiheit erforderlich. Ungeeignet
bei Schnee und Eisglätte

Ausgangspunkt
S-Bahn-Haltepunkt Schöna

Endpunkt
S-Bahn-Haltepunkt Schmil-
ka-Hirschmühle

Anfahrt:
Bus/Bahn: Mit der S-Bahn Richtung Schöna, Ausstieg am Bahnhof
in Schöna. Achtung: Bis Schöna
fährt die Bahn weniger häufig als
bis Bad Schandau (hier alle halbe
Stunde).

Einkehr
Gaststätten in Schöna

Die Kräfte der Natur – unter anderem Wasser – modellier-
ten über Jahrmillionen die Landschaft: Tafelberge, Felsriffe, Ebenheiten und Täler machen den einzigartigen Reiz
des Elbsandsteingebirges aus. Auf eisernen Leitern er-
klettern wir den Gipfel des Zirkelsteins und sind immer
wieder neu vom Rundblick fasziniert.

Abendstimmung vom Zirkelstein

Buntspecht

Mehlschwalben und Biberspuren Am Bahnhof in Schöna soll unsere Wanderung beginnen. Durch die Unterführung gehen wir ans Elbufer. In den Sommermonaten ist ein anderorts selten gewordenes, reges Treiben am elbseitigen Bahnhofsgebäude zu beobachten: Zahlreiche Mehlschwalben nisten in den Gemäuern. Wir laufen nun etwa 30 Minuten elbaufwärts auf dem Elberadweg. Unterwegs fallen angenagte Baumstämme auf, ein sicherer Hinweis auf mindestens einen hier tätigen Biber. Wir erreichen die Grenze zu Tschechien. Unter den Bahngleisen hindurch beginnt rechts das Gelobtbachtal.

Wildes, ursprüngliches Gelobtbachtal Die alte Gelobtbachmühle, früher eine Brettschneidemühle, steht am Anfang des Tales. An der Mühle vorbei führt ein unmarkierter Pfad am Grenzbach entlang bergauf. Immer wieder überschreiten wir während des Anstiegs die Grenze. Nach dem kurzen Anstieg taucht eine Sandsteinmauer auf. Dahinter liegt der ehemalige Mühlenteich mit klarem, türkisblauem Wasser, das selbst an heißen Sommertagen eiskalt ist. Senkrecht aufsteigend überragt eine hohe Felswand den Teich und rechts daneben rauscht der Wasserfall. Nun wandern wir weiter rechts des Teichs entlang durch den wilden Teil des Tales. Die Schlucht wird schmaler, Moose und Farne in verschiedensten Grüntönen haben die Felsen in Beschlag genommen. Der Bach rauscht und wir queren und überspringen ihn mehrfach. Üppig wuchert die Vegetation, besonders Farne gedeihen

hier prächtig. Mit etwas Glück lassen sich Feuersalamander beobachten – eine Wander-Etappe zum Genießen. Weiter bergan kommen wir nach dem dichten Fichtenforst an eine Weggabelung.

Wir können rechts den Abstecher bis zur nächsten Kurve gehen, wo ein alter Kornmarktstein aus Sandstein zu sehen ist, der die Inschrift »Kornmarkt 1812« trägt. Während der Napoleonischen Kriege war die Einfuhr von Getreide über die Elbe nach Sachsen verboten und damit auch der Warenumschlag am Fluss. Mitten im

Zirkelstein und Winterberg

Wald wurden deshalb heimliche Märkte abgehalten, auf denen mit Getreide und Mehl gehandelt wurde. Zurück von unserem kurzen Abstecher folgen wir dem mäßig ansteigenden Weg bis zur nächsten Gabelung, wo wir das Tal nach rechts in Richtung Ziskaquelle verlassen. Diese verheißt mit den Worten »Nimm dir einen frischen Trunk – bleib ewig jung« ewige Jugend. Wir trinken, verweilen an der Quelle und warten auf die versprochene Wirkung. Direkt oberhalb der Ziskaquelle führt der breite Gelobtweg nach rechts.

Zirkelstein – weit sichtbarer Tafelberg Unterwegs lichtet sich der Wald und lässt einen Blick hinüber zum Rosenberg und anderen Basaltkegeln im Böhmischen zu. Wir wandern weiter, bis der Gelobtweg auf einen breiten, mit einem gelben Strich (auf weißem Untergrund) gekennzeichneten Wanderweg trifft. Diesen gehen wir nach rechts und wieder in den Wald hinein. In einer großen Linkskurve, nun auf einem Feld, gibt der Weg den Blick hinüber zum Zirkelstein frei. Zu sehen sind der Zirkelstein, rechts der Große Winterberg und das Prebischtor und links die Zschirnsteine. Vorbei am »Zirkelstein Resort« nehmen wir den nächsten Weg rechts und gleich wieder links. Wir wollen zum 384 Meter hohen Gipfel des Zirkelsteins, dessen Name von seiner markanten Form abgeleitet ist. Er ist zwar der kleinste der Tafelberge in der Sächsischen Schweiz, aber durch seine typische Form und Lage besonders sehenswert. Den letzten steilen Anstieg bis zum Plateau des Zirkelsteins erklimmen wir auf Eisenleitern. Die Anstrengung wird mit einem fabelhaften Rundumblick belohnt.

Elbe am Morgen

Auf dem Plateau hat sich die ursprüngliche Vegetation der Sächsisch-Böhmischen Schweiz erhalten. Nur wenige Pflanzen können an solch exponierten, extremen Standorten leben: Wenig Erde, spärliche Nährstoffe und große Trockenheit, dazu bittere Kälte im Winter und brütende Hitze im Sommer. Kiefer, Birke, Heidekraut und Heidelbeere halten diesen Bedingungen stand. Wir klettern die Eisenleitern wieder hinunter, laufen nach links (um den Zirkelstein herum) und gelangen wieder auf den breiten Feldweg. Rechts liegt Schöna. Im Ort folgen wir dem roten Punkt in Richtung Hirschgrund, Kaiserkrone, Bahnhof Schöna. Wir passieren den Abzweig Kaiserkrone und genießen noch einmal den schönen Blick hinüber zum Rosenberg, dem Zirkelstein und beiden Zschirnsteinen. Der Große Zschirnstein ist mit 560 Metern der höchste Gipfel der Sächsischen Schweiz. Weiter geht es, der roten Markierung folgend, zum Aschersteig, dann übers Feld mit herrlicher Aussicht zu den Schrammsteinen. Noch ein Stück durch den Wald und schließlich laufen wir über einige Steinstufen hinunter zum Haltepunkt Schmilka-Hirschmühle.

Fränkische Schweiz

Unter Schloss Plankenfels fließt die Wiesent durch ein unberührtes Tal (o. li.). Großen Reiz haben die Trockentäler, hier mit Kuhleutner Wand (u. li.). Durch das Felsentor am Rötelfels leuchtet das Geiereck (o. re.). Die Form des Quackenschlosses begeisterte schon die Maler der Romantik (u. re.).

Im Land der großen Türme

Hoch über Burglesau, Würgau und Stübig

Mittel   15 km   530 m   4.45 Std.

Tourencharakter
Wanderung mit größeren Höhenunterschieden zu imposanten Felsketten und -türmen an den Talhängen, über die Albhochfläche und durch ein Tal mit Magerrasen. Meist auf guten, bisweilen steilen Wegen; kurze, problemlose Passagen auf Steigen und Pfadspuren

Ausgangs-/Endpunkt
Burglesau; mehrere Parkmöglichkeiten im Ortsbereich

Anfahrt
Bus/Bahn: Derzeit keine Anreise mit ÖPNV möglich

Einkehr
In Burglesau, unterwegs keine

Karte
Amtliche Topographische Karte Bayern 1:25 000, D09 Scheßlitz

Im Nordwesten ragen die Randberge der Frankenalb steil über den malerischen Tälern um Burglesau auf. Besonderen Reiz erhält die Landschaft durch die wilden Felsformationen, die in einigen der höchsten und formschönsten Türme des Frankenjuras gipfeln.

Die Civettawand beherrscht den Felskessel im Süden von Burglesau.

Unsere Tour führt vom Felskessel südlich von Burglesau hinüber ins Tal von Würgau mit der imposanten Felsgruppe um den Nürnberger Turm und dann durch ein schönes Trockental zur bizarren Felsenwelt um die Burglesauer Wand und zu den riesigen Stübiger Türmen.

Zur Civettawand In Burglesau biegen wir (vom Ortseingang her) direkt vor der Kirche rechts in einen anfangs geteerten Weg ein, der bald als Hohlweg durch eine kleine Sandsteinschlucht emporführt. Bei einer Abzweigung am ❶ **Rand einer Wiese** gehen wir nach links an dieser entlang, dann an ihrem Ende rechts auf einem Forstweg bergauf. Wo oberhalb eine Felsgruppe sichtbar wird, biegen wir weglos rechts ab und wandern am Fuß der Felsen nach rechts durch den Wald. Zuletzt steigen wir weglos zwischen bemoosten Felsen durch den mäßig steilen Hang zur rechten Seite des ersten großen Blocks empor. Vor uns öffnet sich ein imposanter Felskessel um die dreigipflige Civettawand.

Nach der Erkundung gehen wir zum obersten Felsen, dem Gipfelstürmerblock, hinauf und finden hinter ihm eine Rinne, durch die wir nach links auf gutem Steig aufsteigen. Auf halber Höhe kann man nach links einen Abstecher zum Gipfel der Civettawand mit Prachtblick über das Burglesauer Tal unternehmen.

Die Burglesauer Wand bildet mit Piz Beppo, Backschüssel und Fellhorn ein imposantes Ensemble.

Zu den Würgauer Felsen Zurück auf dem Steig, geht es steil zur Hangkante empor und dann auf breiterem Weg nach Süden zu einer Kuppe und jenseits zu einer Teerstraße hinab. Ihr folgen wir kurz nach rechts und schwenken dann links auf einen gepflasterten Weg ein (Markierung Wappensymbol). Bei einer Abzweigung am Waldrand biegen wir auf den ersten Weg nach rechts ab, gehen bei der folgenden Wegteilung auf dem mittleren der drei Wege geradeaus in den Wald (grüner Doppelstrich, Rotstrich) und dann leicht bergab.

Bald heißt es: »Augen auf!« An einem Baum mit der Rotstrich-Markierung ist noch das Wort »Würgau« zu lesen (neben einem orangen Punkt): ❷ **Genau hier** zweigt scharf rechts ein Pfad ab, der, an bizarren Felsen vorbei, steil bergab und nach einer Kehre unter der Hängebrücke der A70 hindurchführt. Jenseits geht es auf breitem

Fahrweg nach links zum Würgauer Haus des DAV hinüber. Hinter der Hütte beginnt ein schmaler Weg, der nahezu eben durch den Hang und zuletzt sanft zum parkähnlichen Gelände des »Heldenhains« mit Gefallenendenkmal hinabführt, das von einem Bach mit Sinterstufen durchflossen wird.

Wir steigen hier am Gegenhang zur Mariengrotte hinauf, halten uns kurz links und finden dann den Weg, der uns nach rechts schräg durch den Steilhang zu den Würgauer Felsen emporführt. Der Markierung Blaupunkt folgend, wandern wir an einer der imposantesten Felsketten des Frankenjuras entlang, passieren Fiechtl- und Edelweißwand und kommen zuletzt, indem wir uns rechts an den unteren Weg halten, an der Talseite des riesigen Nürnberger Turms vorbei. Danach gehen wir mit der Markierung Blaupunkt noch etwas weiter bis zur malerischen Felsklamm zwischen Bamberger Turm und Würgauer Wand.

Von hier kehren wir zum Nürnberger Turm zurück, steigen aber nun rechts zu seiner Bergseite auf und dann weiter nach rechts, an der Bayreuther Wand entlang und zuletzt in Kehren zur Hochfläche empor. Faszinierend der Rückblick über die Felsen talaus. Oben erreicht man nach Linksschwenk das große Gipfelkreuz und rechts unterhalb davon einen Aussichtspunkt mit prachtvollem Tiefblick.

Entlang der Würgauer Felsen (rechts die Fiechtlwand) führt ein malerischer Weg.

Höhenwanderung ins Burglesauer Tal Wir gehen von hier ein Stück Richtung Hochfläche und treffen auf einen Fahrweg, auf den wir nach rechts einbiegen. Bei einer Wegteilung halten wir uns links und gelangen zu einer Umspannstation. Wir gehen ca. 120 Meter an ihr entlang und biegen dann vor einem gelben Häuschen scharf links in einen ❸ **Feldweg** ein, der uns zu einem Waldstück hinüberführt. Dort biegen wir nach rechts, bei der nächsten Wegteilung nach links: Ein gepflasterter Weg führt uns zur A70 und unter ihr hindurch. Jenseits geht es auf einem Schotterweg zum Wald empor und immer geradeaus durch ihn hindurch.

Am Waldrand gegenüber biegen wir rechts auf den mit Gelbstrich markierten Fahrweg ein und folgen ihm einige Zeit. Vor einer großen Stromleitung zweigen wir links auf einen ❹ **Feldweg ohne Markierung** ab, queren einen Schotterweg und gehen geradeaus auf einem begrünten Weg weiter, dann bei einer Gabelung nach links durch den Wald und am anderen Waldrand entlang. Bei einer weiteren Verzweigung halten wir uns links. Der Weg überquert nun eine Senke, vereinigt sich mit einem anderen Weg und führt erst geradeaus, dann in weiten Kurven ins Burglesauer Tal hinab, wo uns malerische Wacholderheiden begrüßen. Wir wandern nun nach links auf dem Teersträßchen bergab durch eines der schönsten Juratäler, vorbei an Magerrasen mit bizarren Felsgruppen, aus denen der markante Wasserturm herausragt.

Burglesauer Felsen und Stübiger Türme Kurz nach einem Parkplatz am linken Rand biegen wir rechts ab und steigen auf einem ❺ Forstweg zu einer Bergwachthütte empor. Von hier führt uns ein Steig nach rechts über schöne Magerrasen zu den bereits sichtbaren Felsen hinauf: Drei bizarre Vortürme bilden zusammen mit der hohen Burglesauer Wand ein einmaliges Ensemble.
Zur Hütte zurückgekehrt, steigen wir auf dem Forstweg weiter auf (rechts die imposante Felsgruppe um Dreitorspitze und Stephansturm), überqueren eine Kuppe und erreichen, bei einer Verzweigung nach links schwenkend, einen (anfangs) gepflasterten Weg. Ihm folgen wir kurz nach rechts, biegen aber schon bald links auf einen ❻ begrünten Fahrweg ab und wandern zum Wald hinüber.
Am Waldrand wählen wir den rechten Weg (blaues Viereck) und gelangen an einer Waldwiese entlang zu einem Jägerstand. Von hier führt ein Pfad nach links zuerst eben durch den

Im Abendlicht wird klar, warum der Kleine Stübiger Turm auch Kleiner Roter Stein genannt wird.

Wald, dann zur Gipfelkuppe (mit Jägerstand) oberhalb der Stübiger Türme. Wir gehen bis zum Ende der Kuppe und steigen dann links den mäßig steilen Hang zur Bergseite des Großen Turms hinunter. Rechts von ihm führt ein steiler Pfad zur gewaltigen Talseite mit imposanten Überhängen hinab und dann leicht steigend zum eleganten Kleinen Stübiger Turm hinüber.

Nach Burglesau zurück Von hier steigen wir auf schmalem Steig schräg durch den Hang nach SW ab, dann auf breiterem Weg zum Waldrand hinunter. Hier geht es mit der blauen Markierung nach links am Waldrand entlang, dann noch ca. 100 Meter in den Wald hinein, bis rechts ein ❼ Fahrweg abzweigt, der uns steil bergab führt.
Bei der Einmündung in einen Schotterweg folgen wir diesem nach rechts, zweigen aber bald links ab und wandern durch schöne Obstwiesen. Schließlich erreichen wir einen gepflasterten Weg (Rotstrich), biegen nach links auf ihn ein und kehren in aussichtsreicher Hangquerung nach Burglesau zurück.

24 Felsendorf und Trockentäler

Fünf Täler und 20 Höhlen rund um Krögelstein

Leicht   18,5 km   300 m   5.30 Std.

Tourencharakter
Leichte, aber relativ lange Wanderung durch wildschöne Trocken- und Bachtäler mit zahlreichen eindrucksvollen Höhlen und Felsmassiven. Meist auf guten, oft unmarkierten Wegen ohne größere Steigungen

Ausgangs-/Endpunkt
Krögelstein, Wanderparkplatz am Eingang des Oberen Tals; Zufahrt auf schmaler Teerstraße, die am östlichen Ortsende nach links abzweigt

Anfahrt
Bus/Bahn: Keine brauchbare Verbindung mit ÖPNV

Einkehr
Keine

Karte
Amtliche Topographische Karte Bayern 1:25 000, D10 Hollfeld

Malerische, felsgesäumte Trockentäler gehören zu den Besonderheiten der nördlichen Fränkischen Schweiz. Besonders reizvoll sind jene beim Felsendorf Krögelstein: Obwohl sie die höchste Höhlendichte ringsum aufweisen, sind sie nur zum Teil durch markierte Wege erschlossen.

Unsere Rundtour führt an gut 20 kleineren und größeren Höhlen vorbei über das Obere Tal, das Drosental und das Teufelsloch ins Kaiserbachtal und im Anschluss über ein namenloses Seitental zu den spektakulären Karstgebilden am Rande von Krögelstein.

Durchs Obere Tal Wir gehen vom Parkplatz ca. 100 Meter auf der Straße zurück und biegen dann scharf rechts mit Grünwimpel u. a. auf den breiten Weg ins Obere Tal ein. Bald wird der elegante Säukirchner Turm sichtbar; auf steilem Pfad kann man zur flachen Kleinhöhle Säukirche an seinem Fuß und weiter zur Bergseite aufsteigen, wo sich ein Prachtblick ins Tal bietet.
Auf dem Talweg erreichen wir wenig später den Schwalbenstein, auf dessen Rückseite sich der schmale Spalt der Schwalbensteingrotte verbirgt, und dann das große Portal der Kühkirche, deren leicht versinterter

Aus der Kühkirche (C 37) bietet sich ein Prachtblick ins Obere Tal.

74

Innenraum den Besuch auf steilem Stichpfad lohnt. Nach einer Wegbiegung schiebt sich das Massiv des Geiersteins ins Blickfeld, das an seinem Fuß eine zerklüftete Durchgangshöhle aufweist; rechts oberhalb des Südeingangs am Hang die geräumige, aber nicht tiefe Geiersteingrotte. Der Talweg passiert nun die imposante Felsflucht der Kuhleutner Wand und umrundet dann ein Massiv, an dessen Rückseite die kleine Müllerkreuz-Spaltenhöhle liegt.

Ins wilde Drosental Genau ❶ hier verabschieden wir uns für lange Zeit von allen markierten Wegen: Während Grünwimpel etc. rechts zur Hochfläche führen, folgen wir links weiter dem Tal und gehen (anfangs auf Fahrspuren) an seinem rechten Rand entlang. Bald treffen wir, nach rechts leicht ansteigend, auf einen verwachsenen Fahrweg, der wenig später in einen Waldpfad übergeht und unter einem Felsen mit bizarrem Überhang vorbeiführt. Danach erreichen wir die Freifläche des Drosentals, gesäumt von zerklüfteten Felsen mit kleinen Höhlen; im Frühjahr blühen hier unzählige Märzenbecher. Nach einem eingezäunten Gelände links führt ein Abstecher in ein ❷ Seitental: Wir wandern nach links auf einem Forstweg am Zaun entlang, dann ca. 30 Meter nach dem Zaun auf Pfadspuren links in den Wald hinein und folgen nach rechts dem Fuß der Felsreihe. So erreichen wir erst das steil abwärtsführende Flöhloch, dann die geräumige Kühkirche mit malerischen Auswaschungen.

Wieder auf dem Forstweg, gehen wir nach rechts ins Haupttal zurück und wandern an seiner linken Seite entlang. Die Schaustücke liegen jedoch rechts und lohnen einen Abstecher: An eine Wandflucht mit bauchigen Wölbungen schließt sich nach Norden der bizarr überhängende Lautertaler Turm an, kurz danach an einer Talbiegung die klammartige Drosentalhöhle.

Zurück auf dem Forstweg, erreichen wir eine Fahrstraße, folgen ihr etwa 200 Meter nach links und biegen dann rechts mit einem Fahrweg in einen von überhängenden Felsen und kleinen Höhlen gesäumten Talabschnitt ein. Kurz vor seinem Ende, wo bereits die Autobahnunterführung ins Blickfeld rückt, steigen wir bei einem überhängenden Felsklotz steil nach rechts zur Drosental-Felsengrotte, einer zerklüfteten Durchgangshöhle, auf.

Wieder im Talgrund, können wir noch eine glatte Felswand rechts besichtigen, dann gehen wir zur anderen Talseite hinüber und folgen einem Fahrweg, der an einem Jägerstand vorbei zur Hochfläche emporführt.

Die Drosentalhöhle ist ein malerischer Rastplatz fernab ausgetretener Pfade.

Zum Teufelsloch Auf dem Fahrweg umrunden wir ein Solarfeld nahe der A70, gelangen wieder zu der Teerstraße, halten uns kurz links, biegen dann rechts in einen Feldweg ein und wandern zum Wald hinüber. Kurz nach Eintritt in den Wald zweigen wir rechts auf einen ❸ **begrünten Forstweg** ab, folgen ihm bis zu seinem Ende und steigen dann nach links durch den Hochwald weglos, später auf Pfadspuren in das Tal vor uns ab.

Nach rechts ansteigend durchwandern wir das schöne Waldtal und biegen dann links auf eine wenig befahrene Straße (Radweg-Markierung) ein, der wir etwa einen Kilometer nach Süden folgen, erst durch Wald, dann über die Hochfläche. Bei der ersten Kreuzung nach dem Wald zweigen wir rechts auf einen Schotterweg ab und gehen bei der folgenden Verzweigung geradeaus zum Wald hinüber. Dort folgen wir weiter dem Hauptweg, der in einer Linkskurve wieder auf Felder hinausführt.

Nach einem ❹ **eingezäunten Gelände** mit Holztor biegen wir spitzwinklig rechts auf einen unbefestigten Weg ab und wandern, indem wir uns bei Wegteilungen jeweils rechts halten, in den Hochwald hinein. In einer scharfen Linkskurve geht es in das Trockental hinunter, dessen zentraler Abschnitt den Namen Teufelsloch trägt. Wir folgen hier nach links einem ansteigenden Schotterweg mit grüner Markierung, biegen aber schon nach 100 Metern spitzwinklig rechts ab und wandern durch das idyllische Tal abwärts.

Noch einmal geht es am Hang bergauf und nach rechts wieder ins Tal zurück, dann folgen wir nach links wieder dem Grund und wandern immer geradeaus, bis wir auf einen Jägerstand treffen: Von hier führt uns ein Stichpfad nach rechts am Waldrand entlang zum Großen Teufelsloch, einer eindrucksvollen Spalthöhle. Etwas weiter folgt das wild zerklüftete Kleine Teufelsloch.

Wieder auf dem Talweg, erreichen wir bald eine ❺ **Wegteilung**: Ein kurzer Abstecher mit Blaupunkt nach links bringt uns zum imposanten Gänsanger-Felstor (falsche Aufschrift: Teufelsloch) rechts oberhalb des Weges. Wir gehen zur Verzweigung zurück und wandern mit Blaupunkt links durch das malerische Tal mit Felsgruppen und kleinen Höhlen abwärts. Der Weg verläuft kurz parallel zu einer Straße, dann halten wir uns links und erreichen auf geteertem Feldweg den Ortsteil Schnackenwöhr. Danach führen uns Blaupunkt und Rotkreuz über die Hauptstraße und durch eine steile Seitenstraße nach rechts ins Zentrum von Krögelstein: Vor uns erhebt sich die einmalige Felskulisse um den riesigen Turm des Alten Fritz.

Vom Kaiserbachtal ins Felsendorf Wir gehen zur Brücke zurück und wandern kurz vor ihr mit Blaupunkt u. a. auf einem Teerweg ins Kaiserbachtal hinein. Bei einer Wegteilung geht es rechts auf geschottertem Fahrweg weiter, doch schon nach 50 Metern heißt es »Augen auf!«: Hier zweigt links ein Pfad in den Wald ab, führt zunächst am Hang entlang und dann steil empor. Vor uns baut sich der Geierstein mit einer Höhle und einem schönen Felsentor auf.

Zurück auf dem Hauptweg, wandern wir talab an den gewaltigen Überhängen des Dohlensteins und des Kainachtaler Riesenüberhangs vorbei, die sich beide auf steilen Pfaden erkunden lassen, und erreichen nach einer Linkskurve eine ❻ **Wiesenfläche** links des Weges. An ihrem Beginn gehen wir nach links zum Wald hinüber und treffen dort auf einen Weg, der durch ein Seitental bergauf führt. Bei einer Talgabelung halten wir uns links und gelangen auf verwachsenem Forstweg, an überhängenden Felsen entlang, zum Waldrand.

Von hier geht es mit Gelbkreuz u. a. nach links weiter, bei einer Wegteilung rechts mit Rotkreuz hinauf zur Hochfläche, wo sich ein ❼ **Blick zur Burg Zwernitz** auftut. Hier biegen wir scharf links auf einen Feldweg ab, der uns am Waldrand zur Kirche von Krögelstein hinüberführt. Auf geteertem Fußweg wandern wir unterhalb der Kirche vorbei, dann (bei Wegteilungen immer geradeaus) steiler bergab, zuletzt in

Das Gänsanger-Felstor zählt zu den Glanzpunkten der Krögelsteiner Trockentäler.

aussichtsreicher Hangpromenade am bizarr überhängenden Schwedenfelsen und am Löwenfelsen vorbei.

Bei Einmündung in die Hauptstraße gehen wir links abwärts, wechseln rechts über eine Brücke zur anderen Talseite über und folgen der Straße nach links bis zu einer Garage mit Holztor. Hier finden wir den Wegweiser zur »Etagenhöhle«, der uns nach rechts auf schmalem Pfad den felsigen Hang hinaufführt. Bei einer Wegteilung sollte man links zu einem Aussichtspunkt mit Prachtblick auf den Ort aufsteigen (und noch beliebig an der Felskante weiter).

Zurück an der Verzweigung, erreichen wir nach links gehend bald die malerische Etagenhöhle (nach einer dort bis 1905 hausenden alten Frau auch Dotzahöhle genannt) und wandern dann am Hang weiter. Bei Einmündung in eine Teerstraße geht es ca. 30 Meter links bergauf, dann zweimal rechts abzweigend auf schmalem Pfad zum Talgrund hinunter. Wir überschreiten den Kaiserbach und kommen nach links über die Zufahrtsstraße schnell zum Parkplatz zurück.

25

Idyllische Täler und wilde Schluchten

Werntal, Kühstein und Felsental

Leicht   16 km   440 m   4.45 Std.

Tourencharakter
Wanderung zu großartigen Aussichtspunkten, einer faszinierenden Durchgangshöhle und durch nahezu unberührte Täler ganz unterschiedlichen Charakters. Durchgehend gute, teilweise unmarkierte Wege mit nur wenigen steileren Anstiegen.

Ausgangs-/Endpunkt
Veilbronn, großer Wanderparkplatz rechts der südlichen Zufahrtsstraße

Anfahrt mit ÖPNV
Bus/Bahn: Von der Bushaltestelle Abzweigung Veilbronn der Linie 221 in wenigen Minuten an der Straße entlang zum Wanderparkplatz. Mo–Fr gute Busverbindung vom Bahnhof Ebermannstadt mit Linie 221 (nach Heiligenstadt; alle 1–2 Std.), Sa eingeschränkt, Sa/So vom 1.5.–1.11. Verbindungen mit Linie 230, sonst So kein Angebot

Einkehr
Naturfreundehaus Veilbronn, Tel. 09198/234

Karte
Amtliche Topographische Karte Bayern 1:25000, E10 Ebermannstadt

Viele kennen das wald- und wiesenreiche Werntal und die schroffe Schlucht des Leidingshofer Tals. Andere Kostbarkeiten verbergen sich abseits der markierten Pfade, wie der wildschöne Frauengrund, die malerische Durchgangshöhle am Kühstein oder das Felsental.

Unsere Rundtour führt von den aussichtsreichen Hängen über dem Leinleitertal durch das Werntal zu den genannten Naturdenkmälern und auf einem begeisternden Rundweg durch das Leidingshofer Tal zurück.

Zum Pavillon über Heiligenstadt Vom Parkplatz (Prachtblick zu den Totensteinen gegenüber) gehen wir nach rechts ins Dorfzentrum und wandern mit Rot-Senkrecht und Frankenweg nach Norden. An der massigen Fürther Wand vorbei, erreichen wir das Ortsende mit der idyllisch gelegenen Schulmühle. Wir folgen der Straße 80 Meter nach links und biegen dann halb rechts mit beiden Markierungen auf einen Fahrweg ein, der uns mit prachtvollem Rückblick auf Veilbronn zum Wald emporführt.

Abseits markierter Wege verbirgt sich die Durchgangshöhle am Kühstein.

Nach steilem Aufstieg durch den Wald halten wir uns links und kommen bald auf eine Wiese mit schöner Aussicht hinaus. Die Route verläuft kurz auf schmaler Teerstraße sanft abwärts, dann auf einem rechts abzweigenden Fahrweg durch den Hang. Nach stärkerem Anstieg durch dichten Wald folgt die entscheidende ❶ Wegteilung (Bank): Wir wechseln zur Markierung Gelbring über, gehen mit ihr noch 50 Meter auf dem Fahrweg geradeaus weiter und biegen dann rechts auf einen Pfad ab, der uns zügig bergauf bringt. Bald baut sich ein schroffer Felsgrat imposant vor uns auf. Der Pfad führt direkt an den Felsen vorbei und danach im Rechtsbogen hinauf zu einem Pavillon mit Prachtblick über Heiligenstadt ins obere Leinleitertal.

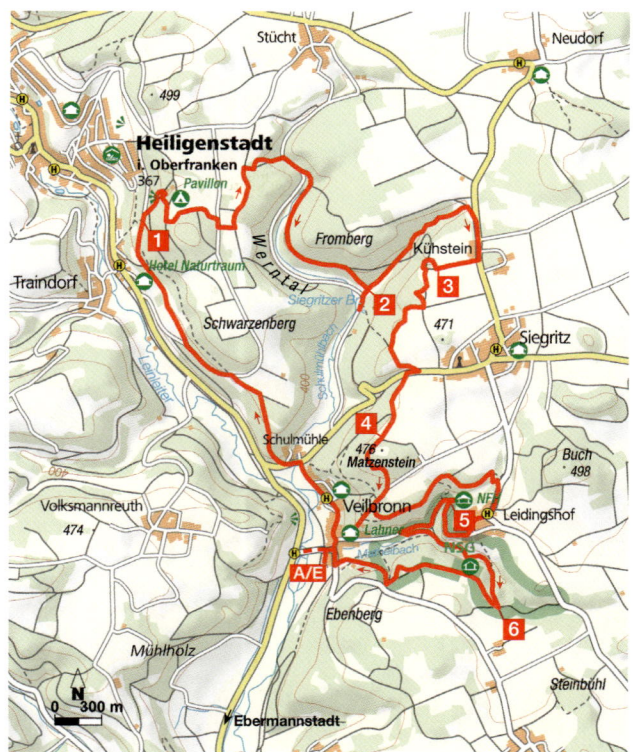

Über das Werntal zum Frauengrund

Wenige Meter bergwärts treffen wir auf die Markierung Blauschrägstrich, die uns bis ins Werntal leiten wird. Mit ihr geht es zum Waldrand hinüber und erst rechts, dann links an ihm entlang. Nun gehen wir kurz auf einem Schotterweg nach rechts und wechseln dann zweimal links abbiegend zum gegenüberliegenden Waldrand über, dem wir nach Norden folgen. Schließlich leitet uns die Markierung scharf rechts in den Wald hinein – den hier angebrachten Umleitungshinweis kann man getrost ignorieren: Ein Forstweg, dann ein links abzweigender Wanderpfad führen uns problemlos ins Werntal hinunter.

Dort biegen wir rechts auf den breiten Talweg ein, der bald zur anderen Talseite überwechselt; im felsigen Graben unter uns lag früher die Werntalquelle, die sich heute weiter talabwärts befindet. Nach längerer Wanderung durch den bewaldeten Hang geht es zum Talgrund und zu einer ❷ Wegteilung hinab. Bevor wir hier die Markierung verlassen, empfiehlt es sich, mit Blauschrägstrich noch ein Stück talab bis zur glasklaren Quelle des Siegritzer Brunnens am Rand idyllischer Wiesen zu gehen.

Zur Verzweigung zurückgekehrt, folgen wir dem Wegweiser nach Siegritz, Neudorf und Aufseß Richtung Nordosten. Auf begrüntem Fahrweg geht es durch ein Waldtal bergauf, dann links auf bald schmalerem Pfad an der Flanke entlang. Schließlich wandelt sich das Tal in einen tiefen Felsgraben, der in einem imposanten dreistufigen Felskessel endet. Man kann sich vorstellen, wie über ihn einst Wasserfälle herabstürzten. Oberhalb führt uns wieder ein breiter Weg durch den romantischen Frauengrund im Rechtsbogen auf die Hochfläche hinauf und mündet in die Straße nach Siegritz, an der wir ein Stück entlanggehen.

Über den Kühstein zum Naturfreundehaus Wir passieren ein Gehöft mit mehreren Gebäuden und biegen nach ihm rechts in einen Fahrweg ein, der an einem hellblauen Haus vorbei zum Wald hinüberführt. Etwa 12 Meter nach Erreichen des Waldrands zweigt nach rechts ein ❸ **Fahrweg** ab: Er führt uns leicht fallend in den Wald hinein und geht dann in einen Pfad über.

Bald stehen wir vor der Kühsteinhöhle, einer malerisch zerklüfteten Durchgangshöhle. Nach ihrer Durchquerung bringt uns ein Pfad über das Dach einer flachen zweiten Höhle wieder zum Waldrand empor. Nun geht es nach rechts auf breitem Weg stets am Waldrand entlang. Bei Einmündung in einen Schotterweg biegen wir rechts ab und folgen jetzt der Markierung des Stefan-Lößlein-Wegs (N mit Pfeil). Sie leitet uns, an der nächsten Verzweigung nach rechts, am Wald abwärts, dann immer am Waldrand entlang, quert die Straße nach Siegritz und findet rechts gegenüber ihre Fortsetzung.

Wieder dem Waldrand folgend, passieren wir einen bizarren Felsen und erreichen nach stärkerem Anstieg eine ❹ **Wegbiegung**, wo ein Wegweiser an einem Betonpfahl scharf nach links weist. Hier zweigen wir rechts auf einen Forstweg ohne Markierung ab. Bei einer Wegteilung halten wir uns links und gehen auf dem Fahrweg, dann auf deutlichem Pfad stets auf gleicher Höhe durch den Wald, zuletzt wieder auf breitem Weg und bei einer Gabelung rechts zum Parkplatz beim Kletterwald hinunter. Von hier führt uns ein Schotterweg rechts zum Naturfreundehaus hinab: prachtvoll der Blick ins Tal und auf die Totensteine.

Felsental und Leidingshofer Tal Wir gehen auf gleichem Weg in den Kletterwald zurück und biegen nach einer Bank beim Wegweiser Richtung Leidingshof(er Tal) rechts auf einen Wanderweg ab, der bald die obere Kante des Tales erreicht und dann, sporadisch mit der Markierung des Lößlein-Wegs versehen, immer an ihr entlangführt. Bei der Gabelung nach einer Senke hal-

Steile Felswände umschließen das schluchtartige Leidingshofer Tal.

ten wir uns rechts und kommen zu einer Scheune am Waldrand, wo der Weg scharf nach rechts in den Schafgassengraben hinabführt.

Im Grund gehen wir kurz nach links, dann rechts empor zur Hochfläche und nach rechts auf der Straße nach Leidingshof hinein. Wir wandern geradeaus durch den Ort abwärts und biegen bei einer Holzscheune rechts in die gesperrte Teerstraße nach Veilbronn ein, auf der es mit 15 Prozent Gefälle bergab geht. Bei einer ❺ **Haarnadelkehre** heißt es aufgepasst: Ein Pfad führt uns von hier rechts empor und im Rechtsbogen in das Naturdenkmal Felsental hinein, das als gewundener Canyon mit malerischen Auswaschungen einzigartig in der Frankenalb ist. Im Sommer ist dieser Pfad leider oft stark verwachsen und wegen des Bärenklaus nur mit Vorsicht zu begehen.

Auf dem Teerweg geht es weiter abwärts an einer imposanten Felsreihe entlang bis zu einer Abzweigung. Hier biegen wir mit Gelbwimpel u. a. scharf nach links und erreichen, am Kriegerdenkmal vorbei, die von einem klaren Bach durchflossene bizarre Felsschlucht des Leidingshofer Tals, an deren Ende wir auf das Technikdenkmal des Hydraulischen Widders treffen. Es folgen

Unterhalb der Leidingshofer Wand lädt eine idyllische Wiese zur Rast ein.

eine idyllische Wiese zu Füßen einer mächtigen Felswand, die Mathelbachquelle rechts des Weges und eine romantische Schlucht (rechts oben ein kleines Felsentor). Auf einer Wiese trennen sich die Wege: Wir steigen nach rechts mit Frankenweg, Rotring u. a. an bizarren Felsen vorbei zur Hochfläche auf. ❻ **Dort** biegen wir mit diesen Markierungen zweimal rechts ab und wandern auf schmalem Pfad am Waldrand entlang, dann in den Wald hinein. Kurz danach führt ein Stichweg rechts zum Pavillon hinüber: malerisch der Blick auf Totensteine und Leinleitertal. Gleich beim Pavillon entdecken wir einen anderen Pfad, der nach rechts abzweigt und uns zum Hauptweg zurückbringt. Auf ihm erreichen wir eine Verzweigung: Von hier geht es mit Rotring nach rechts durch ein felsiges Tälchen zügig bergab. Bald verlassen wir den Wald und gelangen mit Prachtblick über das Tal auf breiterem Weg in den südlichen Ortsteil von Veilbronn und dann rechts ins Zentrum und links zum Parkplatz zurück.

26 Naturwunder über der Wiesent

Gaiskirche, Sieghardtstor und Schottersmühlhöhle

Mittel 10,5 km 280 m 3.15 Std.

Tourencharakter
Hang- und Talwanderung zu einigen der spektakulärsten Naturdenkmäler der Frankenalb. Teils auf guten, meist schmalen Wegen, teils auf steilen Steigen und Pfaden, bei Gaiskirche und Schottersmühlhöhle Trittsicherheit erforderlich.

Ausgangs-/Endpunkt
Parkplatz an der Wiesenttalstraße, 2,3 km hinter Behringersmühle in Richtung Doos auf der rechten Seite oder Behringersmühle, Haltestelle »Hotel Behringers« der Buslinie 389

Anfahrt
Bus/Bahn: Mo–Fr im Sommer (1.5.–1.11.) gute (alle 1–2 Std.), sonst passable (alle 2–3 Std.) Busverbindung mit Linie 389 von Bhf. Ebermannstadt und Pegnitz, Sa/So im Sommer alle 1–2 Std., sonst alle 4 Std.

Einkehr
Gasthof Schottersmühle, Tel. 09196/272

Karte
Amtliche Topographische Karte Bayern 1:25000, E10 Ebermannstadt

Im Hangwald über dem Wiesenttal zwischen Doos und Behringersmühle verbergen sich gleich drei der bedeutendsten Naturdenkmäler der Frankenalb – und zu keinem führt ein markierter Weg. Alle drei kann man an einem unvergesslichen Wandertag erleben.

Unsere Route führt von der »Kathedrale« der Gaiskirche über die Hochfläche zum Sieghardtstor, das zu den größten Felsentoren der Alb gehört, dann durch das malerische Wiesenttal zurück und zu einer der eindrucksvollsten Höhlen, der Schottersmühlhöhle.

Zugangs-Alternativen Wer mit dem Kfz anreist, geht vom Parkplatz nach Süden zur Wiesent hinab, auf einer Holzbrücke hinüber, dann zum Wald und biegt dort nach links in den Wanderweg (u. a. MD-Weg, Frankenweg) ein. Bei ÖPNV-Benutzung ist der Zugang ca. 25 Minuten länger, aber landschaftlich sehr reizvoll: Von der Haltestelle in Behringersmühle gehen wir ein Stück auf der Straße Richtung Gößweinstein, dann rechts zur Püttlach hinab, wo wir auf die Markierung des MD-Wegs treffen. Sie führt uns über den Fluss, unter der B470 hindurch, über eine Straße hinweg und durch Wiesen zum nördlichen Ortsteil hinüber. Erst halten wir uns links, dann rechts, lassen so den Ort hinter uns und gelangen in malerischer Talwanderung, an der gewaltigen Aschenbrennerwand vorbei, zur Einmündung des anderen Weges.

Naturwunder Gaiskirche Auf dem Wanderweg geht es weiter talauf, bis wir nach etwa fünf Minuten auf einen Baum vor einem bemoosten Felsen treffen, der zweimal die Markierung Frankenweg trägt. 25 Meter weiter zweigen wir rechts auf einen neuerdings mit einem Steinmännchen gekennzeichneten ❶ **Pfad** ab, der in Kehren steil den Hang emporführt. Bei einem massigen Block wendet sich der Steig nach rechts und bringt uns zum gewaltigen Eingangstor der Gaiskirche (B140) hinauf. Nach Durchschreiten des Tors folgt eine kurze sehr steile und etwas rutschige Passage, die sich aber problemlos überwinden lässt, wenn man sich am rechten Rand hält, gute Tritte sucht und die Hände zur Sicherung einsetzt. Oben schließt sich wieder ein Kehrenpfad an, von dem aus man das wohl größte oberirdische Naturwunder der Frankenalb bewundern kann, von Kletterern treffend »Kathedrale« oder »Felsendom« genannt: Die Talwand ist von mehreren riesigen »gotischen« Fenstern durchbrochen, über denen sich die Felsbögen wie Strebepfeiler im Gewölbe vereinigen. Wir steigen zum oberen Ausgang der Höhlenruine auf und können vom Hang darüber noch einmal ihre einzigartige Struktur studieren.

Über Köttweinsdorf zum Sieghardtstor

Auf dem Steig geht es im Rechtsbogen weiter aufwärts bis zu einem Sattel, dann biegen wir scharf links ab und wandern auf Pfadspuren durch das Tälchen oberhalb der Gaiskirche bergauf. Oben biegen wir links in einen Fahrweg ein, der mit geringem Gefälle am Hang entlangführt; im April blühen hier Teppiche von Buschwindröschen.

Wo die Markierung Gelbstrich ins Tal abzweigt, gehen wir geradeaus auf dem Hauptweg weiter, der bald wieder an Höhe gewinnt. Wenig später, am Be-

Die Gaiskirche beeindruckt vom Anstiegsweg ...

... und vom Hang oberhalb.

ginn einer Linkskurve, biegen wir spitzwinklig rechts auf einen ❷ **begrünten Fahrweg** ein. Nach Umrundung einer Wildfutterstelle teilt sich der Weg: Wir halten uns links und steigen Richtung Waldrand auf. Bei Vereinigung mit einem anderen Weg gehen wir kurz nach rechts, biegen aber schon nach wenigen Metern wieder spitzwinklig links in einen abzweigenden Fahrweg ein. Er führt zu einer Waldwiese, an ihrem Beginn nach rechts in den Wald hinein, zu einer Kuppe empor und jenseits an Äckern entlang bergab.

Wir passieren einen Stein mit Kruzifix und erreichen zuletzt einen breiteren Feldweg (Gelbraute), dem wir nach rechts folgen. 50 Meter nach einem großen Kruzifix folgt eine ❸ **Verzweigung**: Wir ignorieren die abbiegenden Markierungen, gehen geradeaus auf dem breiten Fahrweg weiter und erreichen den Rand von Köttweinsdorf – prachtvoll die Fernsicht. Nach dem ersten Haus biegen wir links auf den IFS-Weg (rot/weiß diagonal geteilt) ein. Er führt uns über Wiesen in den Wald und passiert bald eine eindrucksvoll ausgehöhlte Felsgruppe mit Kruzifix und Ruhebank.

Danach wandern wir mit dem IFS-Weg, bei Verzweigungen einmal den rechten, dann den mittleren Weg wählend, durch einen Märchenwald mit bemoosten Felsen abwärts. Nach einer Senke folgt die entscheidende ❹ **Abzweigung**. Vor uns sehen wir einen Baum, auf dem die IFS-Markierung zweimal (mit Pfeilen) angebracht ist, und einen rot-weiß-rot lackierten Metallstab: Wir biegen links auf einen schmalen Weg ab, der genau zwischen Baum und Stab hindurch zu einem Felsengarten und dann im Rechtsbogen über einen Kamm führt.

Zuletzt steigen wir auf dessen linker Seite ab und nach rechts in einen klammartigen Einschnitt hinein: Schon stehen wir staunend vor dem gewaltigen Bogen des Sieghardtstors. Weitere beeindruckende Anblicke bieten sich, wenn man etwas durch das Tor absteigt.

Durchs Wiesenttal zur Schottersmühlhöhle Zum IFS-Weg zurückgekehrt, leitet uns die Markierung zuerst auf schmalem Pfad, dann kurz auf einer Forststraße, die man bei der ersten Kehre wieder nach links verlässt, zuletzt nach rechts durch malerisches Felsgelände zügig bergab. Unten treffen wir auf den Talweg (MD-Weg, Frankenweg) und biegen nach links auf ihn ein. Im folgenden Abschnitt kann man wahlweise auf einem breiten Weg nahe an der Wiesent oder auf dem Wanderweg am Hang (unter bizarren Felsen) entlanggehen.

Bald vereinigen sich beide und es geht auf schmalem Weg weiter; oberhalb tauchen die schroffen Felsen der Morgenleite und Jubiläumswand auf, die einen Abstecher lohnen. Danach mündet der Steig in einen breiteren Weg (links die Abendleite), der an privaten Vereinshäusern und der imposanten Schottersmühler Wand (die man unbedingt besichtigen sollte) vorbei zur Talaue beim Gasthof Schottersmühle führt. Lohnend ist ein Abstecher über die Brücke zur anderen Talseite, wo sich ein Prachtblick über die Wiesent zum Gelben Turm auftut.

Wieder am linken Wiesentufer, leitet uns ein schmaler Weg (MD-Weg u. a.) unter den Steilwänden entlang und passiert ansteigend den vergitterten Eingang zu einem Keller. 30 Meter weiter die entscheidende ❺ Abzweigung: Wir biegen links auf einen steilen Pfad ein, der in Kehren und über Wurzelstufen zu einem bizarren Vorfelsen, dann links über eine felsige Rampe zum imposanten unteren Eingang der Schottersmühlhöhle (auch: Gaiskirche B 66) emporführt. Über ihr baut sich die massige Magdalenenwand auf. Ein letzter großer Höhepunkt der Tour: Die gewaltige Halle mit zwei Eingängen und drei Deckenfenstern gehört fraglos zu den eindrucksvollsten Hohlräumen der Alb.

Der Rest ist ein Spaziergang: Nach dem Abstieg bringt uns der MD-Weg als romantischer Pfad über kleine Felskanzeln hinweg in das Gebiet unter der Gaiskirche zurück und zum Parkplatz bzw. nach Behringersmühle zum Bus.

Mehrere Öffnungen
tauchen das Innere
der Schottersmühl-
höhle in mystisches
Licht.

27 Muggendorfer Felsabenteuer

Zwecklersgraben, Kammer und Mehlbeerensteig

Mittel · 10 km · 410 m · 3.30 Std.

Tourencharakter
Tour mit fast alpinem Charakter durch eine spektakuläre Schlucht, über Grate und an imposanten Felsketten entlang sowie zu großartigen Höhlenlandschaften und Aussichtspunkten. Teils über problemlos begehbare felsige Steige (stellenweise zur Sicherheit mit Drahtseilen versehen), teils auf guten Hang- und Talwegen

Ausgangs-/Endpunkt
Muggendorf, Parkplatz links an der Bergstraße nach Doos oder Bushaltestelle Gasthof Kohlmann

Anfahrt
Bus/Bahn: Im Sommer (1.5.–1.11.) gute (alle 1–2 Std.), in der übrigen Zeit passable (alle 2–3 Std.) Busverbindung mit Linie 389 von den Bahnhöfen Ebermannstadt und Pegnitz

Einkehr
Mehrere Gasthöfe in Muggendorf, unterwegs keine

Karte
Amtliche Topographische Karte Bayern 1:25000, E10 Ebermannstadt

Bei Muggendorf zeigt die Fränkische Schweiz fast alpinen Charakter: Kaum bekannte Steige führen durch Schluchten, über Felsgrate und an imposanten Steilwänden entlang zu einmalig schönen Aussichtspunkten und spektakulären Höhlenlandschaften.

Unsere Route führt durch die urweltliche Schlucht des Zwecklersgrabens hinauf zum berühmten Quackenschloß und zur ebenso imposanten, aber fast vergessenen Höhlenwelt der Kammer. Zurück geht es über den traumhaft schönen, kaum begangenen Mehlbeerensteig.

Durch den Zwecklersgraben Vom Parkplatz steigen wir auf der Straße ein Stück ab, biegen links in den Neuen Weg ein und wandern mit Gelbring u. a. am Hang entlang (von der Bushaltestelle kurz Richtung Kirche, dann spitzwinklig rechts empor und zuletzt rechts in den Neuen Weg). Bei einer ❶ **Wegteilung** gehen wir mit Grünring geradeaus weiter und erreichen absteigend eine Wiese mit Blick ins Wiesenttal, überragt von

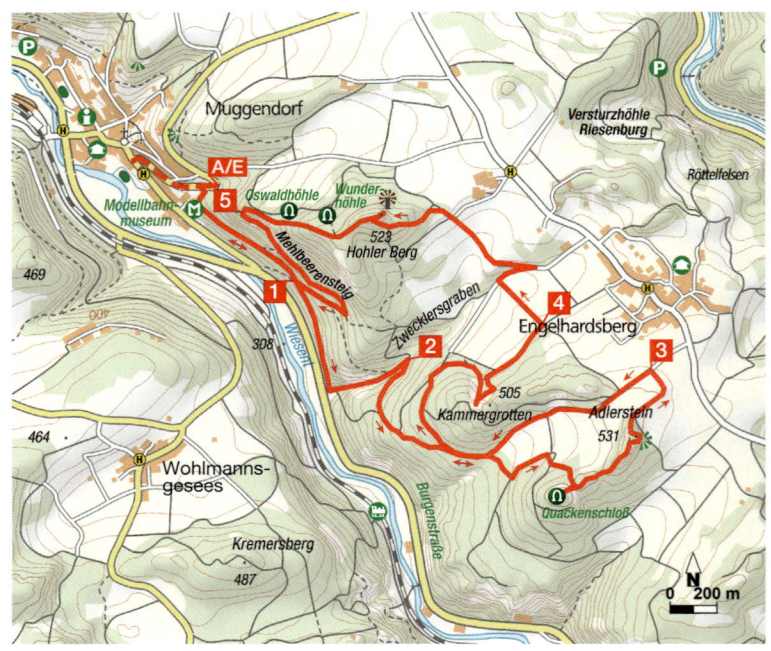

einem breiten Felsmassiv. Hier leitet uns ein Wegweiser nach links mit Grünring in den Wald hinein – die Warnung »nur für Geübte« kann man getrost ignorieren.

Am Eingang zum Zwecklersgraben lohnt ein Abstecher zu den bizarr gezackten Felsen auf der linken Seite. Der Wanderweg führt jedoch gleich über den Grund hinüber und am rechten Schluchthang über felsige Stufen steil empor – das Drahtseil ist nur bei Nässe nötig. Bald durchqueren wir, mitten im ehemaligen Bachbett, einen malerischen Engpass. Man kann sich vorstellen, wie hier einst Wasserfälle über die glatten Felsen zu Tal stürzten. Wenig später verlassen wir die Schlucht nach links und gelangen über Stufen zu einem breiten Weg (Markierung Gelbring) hinauf, auf den wir nach rechts einbiegen.

Quackenschloß und Adlerstein Bei einer ➋ Wegteilung geht es von nun an mit Gelbring und Rot-Senkrecht rechts über den Talboden hinüber und dann stetig am Hang empor. Nach einem Graben wandern wir nach links entlang einer Wiese aufwärts, dann zweigt rechts ein Pfad ab, der uns steil zum Massiv des Quackenschlosses emporführt. Vom Vorplatz erreichen wir rechts auf kurzem Stichpfad die durch einen Mittelpfeiler geteilte Durchgangshöhle – ein Motiv, das schon die romantischen Maler begeisterte. Beim Abstieg lohnt ein Abstecher nach rechts zum felsigen Gipfelplateau mit reizvollen Ausblicken.

Vom Vorplatz geht es weiter über den felsigen Kamm aufwärts, bis sich der massige Adlerstein ins Blickfeld schiebt. Etwa 20 Meter vor ihm zweigt rechts ein Stichpfad ab, der uns über Felsstufen und eine Eisenleiter zum Gipfel hinaufbringt: großartig die Sicht auf die Kuppen der Alb. Beim Abstieg geht man bis zum Fuß der Treppe hinunter und steigt auf gutem Pfad links zur Nordseite ab; nebenan ein kleines Felsentor.

Am Eingang zum Zwecklersgraben lädt diese Bank zur Rast an heißen Tagen ein (li.), die Schlucht wird von schroffen Felsen flankiert (re.).

Die Kammergrotten bilden eine der schönsten Höhlenlandschaften der Alb (li.). Der Felsensteig wartet mit bizarren Türmen und grandiosen Tiefblicken auf (re.).

Zur Kammer Mit beiden Markierungen gehen wir nun auf die aussichtsreiche Hochfläche hinaus, passieren einen Parkplatz und gelangen im Linksbogen zu einem ❸ geteerten Feldweg. Auf ihm geht es ohne Markierung nach links zu einer Kuppe empor, dann auf unbefestigtem Fahrweg immer geradeaus am rechten Rand eines schönen Tälchens bergab. Kurz nach Eintritt in den Wald mündet der Weg in die vom Aufstieg bekannte Route, der wir nach rechts folgen.

Schon 160 Meter später erreichen wir die entscheidende Wegteilung: Wo alle Markierungen mit einem gelben Pfeil nach links abzweigen, gehen wir auf einem Forstweg ohne Markierung leicht rechts weiter. Nach längerer Hangquerung vereinigt er sich mit dem Weg mit der Markierung Grünring. Dieser folgend, biegen wir bald rechts ab und gelangen in steilerem Anstieg zum Felsgebiet der Kammer.

Die Erkundung schenkt großartige Eindrücke: Wir steigen beim Wegweiser rechts auf deutlichem Pfad zu den glatten Wänden im Zentrum des Felskessels auf, dann ca. 10 Meter zurück, bis schwache Pfadspuren nach rechts hinüberführen: Über uns wird ein schönes Felsentor sichtbar. Nun steigen wir entlang der Felsen auf der rechten Seite steil hinab, passieren eine schöne Spalthöhle und umrunden dann den Eckfelsen nach rechts. Bald stehen wir vor einer der eindrucksvollsten Höhlenszenerien der Alb: Nebeneinander öffnen sich zwei der Kammergrotten, deren Erkundung den kurzen Steilanstieg lohnt.

Wir wandern nun weiter am Massiv entlang und steigen zu seinem Ende empor: Dort finden wir die Kirchengrotte, eine tiefe Höhle mit rundem Felsenfenster in der Seitenwand. Wir gehen dann den letzten Anstieg wieder hinunter und steigen nach rechts zum markierten Weg ab.

Zum Hohen Kreuz Wir halten uns rechts und wandern mit Grünring am Rande eines Tälchens bergan. 40 Meter nach einer Scheune biegen wir links auf einen ❹ **Feldweg ohne Markierung** ein, der uns sanft fallend zu einer Birke auf der anderen Talseite hinüberführt. Von hier steigen wir nach rechts auf geschottertem Weg ein Stück empor und biegen dann (bei Beginn der Teerdecke) spitzwinklig links mit Braunkreuz auf den Weg zum Hohen Kreuz ein. Er führt uns über freie Hänge, dann nach links durch Wald, zuletzt nach rechts auf gepflastertem Weg steil zum Gipfel empor. Über 71 Stufen erreicht man die oberste Plattform des Aussichtsturms mit Prachtblick auf die nördliche Frankenalb.

Auf dem Felsensteig Wir gehen nun mit Braunkreuz u. a. nach rechts durch felsiges Gelände, passieren eine kleine Senke (von hier führen Steigspuren nach links zur Doktorshöhle), halten uns bei einer Wegteilung rechts und erreichen über den felsigen Grat eine Aussichtsbank über dem Wiesenttal. Während die anderen Markierungen links zur Oswaldhöhle hinableiten, wählen wir den Felsensteig (Braunkreuz), der bei der Bank beginnt und an der Felskante talwärts führt.

Auf ihm geht es über felsige Stufen (einmal mit Drahtseil), an kleinen Türmen vorbei steil bergab, stets mit atemberaubendem Blick ins Tal. Eine Aussichtskanzel links

Der Mehlbeerensteig führt direkt am Fuß der hohen Geiersteine entlang.

des Weges wartet mit einem Prachtblick auf die Felsfluchten und zur Ruine Neideck auf. Bald wird das Gelände flacher: Wer die Oswaldhöhle noch nicht kennt, kann nach rechts in wenigen Minuten zu ihrem gewaltigen Tor hinübergehen. Wir folgen weiter dem Felsensteig, der über mehrere Aussichtspunkte sanft abwärtsführt.

Auf dem Mehlbeerensteig zurück Bei einer ❺ **Wegteilung** verlassen wir den Felsensteig und biegen mit Grünring links auf den Mehlbeerensteig ein, benannt nach der seltenen endemischen Fränkischen Mehlbeere, die nur an sonnigen Hängen gedeiht. Daher werden die imposanten Felsfluchten hier stets waldfrei gehalten. Mit Prachtblick auf die Kette der Geiersteine geht es zwischen zwei Türmen hindurch abwärts, dann über Stufen zu einer Wegteilung hinab, bei der wir geradeaus weitergehen. Es folgt eine herrliche Promenade in stetem Auf und Ab am Fuß der gewaltigen Felsen. Nach der überhängenden Hauptwand (Drahtseil) führt der Steig in den Wald hinein und leicht aufwärts zur Einmündung in einen breiten Weg, auf den wir scharf rechts einbiegen. Mit Blauschrägstrich geht es steil zu der vom Morgen bekannten Wegteilung hinab, dann mit Gelbring etc. rechts zum Startpunkt zurück.

28

Eldorado der Vertikale

Der große Rötelfels-Quergang

Schwer 4 km 150 m 1.45 Std.

Tourencharakter
Anspruchsvollere Route entlang einer gewaltigen Südwand-Flucht und zu schönen Aussichtspunkten oberhalb der Wände. Teils auf guten Wanderwegen, teils auf felsigem, im Bereich des Felsentors sehr steilem Pfad, der Trittsicherheit erfordert.

Ausgangs-/Endpunkt
Morschreuth, Parkplatz am Westrand des Oberen Dorfes bzw. Bushaltestelle Morschreuth Ort (von hier mit Blauring in ca. 8 Min. an der Kirche vorbei, dann rechts ins Obere Dorf, am Ortsrand links zum Parkplatz)

Anfahrt
Bus/Bahn: Mo–Sa sporadische, aber nutzbare Busverbindung von Ebermannstadt mit Linie 234, von Gräfenberg/Egloffstein mit 226 oder von Gößweinstein (beide Linien), z. T. Vorbestellung am Vortag nötig, So nur Anrufsammeltaxi (am Vortag unter 09191/86 25 11)

Einkehr
Gasthöfe in Morschreuth

Karte
Amtliche Topographische Karte Bayern 1:25000, E10 Ebermannstadt

Als Kletterroute existiert der große Rötelfels-Quergang schon seit 1932. Wanderer verirren sich kaum an den Fuß der längsten Südwand-Flucht der Alb, obwohl sich hier die ganze Pracht der Fränkischen Dolomiten mit ihren Türmen, Wänden, Zinnen und Toren präsentiert.

Unsere Tour kombiniert die Promenade unter den Wänden mit dem wildschönen Aufstieg durch das Felsentor und führt über den Wanderweg oberhalb der Abstürze zurück.

Zustieg Vom Parkplatz gehen wir mit den Markierungen Blau- und Gelbring auf den Waldrand zu, biegen aber nicht mit Blauring zum Wald ab, sondern bleiben auf dem ❶ **Schotterweg** (die Markierung Gelbring taucht später wieder auf), wandern im Linksbogen am Rande eines Tälchens bergab und dann in den Wald hinein. 50 Meter nach Eintritt in den Wald biegen wir rechts auf einen breiten Weg ohne Markierung ein. Schon 80 Meter später zweigt rechts ein ❷ **deutlicher Pfad** ab, auf dem wir zwischen zwei eng stehenden Bäumen hindurch und dann schräg durch den Hang, zuletzt steiler bergauf steigen.

90

Fels-Promenade Zuletzt geht der Pfad in einen Steig über, der in stetem Auf und Ab am Fuß des Rötelfels entlangführt. Bald erreichen wir die erste mächtige Wand und kurz danach einen gewaltigen zinnenbekrönten Felskessel; links der schlanke Turm des Daniel. Wir umgehen die große Blockhalde an ihrem unteren Rand und steigen dann wieder zur Schauseite des Daniel auf.

Nun wählen wir immer den felsnahen Steig (nicht zu tief absteigen), passieren formschöne Felsbastionen, umrunden auf ausgeprägtem Absatz einen Eckpfeiler und gelangen zur riesigen überhängenden Hauptwand. An ihrem Ende führt der Steig steil links bergab, quert den Hang unterhalb einer Felsrippe und steigt dann wieder stark an. Bald erreichen wir einen fantastischen ❸ **Felszirkus** mit dem wild gezackten Geiereck und dem Felsentor oben am Hang. Nach links führt ein lohnender Abstecher zuerst eben, dann steil bergab zu zwei weiteren imposanten Wänden.

Aufstieg zum Felsentor Zum Felskessel zurückgekehrt, gehen wir auf dem obersten Weg direkt auf die Zacken zu und finden in Falllinie des Felsentors eine Rinne, durch die wir über Felsstufen sehr steil emporsteigen – einmal braucht man die Hände als Sicherung. Oben geht man entweder rechts durch das Tor oder links zu einem Aussichtspunkt mit Prachtblick auf Tor und Geiereck. Von hier sollte man an der Felskante noch weiter nach Westen wandern: großartig die Tiefblicke und die Fernsicht bis nach Forchheim.

Rückweg Wenige Meter von der Kante entfernt treffen wir auf Blau- und Gelbring. Sie führen uns oberhalb des Tores zu einem prachtvollen Aussichtspunkt. Etwa drei Minuten später erblickt man rechts des Weges einen vorgelagerten Felskopf: Wir steigen in weitem Bogen in den Graben hinab und erreichen jenseits über Stufen eine spektakuläre Schaukanzel. Auf dem Hauptweg wandern wir nahe der Felskante weiter; bei einer Sitzgruppe rechts des Weges bietet sich nochmals ein schöner Ausblick. Danach geht es zu den kleinen Gipfelfelsen empor, jenseits auf breitem Weg sanft bergab, zuletzt nach rechts zum Waldrand und an ihm entlang zum bekannten Weg und zum Parkplatz.

Am Fuß des Rötelfels erlebt man den Zauber der fränkischen Felswelten: den Felskessel am Beginn (li.), den schlanken Daniel (Mitte) und das Felsentor (re.).

29 Kunstwerke der Erosion bei Allersdorf

Föhrenstein, Wasserstein und Förstelstein

Mittel	9 km	280 m	3 Std.

Tourencharakter
Wanderung ohne große Anstiege durch Wälder und Täler der Kuppenalb zu eindrucksvollen Felsentoren, Durchgangshöhlen und Felsmassiven. Oft auf schmalen und unmarkierten, aber gut sichtbaren Wegen, nur kurze, problemlos begehbare weglose Passagen.

Ausgangs-/Endpunkt
Allersdorf. Mehrere, aber begrenzte Parkmöglichkeiten im Ort (an der Einmündung des Forstweges oder auf der anderen Seite Richtung Campingplatz)

Anfahrt
Bus/Bahn: Mo–Fr fahren nur wenige Busse der Linie 222 über Allersdorf, an Sa und So keine. Alternative: Beginn der Wanderung in Kleingesee (Busverbindungen wie Tour 30) und Wanderung nach Allersdorf in 20 Min., Rückkehr wie im Text beschrieben mit Blauring

Einkehr
Keine

Karte
Amtliche Topographische Karte Bayern 1:25000, E10 Ebermannstadt

Der Wasserstein bei Allersdorf zählt mit seinem eleganten Felsentor und seinen einzigartigen Erosionsformen fraglos zu den bedeutendsten Naturwundern der Frankenalb, ist aber nahezu unbekannt. Doch auch die anderen Felsformationen der Region wissen zu beeindrucken.

Unsere Wanderung beginnt mit dem imposanten Föhrenstein, wo es einen der spektakulärsten Überhänge der Alb zu bewundern gibt, und führt über den Wasserstein zu den malerisch zerklüfteten Felsburgen bei Stadelhofen.

Föhrenstein-Umrundung Wir beginnen unsere Tour auf dem Fahrweg (Markierung Gelbstrich und Blauring), der am Nordrand von Allersdorf vor den letzten Häusern rechts abzweigt (am Beginn begrenzte Parkmöglichkeiten). Er führt uns, mit schönem Blick zum Föhrenstein, in einen Wiesengrund hinunter. Am ❶ Waldrand, gegenüber einem kleinen Weiher, zweigen wir rechts ab und steigen auf breitem Weg in Richtung auf das Massiv empor. Ein kurzer Stichpfad bringt uns zu seinem linken Ende mit einer reizvollen Höhle und einer zerklüfteten Wand empor.
Zum breiten Weg zurückgekehrt, wandern wir unterhalb der Felsreihe entlang. Bald bietet sich ein malerisches Bild: vor uns der riesige Föhrensteinturm, links die hellen Südwände des Hauptmassivs. Wir steigen auf dem Fahrweg ein Stück ab und biegen dann bei einem bemoosten Block links auf Pfadspuren ab, die uns am Fuß des Turmes entlangführen, dann

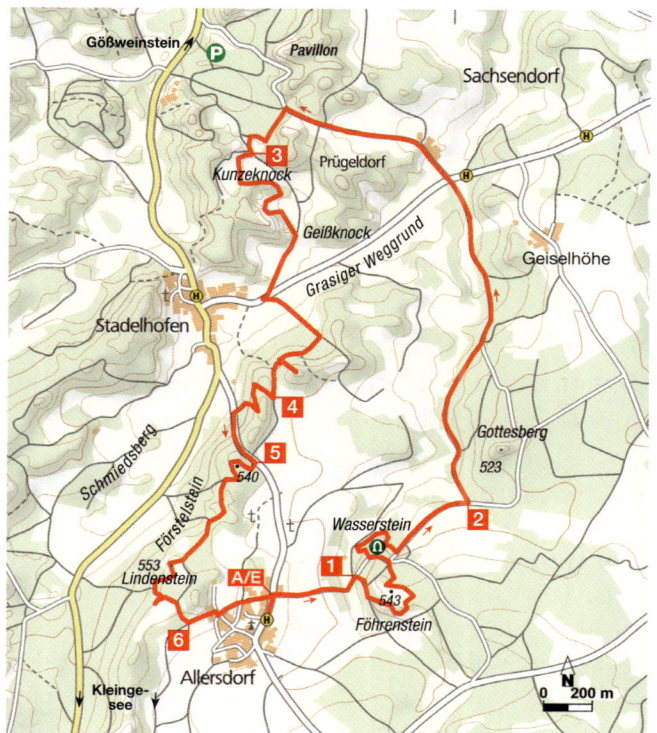

wieder links an seiner Ostseite bergauf. Schaustücke sind der gewaltige schiffsbug-
artige Überhang des Turmes und die Südwandflucht dahinter.

Wir halten, teils weglos, auf den Durchgang zwischen dem rechten Ende des Massivs und einem einzelnen Klotz zu und wechseln auf die Nordseite hinüber, an der
wir nach links entlangwandern. Wir passieren eine imposante Halbhöhle und gelangen zuletzt zu einem vorgelagerten Klotz, von wo uns ein Pfad nach rechts zu einem
Fahrweg hinüberführt. Auf ihm gehen wir nach links und erreichen bald eine Forststraße, der wir nach links folgen.

Naturwunder Wasserstein Schon nach 100 Metern folgt die entscheidende Abzweigung: Am Ende einer Linkskurve biegen wir auf schmalem Pfad nach rechts ab; an
einem Baum erkennt man noch Reste der schwarzen Markierung. Kurz danach erreichen wir den ersten Fels des Wassersteins mit einem Loch am Wandfuß. Wir steigen (Markierung Schwarzpunkt) am Fels unter einem kleinen Überhang empor und
stehen bald vor einer der faszinierendsten Durchgangshöhlen: Was zunächst wie ein
reiner Felstunnel wirkt, entpuppt sich als äußerst komplexes Gebilde mit etwa zehn
Felsbögen und Felsenfenstern.

Zu seinem Fuß zurückgekehrt, wandern wir rechts bergab, durch eine enge Klamm
hinunter und dann nach rechts auf halber Hanghöhe unterhalb des Massivs entlang.
Bald durchqueren wir einen Felsbogen, an den sich rechts eine zerklüftete Spalthöhle
anschließt, und steigen dann zur Talseite eines riesigen überhängenden Turms hinunter. Wir umrunden diese und steigen am Fels entlang wieder bergan, dann nach

**Der riesige »Bug«
des Föhrensteinturms
gehört zu den Glanz-
punkten der Tour.**

**Linke Seite: Die
Durchgangshöhle des
Wassersteins bietet
mit ihren Bögen einen
einmaligen Anblick.**

Als filigraner Bogen faszinliert das Wasserstein-Felsentor sowohl von unten (li.) wie vom Hang oberhalb (re.).

rechts in den zentralen Kessel des Wassersteins hinauf: Bald stehen wir staunend vor dem eleganten Bogen eines der filigransten Felsentore der Alb. Nach der Besichtigung steigen wir auf dem Anstiegsweg wieder ein Stück ab, dann nach rechts durch die Senke zum Forstweg empor und biegen nach links auf ihn ein.

Zu den Stadelhofener Wänden Von hier an folgen wir der Markierung Gelbstrich. Sie leitet uns bei einer ❷ **Wegteilung** nach links am Waldrand und kleinen Felsen entlang, dann durch ein reizvolles Tal. Wo eine Stromleitung ins Tal kommt, lohnt ein Abstecher: 25 Meter nach dem Eisenmast verbirgt sich rechts im Wald ein Massiv mit zwei Grotten und schönem Felsenfenster. Die Markierung überquert nun die Straße nach Geiselhöhe und führt uns, am Weiler Prügeldorf vorbei, auf schmaler Teerstraße zum Wald empor. Wo es wieder abwärtsgeht, biegen wir (nun auch Markierung Gelbring) links ab und wandern auf einem Forstweg an bizarren Felsgruppen entlang.
Bei einer Wegteilung halten wir uns mit Gelbring links, steigen zu einem Sattel hinauf und biegen bei einer ❸ **gelben Bank** rechts vom markierten Weg ab: Über einen Feldrain wandern wir im Linksbogen zum rechten Ende der Hinteren Stadelhofener Wände hinüber. Wir passieren nach links gehend eine Reihe überhängender Türme und Wände und steigen dann auf Pfadspuren zu einem Sattel empor. Jenseits geht es wieder bergab und nach rechts um einen Acker herum zur imposanten Vorderen Stadelhofener Wand hinüber. Wir wandern nach links an ihr entlang und folgen dem Waldrand; nach einer Scheune erreichen wir wieder den Wanderweg.

Zum Förstelstein Auf dem Wanderweg kommen wir zur Straße nach Stadelhofen, halten uns kurz rechts und steigen dann am Gegenhang mit Gelbring empor, zuletzt nach rechts durch Wald zu einer Anhöhe hinauf (links ein schöner Felsturm, der einen Abstecher lohnt). Oben wird der Blick zum Föhrenstein frei.
Etwa 80 Meter weiter heißt es aufgepasst: Wir biegen spitzwinklig nach rechts ab und steigen auf einem ❹ **Fahrweg** zur Kammhöhe auf, von wo uns ein Pfad links zum Felsgebiet des Förstelsteins hinüberführt. Schaustücke sind bizarre Türme,

Kanten und Überhänge, eine Höhle in der Mitte des Massivs und eine weitere, flache am Südende. Von dort führt uns ein deutlicher Pfad steil zur Straße nach Allersdorf hinunter, auf der wir nach links bis zur Hochfläche emporwandern.

Über den Lindenstein zurück Kurz nach dem höchsten Punkt biegen wir rechts auf einen ❺ Forstweg ein, verlassen ihn aber schon nach 30 Metern wieder und gehen nach rechts über eine aufgeschüttete Fläche zu einem großen Massiv hinüber. Wir steigen nach links weglos am Fuß der zerklüfteten Felsen zu einem kleinen Sattel (mit Miniatur-Felsentor) auf, gehen jenseits ein Stück bergab und dann nach links auf Pfadspuren durch den Hang.

Nach einer Anhöhe geht es weglos zu einem Forstweg hinab und auf ihm nach rechts zu einer Wegteilung: Hier halten wir uns links und folgen einem anfangs breiten, später schmalen Weg, der zunächst ansteigt, dann eben knapp unterhalb des Kamms entlangführt. Wo er in einen begrünten Fahrweg mündet, gehen wir geradeaus auf das Massiv des Lindensteins vor uns zu. Dort angekommen, steigen wir auf ausgetretenem Pfad steil zu einem Sattel an seinem rechten Ende auf und jenseits über Felsstufen zur Südseite hinunter. Die wilde Felskette beeindruckt mit bauchigen Überhängen, weiter oben mit bizarren Türmen und Spalten.

Nach der Erkundung gehen wir von der SW-Kante (kleiner Granitklotz im Boden) auf steilem Weg den Hang hinunter, folgen mit Linksschwenk einer deutlichen Hangstufe und steigen dann nach rechts kurz weglos zu einem Forstweg ab. Er führt uns nach links bald zum Gelbring-Wanderweg, auf dem wir nach links aufsteigen. Man sollte es nicht versäumen, nach wenigen Metern einen Abstecher zu den zerklüfteten Felsen rechts des Weges mit einer kleinen Höhle zu unternehmen.

Der Markierung Gelbring folgend geht es weiter aufwärts, an bizarren Felsen vorbei, dann rechts zum ❻ Waldrand hinüber (hier rechts mit Markierung Blauring nach Kleingesee). Von hier führt uns die Markierung links nach Allersdorf hinein und zur Hauptstraße, auf der wir nach links den Startpunkt, nach rechts die Bushaltestelle erreichen.

Malerisch zerklüftete Felsburgen prägen das letzte Tourdrittel: links der Förstelstein, rechts der Lindenstein.

30 Wunderland der Felstunnel

Höllenstein, Langer Berg und Geißleite

Mittel · 15 km · 460 m · 4.45 Std.

Tourencharakter
Route mit nur mäßigen Steigungen durch einen der an Karstphänomenen reichsten Teile der Kuppenalb mit gewaltigen Felswänden, Türmen, Höhlen, Felsentoren und Felstunneln. Überwiegend auf guten, meist schmalen Wegen, daneben Steige und kürzere, problemlos begehbare weglose Passagen

Ausgangs-/Endpunkt
Obertrubach, Parkplätze beim Saustein links an der Straße nach Neudorf, hierher von der Bushaltestelle im Ort nach Süden zur Hauptkreuzung, dann links bergan und links in den Neudorfer Weg

Anfahrt
Bus/Bahn: Mo–Fr Busverbindung von Forchheim mit Linie 222 (nach Gößweinstein) alle 1–2 Std., an Schultagen einige Fahrten mit 226 (Umsteigen in Egloffstein) bzw. 219 von und nach Gräfenberg, an Sa/So 1.5.–1.11. gute Verbindung mit Gräfenberg (Linie 229, alle 2 Std.). 2.11.–30.4. an Sa wenige Busse der Linie 222, So kein Angebot.

Einkehr
Landgasthof Fischer, Stierberg 25, Tel. 09244/384

Karte
Amtliche Topographische Karte Bayern 1:25000, F10 Eckental, Appelt 1:35000 Hersbrucker Schweiz

Die Region um den Langen Berg, die längste und formenreichste Felskette der Fränkischen Schweiz, hat neben dem berühmten Jura-Elefanten noch viele, oft verborgene Naturschätze zu bieten: Nirgendwo sonst gibt es so viele und so gleichmäßig geformte Felstunnel wie hier.

Von der bizarren Höhlenwelt des Höllensteins führt unsere Tour zum Langen Berg, wo sich abseits des bekannten Fuchswegs noch manche Karstwunder verbergen. Über malerische Aussichtspunkte und den imposanten Wetterstein kommen wir dann zu den Tunneln der Geißleite.

Zum Höllenstein Vom Parkplatz beim Saustein gehen wir auf der Straße nach Neudorf bergan, bis der Rotring-Weg bei einer Bank rechts abzweigt. Er führt uns zügig zu einer Wegteilung empor, dann nach rechts steil auf das Massiv des Höllensteins zu. Zuvor biegen wir jedoch rechts (Pfeil) ab und wandern, weiter mit Rotring, im Bogen zum ❶ Waldrand. Von hier steigen wir nach links weglos zu einer Felsgruppe mit markantem Überhang auf, dann nach rechts auf Pfadspuren am Rand der Felsen

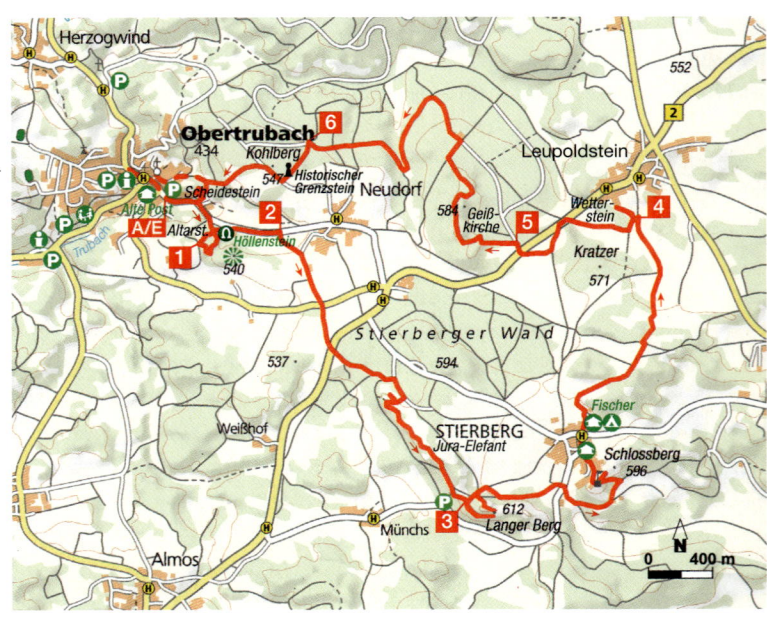

empor. Zuletzt gehen wir im Linksbogen direkt zum Felsfuß hinüber und kommen durch einen malerischen Durchgang zur anderen Seite zurück. Wir steigen nun nach rechts zu dem zuvor gesehenen Überhang ab, der an ein Krokodil erinnert, gehen unter ihm durch und am Kamm weiter, dann in Kehren in einen Engpass zwischen zwei Felsen hinab. Von hier geht es links bergab: Wir treffen wieder auf die Markierung und sehen rechts die große Tunnelhöhle des Höllensteins, durch die wir zu einer Halbhöhle, überragt von bizarren Türmen, gelangen. Mit Rotring steigen wir zur bekannten Wegteilung ab, biegen nun aber rechts auf einen Pfad ohne Markierung ein, passieren eine interessante Höhle (offener Keller) und erreichen auf einem Fahrweg die Straße.

Karstwunder Langer Berg Wir folgen ihr ein Stück bergauf, biegen aber 250 Meter vor Neudorf rechts auf einen ❷ **begrünten Fahrweg** ab (Gullideckel am Beginn), dann wieder rechts auf einen Schotterweg. Wir überschreiten eine Straße, wandern jenseits geradeaus weiter und erreichen die B 2. Nach ihrer Überquerung gehen wir am linken Rand der Waldwiese gegenüber entlang, dann in den Wald hinein. Bei einer Verzweigung halten wir uns links und folgen dem Fahrweg bis zu einem Graben, queren diesen auf Steigspuren und wandern jenseits durch eine Schneise geradeaus weiter.

Beim nächsten Graben gehen wir kurz nach rechts, dann auf einem Pfad hinüber und kommen so zu einer Schneise, die auf die Westabstürze des Langen Bergs zuläuft. Bei Einmündung in eine Forststraße wandern wir links bergauf zu einer Kreuzung und gehen hier mit dem Wegweiser zum Fuchsweg nach rechts. Wenig später biegen wir mit der Markierung Fuchs rechts in einen Steig ein, der uns in einen malerischen Felskessel hinaufführt. Um alle seine Wunder kennenzulernen, muss man den Wanderweg verlassen. Dazu gehen wir von einem Baum mit drei Markierungen

Am Langen Berg findet man drei Felstunnel in direkter Linie – ein einmaliges Karst-Phänomen.

(Fuchs, Blatt, 7) noch zehn Meter weiter und gelangen dann nach rechts auf Pfadspuren zu einem faszinierenden Felsengarten mit bizarren Türmen und Schluchten. Zur Abzweigung zehn Meter nach dem Baum zurückgekehrt, wenden wir uns der linken Seite zu, steigen durch eine Steilrinne zwischen bemoosten Felsen auf und stehen staunend vor einem ca. zehn Meter langen Felstunnel, der beiderseits eine Fortsetzung in zwei weiteren Tunneln findet. Auf dem Fuchsweg geht es nun im Bogen um das Tunnelmassiv herum, dann in wundervoller Hangwanderung an einer Fülle bizarrer Felsen vorbei, zuletzt auf Stufen in eine Senke hinab und jenseits zum doppelten Felsentor des Jura-Elefanten hinauf.

Es folgt eine traumhafte Promenade vorbei an Felskesseln, scharfen Kanten, bizarren Überhängen und glatten Wänden. Nach einer etwas felsenärmeren Zone steigert sich das Szenario nochmals: Man sollte unbedingt in den engen Felszirkus der Münchser Wand mit dem Felsentor rechts aufsteigen.

Wieder auf dem Fuchsweg, wandern wir an zwei schlanken Türmen vorbei und biegen dann rechts auf einen ❸ **Fahrweg ohne Markierung** ab. Wo er zu fallen beginnt, zweigen wir links auf einen Steig ab, der uns am Hang entlang, zuletzt über Kehren, zur gewaltigsten Felsszenerie emporführt: Neben einem rundlichen Vorturm baut sich die zinnenbekrönte Gemsenwand auf. Zum Fuchsweg zurückgekehrt, steigen wir zu einem Sattel auf und folgen dem Wegweiser »Zur Aussicht«. Nach rechts führt ein Steig über viele Stufen zum Ostgipfel empor: prachtvoll der Fernblick bis zum Fichtelgebirge.

Ein Felsentor und schlanke Türme schmücken den Mittelteil des Langen Bergs.

Über Stierberg zum Wetterstein Zurück am Sattel, gehen wir nach Norden zum Waldrand hinab, halten uns rechts und wandern mit der Markierung BN an den Nordwänden entlang. Nach Querung einer Straße folgt bald eine Wegteilung: Wir gehen nach links mit Gelbraute unter dem Stierberger Burgfelsen entlang und biegen bei einem Acker links auf einen Weg (BN) ab, der uns steil zur Burgruine und rechts zum höchsten Punkt mit schöner Sicht auf Stierberg emporbringt.

Vom Fuß der Ruine wandern wir in den Ort hinab, halten uns dort rechts (Wegweiser »Betzenstein«), überschreiten die Hauptstraße, gehen mit Blauring gegenüber weiter, passieren den Gasthof Fischer und steigen durch malerische Streuobstwiesen bergan. Am Waldrand und über Wiesen geht es geradeaus weiter, dann nähern wir uns dem Wetterstein am Rand von Leupoldstein. Bei der ❹ **Wegteilung** vor ihm halten wir uns kurz links und wandern dann rechts auf schmalem Steig an den gewaltigen Nordwänden entlang. An ihrem Ende erblickt man die Felsbögen einer riesigen Höhle, doch ist der Weiterweg zu diesem lange frei zugänglichen Naturjuwel derzeit durch einen Zaun versperrt.

Wir müssen also umdrehen, können aber beim Rückweg durch eine Steilrinne zwischen zwei bemoosten Felsen zu einer Tunnelhöhle am Südende aufsteigen. Nach dem Abstieg führt uns ein Pfad im Rechtsbogen um die Südspitze herum zu einem schönen Felskessel. Von hier steigen wir zu einer Hütte ab und treffen dort auf einen Fahrweg, der sich bald gabelt: Wir halten uns rechts und gelangen so zur B2. Wir gehen nach links 50 Meter an ihr entlang und folgen dann einem Feldweg nach links bis zum Waldrand. Dort treffen wir auf die Markierung Blauschrägstrich und wandern mit ihr nach rechts über die B2 hinweg bis zum Wald.

Felswildnis Geißleite Etwa 50 Meter nach Eintritt in den Wald biegen wir links in einen ❺ **Forstweg ohne Markierung** ein, der erst parallel zu einer Waldwiese verläuft, dann rechts abknickt und an einem verfallenen Zaun entlangführt. Bei Einmündung in einen anderen Forstweg wandern wir links zu einer Anhöhe empor, zweigen dort halb rechts auf einen breiten Weg ab und steigen zuletzt auf Pfadspuren zum linken Eckpfeiler des Massivs der Geißleite auf. Wir gehen links am Fels entlang und stehen bald staunend vor dem breiten Tunnel der Geißkirche, der abwärts durch das Massiv führt.

Am anderen Ende gehen wir links um den Fels herum und finden einen parallel verlaufenden kleineren Tunnel. Vom Nordende des großen Tunnels steigen wir ein Stück am Hang ab und queren dann rechts (nach N) über eine Schneise zu einem auffälligen Massiv mit bizarrem Felskessel. Wir gehen nun am Fuß der Felsen links am Massiv entlang, dann unten an einem bemoosten freistehenden Turm vorbei und steigen nach (!) ihm rechts schräg durch den Hang auf. Bald sehen wir vor uns ein breites Felsentor, durchschreiten es und gehen geradeaus weiter zu einem Forstweg; auf ihn biegen wir nach links ein.

Die zwei Felstunnel der Geißkirche (hier der kleinere) sind ein verborgenes Wunder der Alb.

Rückweg Bei der nächsten Verzweigung halten wir uns rechts und gelangen so zu einer Rasthütte und einem Forstweg mit der Markierung Schwarzring. Mit ihr geht es nach links bergab, in weitem Bogen über ein Tal hinüber und am Gegenhang empor, dann geradeaus durch den Wald. Bei einer ❻ **Wegteilung** heißt es aufgepasst: Wir biegen scharf (!) links auf einen Wanderweg (Frankenweg u. a.) ab, der uns, an einem Grenzstein von 1607 vorbei, zum Kohlberg emporführt.

Mit prachtvoller Aussicht geht es nach rechts am Waldrand entlang (weiterer Grenzstein und Informationstafel), dann links auf schmalerem Weg über Wiesen und durch Wald bergab bis zu einer Wiese am Rand von Obertrubach. Von hier gelangen wir mit Rotring links zur Neudorfer Straße hinab und zum Parkplatz oder geradeaus mit dem Frankenweg zu Kirche und Haltestelle.

31 Höhlenwelten und Waldeinsamkeit

Vom Wirrenloch zum Plecher Höhlengebiet

Leicht   16,5 km   370 m   5 Std.

Tourencharakter
Leichte, aber relativ lange Wanderung durch ausgedehnte Waldgebiete und reizvolle Waldtäler zu eindrucksvollen Höhlen und anderen spektakulären Karstformen. Durchgehend auf guten, nur mäßig steilen Wegen ohne große Anstiege.

Ausgangs-/Endpunkt
Parkplatz Geißbock an der Waldstraße Bernheck–Mosenberg. Von der Bushaltestelle Bernheck hierher in 15 Min. entlang der Straße.

Anfahrt
Bus/Bahn: Mo–Fr brauchbare Verbindung mit dem Bhf. Pegnitz (alle 1–3 Std.) mit Linie 380 oder 386 (Anruflinientaxi, 60 Min. vorher unter 09241/26 97 anmelden), Sa/So nur mit dem Anruflinientaxi

Einkehr
Keine

Karte
Amtliche Topographische Karte Bayern 1:25 000, F11 Auerbach i. d. OPf.

Das riesige Waldgebiet des Veldensteiner Forstes verbirgt an seinem Westrand eine Fülle von Höhlen ganz unterschiedlichen Charakters. Der Plecher Höhlenweg verbindet fünf von ihnen, unsere Route fügt noch drei weitere, besonders spektakuläre hinzu.

Unsere Wanderung führt über die außergewöhnliche Spalthöhle des Wirrenlochs zum Karstwunder der Polsterweiherhöhle, folgt dann dem Höhlenweg und erreicht über das eindrucksvolle Kuckucksloch wieder den Ausgangspunkt.

Zum Wirrenloch Am Parkplatz finden wir den Wegweiser zum Wirrenloch und wandern mit Grünwimpel auf breitem Weg Richtung N. Bei der ersten Wegteilung halten wir uns links, folgen weiter dem Waldrand, überqueren eine große Freifläche und erreichen wieder den Rand eines Waldes, in dem sich erste zerklüftete Felsen zeigen. Wenig später führt uns Grünwimpel nach rechts in den Wald zu einem bizarren Felszirkus

Die Raumhöhle fesselt mit ihrer Fels-Architektur.

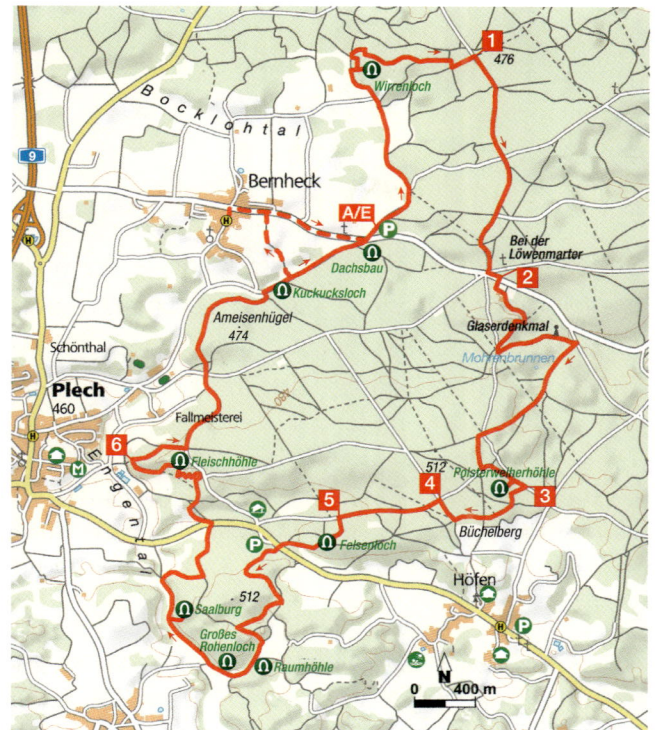

und auf kurzem Stichweg hinauf zum originell durchlöcherten Portal des Wirren-lochs. Im Inneren staunt man nicht wenig: Der imposante, leicht versinterte Haupt-gang verläuft – ein wohl singulärer Fall – genau im rechten Winkel zum Eingang.

Übers Glaserdenkmal zur Polsterweiherhöhle Wieder auf dem Hauptweg, führt uns Grünwimpel (später auch Blaupunkt) an zerklüfteten Felsgruppen entlang, dann nach rechts bergauf und auf gewundenen Pfaden durch den Wald. Bald erreichen wir eine ❶ **Forststraße** und biegen rechts mit Gelbstrich auf sie ein. An einer großen Wegkreuzung verlassen wir alle Wandermarkierungen und gehen mit dem Radweg BT 20 geradeaus weiter. So erreichen wir bald die Waldstraße nach Mosenberg, hal-ten uns kurz links und zweigen dann rechts auf einen ❷ **Forstweg ohne Markie-rung** ab, der uns nach links zu einigen Waldhütten führt.

Bei einer grün gestrichenen Hütte steigen wir auf breitem Weg nach rechts leicht bergan. Bald mündet er in einen Schotterweg, der uns nach links zum Denkmal für den 1838 ermordeten Förster Glaser hinableitet. Kurz danach folgt eine große Kreu-zung: Wir steigen auf dem ersten rechts abzweigenden Weg mit Nr. 8 bergan, passie-ren die Felsgruppe Dachsbau und treffen nach einer Kuppe auf die Markierung Gelbpunkt; mit ihr biegen wir links auf einen anderen Forstweg ab. Bei Einmün-dung in einen Schotterweg geht es nochmals nach links und zum Hammergrünfel-sen hinab, in dem sich die Polsterweiherhöhle befindet. Der in zwei Etagen geglie-derte Hohlraum mit fünf Öffnungen zählt zu den eindrucksvollsten Karstgebilden weit und breit.

Malerische Felslöcher machen das Portal des Wirrenlochs unverwechselbar.

Das Große Rohenloch
beeindruckt durch
seine Dimensionen.

Zum Felsenloch Wir gehen auf dem markierten Weg noch etwa 100 Meter weiter und zweigen dann spitzwinklig rechts auf einen ❸ begrünten Forstweg ab, der, immer nahe am Waldrand, am Südhang des Büchelbergs entlangführt. Erst bei Vereinigung mit Weg Nr. 8 biegen wir rechts ab und wandern tiefer in den Wald hinein. Bei der großen ❹ Wegkreuzung halten wir uns links und folgen dem Schotterweg bergab. Kurz nach einer tiefen Doline treffen wir auf die Gelbwimpel-Markierung des ❺ Plecher Höhlenwegs, der wir nun für längere Zeit folgen. Sie führt uns nach links auf schmalem Pfad steil zu einem Bergrücken empor und dann nach rechts zum Felsenloch. Dank einer neu gebauten Brücke kann man direkt in den Abgrund der Schachthöhle blicken, in der reiche Funde gemacht wurden.

Höhlenweg zur Saalburggrotte Der Höhlenweg führt uns nun bergab und erreicht, an einer pittoresken Felsgruppe vorbei, die Straße Plech-Neuhaus. Kurz vorher teilt sich der Weg (zwei Varianten mit gleicher Markierung): Wir gehen links Richtung Raumhöhle, überqueren die Straße und steigen auf der Forststraße gegenüber zu einer felsigen Kuppe auf. Jenseits geht es in weiten Kurven wieder abwärts, dann führt uns Gelbwimpel auf schmalerem Weg nach links zu einer schönen Waldwiese hinab.
An ihrem Ende leitet uns ein Wegweiser links in den Wald und zur Raumhöhle empor, die mit ihren großen Felsbögen beeindruckt (wer Lust hat, kann auch die malerische Felsgruppe oberhalb erkunden). Von der Höhle wandern wir auf gutem Pfad bergab, dann links auf einem Fahrweg in ein reizvolles Trockental hinab. Hier zweigen wir rechts auf den Talweg ein und stehen bald vor einem weiteren großen Naturdenkmal: Ein Stichweg führt uns rechts zum imposanten Portal des Großen Rohenlochs empor. Vor uns öffnet sich ein 40 Meter tiefer Raum mit mehreren Seitengrotten und ansehnlicher Versinterung.
Mit Gelbwimpel wandern wir weiter, immer am rechten Rand des Tales entlang, bis bei einer Bank nach rechts der Stichweg zur Saalburggrotte abzweigt: Über Stufen steigen wir zu einer gewaltigen Felsenburg mit Pfeilern und Türmen auf; in der

Mitte öffnet sich der Eingang zur kleinen Grotte, deren zwei Räume durch ihren Sinterschmuck beeindrucken.

Lochfels und Fleischhöhle Nach dem Abstieg auf gleicher Route wandern wir noch etwas weiter durch das malerische, beidseits von Felsgruppen gesäumte Tal. Schließlich führt uns der Höhlenweg nach rechts steil den Hang hinauf, passiert die zerklüftete Nordseite der Saalburg und mündet dann in eine Forststraße, die uns nach links zur Straße Plech-Neuhaus hinabführt. Hier geht es kurz nach links, dann leitet uns Gelbwimpel am Waldrand empor und durch den Wald zu einer Wegteilung. Wir biegen scharf links ab und erreichen bald eines der ungewöhnlichsten Naturdenkmäler: den kreuz und quer von Tunnelgängen durchzogenen Lochfels. Kurz danach führt der Weg zur geheimnisvollen Spalte der Fleischhöhle hinauf (Erkundung nur für Höhlenerfahrene zu empfehlen).

Rückweg über das Kuckucksloch Der Höhlenweg leitet uns noch weiter in einen Felskessel empor, passiert das malerische Felsgelände der Plecher Klippen, eine Reihe kleinerer Höhlen sowie einen bizarr überhängenden Felsen und führt dann abwärts zu einer ❻ **Wegteilung**. Hier verlassen wir die gewohnte Markierung und steigen nach rechts mit Gelbpunkt und Gelbraute bergan. Bei Einmündung in einen Schotterweg halten wir uns links und wandern zur Ernsthüll, einem idyllisch gelegenen Weiher, hinunter.

Bei der nächsten Wegteilung finden wir schon den Wegweiser Richtung Wirrenloch und steigen geradeaus mit Grünpunkt u. a. den Ameisenhügel hinauf. Jenseits geht es wieder sanft abwärts, dann wandern wir halb rechts am Waldrand entlang. Bald folgt der letzte Höhepunkt: das Kuckucksloch mit seiner Durchgangshöhle in Form eines Schlüssellochs. Von hier erreicht man geradeaus am Waldrand entlang den Parkplatz bzw. mit Blaupunkt nach kurzer Strecke links abzweigend die Bushaltestelle in Bernheck.

Mitte: Die Vielzahl der Felsgänge macht den Lochfels zu einem einmaligen Karstgebilde.

Rechts: Das Kuckucksloch mit seiner Durchgangshöhle ist der letzte Glanzpunkt der Tour.

32

Felswildnis und Höhlenzauber

Vom Hirtenberg durch die Hartensteiner Oberberge

Mittel   13 km   400 m   4.15 Std.

Tourencharakter
Wanderung durch die Kuppenalb zu einem großen Aussichtspunkt, imposanten Felszinnen und großartigen Höhlen. Überwiegend auf guten Wegen, bei den Höhlen anspruchsvollere Passagen durch teils felsiges Steilgelände

Ausgangs-/Endpunkt
Hartenstein Zentrum (Kirche, dort Bushaltestelle). Parkplatz an der Straße Güntersthal (Velden)–Hartenstein auf der linken Seite ca. 200 m unterhalb des Zentrums

Anfahrt
Bus/Bahn: Mo–Fr und So Busverbindung von Bhf. Hersbruck (r. Pegnitz) mit Linie 440 alle 1–3 Std., Sa auf der Hinfahrt nur Rufbus (am Vortag Tel. 09665/ 950 44)), So verkehrt ein Midibus (nur für Gruppen ab 4 Personen ist eine Anmeldung am Vortag nötig).

Einkehr
Unterwegs keine

Karte
Amtliche Topographische Karte Bayern 1:25 000, F11 Auerbach i. d. OPf.

Bei Hartenstein erreicht die Kuppenalb ihren östlichen Höhepunkt: Wilde Felszinnen schmücken fast alle Gipfel und die einzigartige Höhlengalerie der Hainkirche, die Petershöhle und die Hexenküche gehören zu den spektakulärsten Naturwundern weit und breit.

Beginnend mit dem Hirtenberg, einem der schönsten Aussichtsgipfel der Frankenalb, durchstreifen wir das wilde Felsland der Hartensteiner Oberberge, dessen eindrucksvollste Naturdenkmäler meist abseits der markierten Wege liegen.

Zum Hirtenberg Im Ortszentrum von Hartenstein gehen wir die Straße Richtung Grünreuth empor und treffen bald auf die Markierung Nr. 4 zum Hirtenberg. Wenig später führt sie links zum Wald hinauf und hoch über uns sehen wir das Gipfelkreuz. Es folgt ein sanfter Aufstieg bis zu einer ❶ **Kehre** mit schönem Tiefblick auf eine zerklüftete Felsgruppe. Hier wendet sich der Weg scharf nach links und führt über Stufen empor, dann über den Rücken zum felsigen Gipfel: prachtvoll die Aussicht auf Ort und Burg Hartenstein und die Bergkämme von Burg Hohenstein bis zum Fichtelgebirge.

Vom Hirtenberg genießt man einen Prachtblick auf Burg Hartenstein und die Kuppen der Alb.

Höhlenwunder Hainkirche Zur Kehre zurückgekehrt, biegen wir links auf einen Steig ohne Markierung ab, der erst leicht fallend, dann eben eine felsige Flanke quert. Bei Einmündung in eine Forststraße halten wir uns links und treffen bald auf Rotpunkt, Grünkreuz und Blaustrich: Sie leiten uns an einigen Kreuzwegstationen entlang, dann nach links, an der imposanten Rabesberger Wand vorbei, steil zur Kapelle Frauenberg hinauf. Nach leichtem Abstieg folgt eine Wegteilung: Wir biegen hier mit mehreren Markierungen rechts ab.

Schon zehn Meter später geht es mit Rotpunkt und Nr. 5 noch einmal nach rechts

Sieben Eingänge machen die Hainkirche zu einem einzigartigen Karstgebilde.

und steiler, zuletzt auf einem Forstweg, in ein Tälchen hinunter. Rechts erblickt man das gewaltige Felsmassiv, in dem sich die Hainkirche verbirgt. Kurz nach zwei Bäumen links und rechts, die jeweils beide Markierungen tragen, finden wir den ❷ **Aufstiegsweg**: Deutliche Pfadspuren führen nach rechts in den Wald, dann links durch den Hang und schließlich in Kehren zum Massiv empor.

Zuletzt gelangt man links an der Wand entlang und über einen felsigen Absatz in der Steilflanke (Vorsicht!) in den ersten Höhlenraum. Vor uns tut sich ein einmaliges Gebilde auf: eine 40 m lange Galeriehöhle mit sieben Eingängen, unterteilt durch niedrige Felsbögen, mit Seitenkammern, in denen sich noch Sinterschmuck findet.

Zur Felsenwelt des Zimmerbergs Zum Forstweg zurückgekehrt, steigen wir weiter ab und biegen dann mit Rotpunkt scharf links auf einen Schotterweg ein. Bei der nächsten Wegteilung gehen wir geradeaus, zweigen aber schon 20 Meter danach rechts auf einen ❸ **Pfad ohne Markierung** ab und steigen durch eine Schneise steil zu den zerklüfteten Nordwänden des Zimmerbergs auf.

Etwa 20 Meter unterhalb des Wandfußes finden wir einen ausgetretenen Pfad, der links durch den Hang führt und das Massiv nach Osten umrundet. Bald folgen die Schaustücke: eine Reihe gewaltiger Felstürme, zwei tonnenschwere Felsblöcke, die zwischen diesen eingeklemmt sind, und eine riesige Spalte im letzten Massiv. Für den Abstieg geht man zum Kessel mit dem ersten Klemmblock zurück und findet dort einen Pfad, der an begrünten Felsen vorbei zu einer geteerten Waldstraße hinabführt.

Katzenlöcher und Weißenstein Wir folgen der Teerstraße kurz nach rechts bis zu einer Kurve, von der zwei ❹ Schotterwege abzweigen. Wir wählen den rechten der beiden (Fahrverbotsschild und Schild »Zimmerberg«), der uns, an einem Waldweiher vorbei, leicht bergab führt. Bei einer Wegteilung biegen wir mit der Markierung rotes Andreaskreuz scharf rechts auf einen begrünten Fahrweg ab. Die Markierung leitet uns bald nach links an einer weiten Freifläche entlang, dann durch Wald abwärts.

Blickfang am Zimmerberg sind hohe Türme und tonnenschwere Klemmblöcke.

Bei Einmündung in einen ❺ Forstweg verlassen wir die Markierung und biegen nach links auf diesen ein. An der nächsten Kreuzung halten wir uns links und wandern auf einem Forstweg länger geradeaus (nicht mit Rotpunkt abzweigen). Es folgt eine große dreieckige Abzweigung: Hier geht es scharf links auf breitem Weg bergan. Nach einer Kuppe tauchen vor uns die Wände des Katzenlöchergebiets auf. Nach einer Rechtskurve und am Ende eines auffälligen Grünstreifens zweigt links ein Pfad ab, über den wir steil zu einer Wegteilung am Fuß des Massivs aufsteigen.

Bizarre Felsen flankieren den Eingang zum Felskessel am Weißenstein.

Nach links führt ein Stichpfad zum eleganten Noristurm empor, in der anderen Richtung erreichen wir den imposanten Felskessel der Bärnhofer Wand. Von hier steigen wir auf gutem Pfad, rechts an einem riesigen Vorblock vorbei, steil zur Forststraße ab. Wir schwenken nach links auf sie ein und folgen ihr stets geradeaus bis zu einer großen Wegteilung. Hier biegen wir rechts auf einen Schotterweg ab, 40 Meter später (beim Schild »Stadeltenne«) noch einmal rechts auf einen begrünten Weg ohne Markierung, der uns nach Norden sanft bergan führt.

Bei einer großen Fichte mit der seltsamen Aufschrift »Grenze« folgt die nächste ❻ Abzweigung. Wir steigen nach links auf einem Forstweg, an bizarren Felstürmen vorbei, zu einer Kuppe empor.

Kurz danach führt eine Schneise nach links zum Weißenstein hinüber. Wir wandern nach rechts an imposanten Türmen entlang und finden dann links den steilen Aufstieg in einen gewaltigen Felskessel, der durch seinen von hohen Felsen flankierten Eingang beeindruckt.

Zur Petershöhle Wir steigen vom Kessel in Fall-linie den Hang hinab, treffen wieder auf den Forstweg und wandern links ins Tal hinunter; über uns wird die Felskette der Stadeltenne sichtbar. Der Weg mündet in eine schmale Teerstraße, der wir ein Stück nach links folgen. Bald biegen wir rechts auf einen Schotterweg ab, an dem sporadisch die Markierung des Großen Höhlenrundwegs (Bär) erscheint.

Wenig später treten Blaupunkt und Blaustrich hinzu, und mit allen dreien steigen wir nach Querung einer Forststraße auf schmalem Weg zum Massiv der Petershöhle auf, dessen imposante Nordabstürze die Szenerie beherrschen. Zuletzt zweigt links ein Steig ab und führt steil durch den Hang, dann nochmals nach links zu einem Sattel

empor, unter dem der Kessel mit dem Höhleneingang liegt. Über felsige Stufen gelangen wir an der linken Flanke zur Höhle hinab. Der Hauptraum und die links abzweigende Obere Etage zählen zu den schönsten Höhlenräumen der Alb.

Die Hexenküche zählt zu den formschönsten Durchgangshöhlen der Alb.

Über die Hexenküche zurück Zum Sattel zurückgekehrt, steigen wir wieder ein Stück ab und biegen dann links auf den Blaupunkt-Weg ein. Er führt an bizarren Felsen mit kleinen Höhlen entlang, dann steil nach rechts ins Tal hinab. Dort zweigen wir rechts auf den abwärtsführenden Fahrweg ein und folgen ihm, bis links ein ❼ Holzplatz mit kleineren Felsen auftaucht. Hier biegen wir links auf einen Forstweg ein, halten uns bei der ersten Verzweigung erneut links, dann rechts.

Wo ein weiterer Forstweg quert, gehen wir nach links, zweigen aber schon nach wenigen Metern rechts auf einen Pfad ab, der steil zum Massiv des Gotthardsbergs hinaufführt. Auf schwachen Pfadspuren gelangen wir in Kehren zu wild zerklüfteten Felsen und nach rechts zum letzten großen Höhepunkt: Wir durchqueren aufsteigend die fantastisch geformte Durchgangshöhle der Gotthardskirche oder Hexenküche.

Vom oberen Ende steigen wir links zur Höhe auf und folgen dann einem deutlichen Pfad über den Kamm nach W. Über eine Forststraße gelangen wir zum Grünstrich-Wanderweg hinunter und biegen links auf ihn ein. Wir passieren die Felsen des Schollbergs und erreichen bald den Rand von Hartenstein. Von hier geht es, an der Jugendherberge vorbei, zum Parkplatz hinunter oder noch etwas bergauf zur Haltestelle.

33

Seeblick und Doppelturm
Hohler Fels, Mühlkoppe und Zankelstein

Mittel   17 km   ↑730 m ↓717 m   5.30 Std.

Tourencharakter
Streckenwanderung mit beträchtlichen Höhenunterschieden zu einigen der spektakulärsten Aussichtspunkte und eindrucksvollsten Felsformationen der Frankenalb. Meist gute, teilweise aber sehr steil geführte Wege

Ausgangspunkt
Happurg Bahnhof, Station der S 1 von Nürnberg Hbf. mit vielen Park-and-Ride-Plätzen

Endpunkt
Pommelsbrunn Bahnhof, von dort mit der S 1 (stündlich) zurück nach Happurg

Anfahrt
Bus/Bahn: Mit der S 1 stündlich von Nürnberg Hbf. nach Happurg bzw. zurück von Pommelsbrunn

Einkehr
Gasthöfe in Pommelsbrunn

Karte
Amtliche Topographische Karte Bayern 1:25000, G11 Hersbruck

Der Hohle Fels über dem Happurger Stausee mit seinen Felsentoren und Steilwänden zählt fraglos zu den spektakulärsten Schaukanzeln Deutschlands. Kaum Besuch erhalten die malerischen Wege an seinem Fuß und die faszinierenden Felswelten östlich und nördlich von ihm.

Wir besteigen den Hohlen Fels auf dem einsamsten und zugleich eindrucksvollsten Weg über die Hunnenschlucht und das malerische Bergsturzgelände des Steinernen Gassl, durchwandern die Felswildnis am Dom, besuchen die stille Aussichtsloge der Mühlkoppe und krönen die Tour mit dem einzigartigen Doppelturm des Zankelsteins.

Aufstieg über das Steinerne Gassl Vom Bahnhof Happurg wandern wir, stets geradeaus, auf dem Gehweg entlang der Straße in den Ort, passieren eine Gasse bei einem Haus mit rot-gelben Fensterläden und steigen mit Grünpunkt, GeO u. a. nach links eine steile Straße hinauf. Eine Hangstufe höher gehen wir nach links am Kriegerdenkmal vorbei und treffen auf den Weg zur Hunnenschlucht, der nach rechts emporführt. An

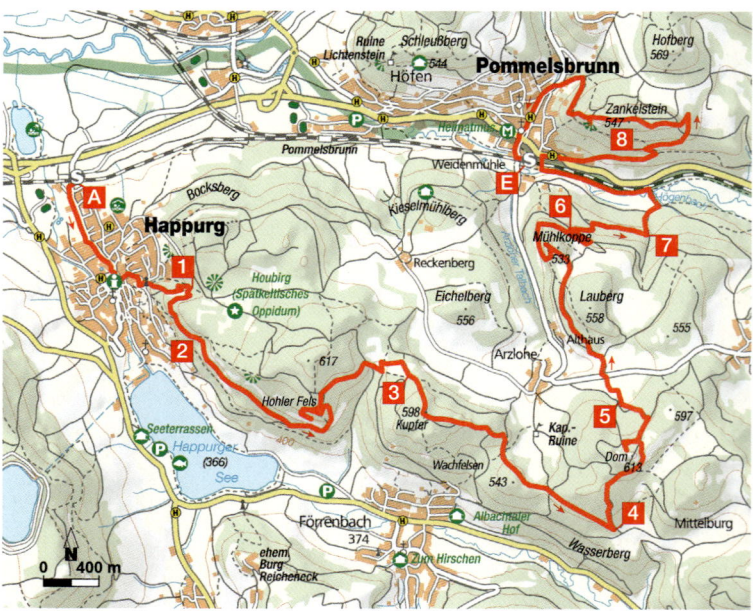

Rechte Seite: Ein wunderschöner Pfad führt durch das Bergsturzgelände des Steinernen Gassls.

seinem Beginn bietet der Dokumentationsort über das KZ-Außenlager und das Leid der Zwangsarbeiter im Stollensystem des sogenannten Doggerwerks (geplante Flugzeugmotorenfabrik) Stoff zum Nachdenken.

Nach steilem Aufstieg erreichen wir einen der Stollengänge und links davon den Felskessel der Hunnenschlucht (Trampelpfad), eine der imposantesten Sandsteinformationen der Alb. Der Weg überquert nun einen Graben und leitet steil zu einer ❶ Wegteilung hinauf: Wir zweigen rechts ab und folgen nur noch dem Geologischen Lehrpfad (GeO), der uns oberhalb der Schlucht bergan und dann auf breitem Weg rechts durch den Hang führt, vorbei am Burgstall Hacburg.

Oberhalb des Brünnle (gefasste Quelle) mündet der direkte Aufstieg (Grünstrich u. a.) ein. Schon drei Minuten später biegen wir beim Wegweiser zum Steinernen Gassl mit Markierung Nr. 3 rechts auf einen ❷ schmalen Hangweg ab. Auf ihm geht es eben durch Wald, dann zu einer Hangterrasse mit Prachtblick auf See und Förrenbachtal hinauf. Es folgt ein kurzer Abstieg, dann steigen wir links zu einem malerischen Bergsturzgelände mit riesigen Felstrümmern und wundervoller Aussicht empor. Wir wandern nun durch Wald bergauf, zweigen bei der nächsten Wegteilung links auf einen Pfad ohne Markierung ab und gewinnen schnell an Höhe. Vorerst ignorieren wir alle Abzweigungen nach links und folgen dem Hauptweg: Erst wo das Gelände flacher wird, biegen wir scharf links in einen mäßig steigenden Hangweg ein und stehen bald staunend vor dem doppelten Felsentor des Hohlen Fels.

Durch das doppelte Felsentor am Hohlen Fels gelangen wir in malerisches Höhlengelände.

Naturwunder Hohler Fels Hinter dem Tor öffnet sich eine große Höhle, in der Funde aus der Steinzeit gemacht wurden. Nach der Besichtigung gehen wir durch das Tor zurück und steigen mit Rotpunkt steil nach links empor. Auf halber Höhe sollte man nicht versäumen, auf deutlichem Pfad links auf den Bergrücken über dem Tor hinauszugehen: Der vorderste Kopf bietet einen atemberaubenden Blick auf See, Hauptfels und Höhle.

Über Steintreppen steigen wir weiter auf, können nach links auf gutem Steig den Gipfel des Hauptfelsen mit ähnlich prachtvoller Aussicht besuchen und gelangen dann zum höchsten Punkt: umwer-

fend der Tiefblick auf den Happurger Stausee. Leicht lässt sich auch ein Einblick in die 2020 freigestellte bizarre Felsenwelt unter uns gewinnen: Vom nördlichen Rand der Gipfelkuppe führt ein deutlicher Pfad zu einem Vorturm hinunter. Dort wendet sich der Steig scharf nach links und leitet leicht fallend an der imposanten Felsfront entlang zum einzigartigen Ensemble aus Hauptfels und dem vorgelagerten Gmabrocken.

Höhenweg zum Dom Zurück am Gipfel, gehen wir links zum Wanderweg hinüber und folgen von nun an Grünstrich und

Vom Hohlen Fels bietet sich ein Prachtblick über den Happurger See nach Westen.

Rot-Senkrecht (auf gelbem Grund) nach Osten. Mit ihnen geht es durch Wald bergab, an kleinen Lichtungen vorbei und dann wieder aufsteigend in den Wald hinein. Hier zweigen wir rechts auf einen ❸ **Pfad** ab, der uns steil zur felsigen Kuppe des Kupfers emporführt. Durch einen Märchenwald voller bemooster Blöcke geht es sanft abwärts, dann mehrfach rechts abzweigend um den Talkessel von Arzlohe herum, zuletzt auf breitem Weg am Hang über dem Förrenbachtal entlang.

Schließlich erreichen wir eine ❹ **dreifache Wegteilung**: Wir biegen hier scharf links auf den steil ansteigenden Domweg (D) ein. Bald schiebt sich die von riesigen Blöcken gebildete Felsburg des Doms ins Blickfeld. Der Weg leitet zu einem Sattel an seiner Nordseite hinauf, wo das pittoreske Felslabyrinth links zur Erkundung einlädt. Jenseits des Sattels folgt eine Wegteilung (nach links lohnt ein Abstecher zur Dom-Westseite mit schönem Felsturm): Wir halten uns rechts und folgen nun der Markierung D1.

Von der Mühlkoppe blickt man auf Houbirg, Hohenstadt und Pommelsbrunn.

Zur Mühlkoppe Mit D1 geht es erst sanft, dann nach links steil bergab, zuletzt bei einer ❺ **Kreuzung** nach rechts an einer Holzlege vorbei. Wir überqueren eine Straße und wandern über die Hochfläche; prachtvoll der Blick auf den Talkessel von Arzlohe.

Nach einem Linksschwenk erreichen wir den Waldrand, wo sich die Wege teilen: Wir wählen den rechten Weg mit Markierung D, der uns durch Wald, dann über eine Freifläche mit Blick zum Zankelstein, schließlich nach links steil zur Kuppe der Mühlkoppe emporführt. Jenseits gelangen wir zu einer Informationstafel über den Burgstall Altes Haus (Bank) und dann auf schmalem Pfad zur schroffen Felsklippe hinab, einer stillen Aussichtskanzel hoch über Arzlohe, Hohenstadt und Pommelsbrunn.

Abstieg nach Pommelsbrunn Von der Bank steigen wir mit Markierung D steil nach Süden ab, halten uns dann rechts und queren die Hänge unterhalb der Felsen. Bei der Wegtafel (Achtung: falsche Richtungspfeile) wandern wir mit D und M geradeaus weiter, zuerst eben durch die Flanke, dann steiler bergab. Bei Einmündung in einen Forstweg halten wir uns links, zweigen aber bald mit H und M spitzwinklig rechts auf einen ➏ **Pfad** ab, der uns zu einer Wegteilung hinabführt: Hier wählen wir die Markierung D und wandern geradeaus durch den Hang weiter.

Über eine Kuppe gelangen wir in einen ➐ **romantischen Graben** und biegen hier links auf einen Pfad ohne Markierung ein, der steil bergab führt. Am Waldrand wandern wir mit Gelbpunkt u. a. kurz nach rechts. Bei einer Bank biegen wir mit Grünring scharf links ab, überschreiten den Högenbach und schwenken links auf einen Teerweg ein, der parallel zur Bahn durch das idyllische Tal führt. Kurz vor der S-Bahn-Station gehen wir durch einen Tunnel nach rechts zur Hauptstraße. Hier halten wir uns rechts und finden schon nach 80 Metern gegenüber den halb rechts emporführenden Juraweg mit der Markierung blaues Z (= Zankelstein).

Zankelstein-Rundweg Mit ihr geht es, bei einer Wegteilung nach links, steil in den Wald hinauf, dann auf einer Hangterrasse entlang. Bald tritt das rote Z hinzu: Wir wandern mit beiden geradeaus weiter, dann steiler in einer Linkskehre empor. Bei der ➑ **Verzweigung** unterhalb kleinerer Felsen halten wir uns rechts und steigen mit dem roten Z erst steil, dann sanft zu einem Sattel an der Ostseite des Berges auf. Hier biegt der Weg scharf nach links und führt zum Kamm empor.

Über den felsigen Rücken erreichen wir den letzten Höhepunkt: Ein Stichweg führt bei einer Bank links

Der Doppelturm des Zankelsteins zählt zu den schönsten Felsen des Frankenjuras.

zum Zankelstein (2019 freigestellt) hinunter. Die zwei schlanken Türme mit dem eingeklemmten Block in der Mitte bilden ein einzigartiges Naturwunder.

An der Bank vorbei steigen wir nun zu einem Sattel neben der schroffen Pommelsbrunner Bastei (nur für Schwindelfreie zugänglich) auf. Vorbei an mehreren Felskanzeln, die seit der Baumfällung wieder prachtvolle Aussicht bieten, geht es nun mit dem roten Z steil bergab, dann nach rechts durch den Hang und in einer Linkskehre nach Pommelsbrunn hinunter. Wir halten uns links und kommen so zur Hauptstraße und jenseits zum Bahnhof, von wo uns die S-Bahn nach Happurg zurückbringt.

Bayerischer Wald

Der Schmugglerweg führt vom Gibacht ins Böhmische (o. li.). Frisches Gras, reifer Weizen, Kräuter am Wegesrand: Wanderung über einsame Feldwege (u. li.). An der Bärenkapelle (o. re.). Nicht nur im Lallinger Winkel: Die Zeit der Obstblüte ist ein Idyll (u. re.).

34

Kraftort über dem Regental

Über den Pfaffenstein

Leicht   15 km   320 m   4.30 Std.

Tourencharakter
Sehr einfache, abwechslungsreiche, durch das Flusstal und über den einsamen Pfaffenstein führende Tour, überwiegend auf Wald- und Schotterwegen. Am Regen entlang geteerter Radwanderweg, am Pfaffenstein einfache Pfade

Ausgangs-/Endpunkt
Klosteranlage Walderbach
(Parkplatz am Gasthof Rückerl)

Anfahrt
Auto: B 16 bis Nittenau und weiter auf der St 2149 nach Walderbach.
Bus/Bahn: Mit dem Bus ab Regensburg Hbf.

Einkehr
Gasthof Rückerl in Walderbach, Tel. 09464/95 00, hotel-rueckerl.de

Karte
Kompass Nr. 198, Bayerischer Wald, Karte 1, 1:50 000

Information
Gemeinde Walderbach,
Tel. 09464/940 50,
walderbach.de

Es ist ein beachtliches Naturdenkmal, einsam und regelmäßig nur dann besucht, wenn am 14. September die Kirchengemeinde in einer Prozession zum Fest der Kreuzerhöhung heraufzieht: das Naturdenkmal Pfaffenstein. Haushohe Granitkugeln, die so waghalsig übereinanderliegen, dass man befürchtet, sie könnten jeden Moment herunterrollen.

Von Zisterziensern und Benediktinern Die Gemeinde Walderbach liegt am nördlichen Ufer des Regens und wird vom ehemaligen Zisterzienserkloster (erstmals 1143 urkundlich erwähnt) und dem Turm der Pfarrkirche St. Nikolaus überragt. Nur drei Kilometer flussabwärts grüßen über die Baumwipfel hinweg die Doppeltürme der Kirche der ehemaligen Benediktinerabtei in Reichenbach. 1118 gegründet, ist sie nur wenig älter als das Kloster in Walderbach. Wenn wir in dieser Perspektive

Bei der Heidelbeerernte gibt's blaue Finger.

unseren Blick über den Fluss, die ehemalige Benediktinerabtei und schließlich nach Süden über den bewaldeten Hügel hinauf schweifen lassen, haben wir das Gebiet für unsere Wanderung gut abgesteckt.

Vom Kloster aus laufen wir auf der Hauptstraße von Walderbach in östlicher Richtung und biegen rechts bergab in die Katzenrohrbacherstraße, mit der wir auch den Regen überqueren. Wir laufen am Sägewerk vorbei und biegen bei nächster Gelegenheit rechts ab (Markierung »Regental-Radweg«). Nach weiteren 300 Metern, am Ende des Sägewerks, geht es erneut rechts und nach wenigen Metern wieder links. Der Regental-Radweg führt uns nun etwa einen Kilometer am Regen entlang. Ein letzter Blick zurück präsentiert nun die ganze Pracht der Fassade des ehemaligen Klosters in Walderbach – und die Aussicht auf die Terrasse der Gaststätte, die auch in dem Gebäudekomplex untergebracht ist.

Rund um den Pfaffenstein Wir verabschieden uns nun vom Fluss, biegen bei der Gabelung links ab und laufen auf dem Lindener Weg (»Wb 03«, rot-weiß) bergauf durch den kleinen Taleinschnitt, der uns zum Weiler Linden auf dem Klingenberg bringt. Zwischen den Häusern folgen wir nun nach links der rot-weißen Markierung »Re5«. Bergauf laufen wir zunächst über das Feld und schließlich nach einem schmalen Baumgürtel am Waldrand entlang. Nach links ist ein Feld in den Wald geschlagen. Wir passieren es, und wenn wir das Ende des Ackers erreicht haben, biegt unser Weg zweimal nach rechts und in den Wald hinein ab und führt uns auf den Reichenbacher Pfaffenstein-Rundwanderweg. Nach einer knappen Viertelstunde haben wir auf dem Forstweg und beinahe eben die Felder rund um Hochgart

erreicht, die hier sanft nach Reichenbach hin abfallen. An der Gabelung geht es für uns scharf links Richtung Pfaffenstein wieder bergauf.

Zuerst gönnen wir uns aber eine Pause auf einer Bank, die links ums Eck am Waldrand im Schatten der Äste steht. Hier gibt eine Wandertafel einen guten Überblick über die Wanderwege in der Umgebung. Sie ist gleichzeitig Startpunkt des Pfaffenstein-Rundwanderwegs, dem wir die letzten Meter hierher gefolgt sind.

Nach der Pause in der Nachmittagssonne geht es hinauf zum Pfaffenstein. **Ein letzter Blick ins Regental** Zurück auf unserem Waldweg wandern wir, bis zur Gabelung dem »Goldsteig« folgend, bergan, bis nach links der Pfaffenstein angeschrieben ist. Wir laufen hier jedoch geradeaus auf dem Pfaffensteinweg (»Re04«,

rot-weiß) weiter und queren zunächst die Harsbachhänge unterhalb des Naturdenkmals Pfaffenstein.

Bald erreichen wir eine scharfe Rechtskurve, wo ein Forstweg nach rechts ins Tal nach Reichenbach hinunterführt. Hier laufen wir geradeaus weiter. Der Forstweg steigt gemächlich an, und schließlich erreichen wir am Waldrand eine Kreuzung. Abweichend von unserer Markierung folgen wir der Teerstraße nach links bis nach Kolmberg, einem Ortsteil der Gemeinde Wald. Ohne es zu merken, sind wir hier am höchsten Punkt unserer Wanderung angelangt. Wir passieren die Häuser, für die eine Schneise in den Wald geschlagen wurde, und treffen an der Abzweigung, die in die Siedlung führt, auf den Walder Pfaffensteiner Rundweg (»Wd02«). Er führt uns zunächst auf einer Flurstraße unterhalb von Kolmberg entlang.

Kraftort mit mächtiger Kulisse Noch ehe diese nach 300 Metern endet, zweigen wir nach links auf einen schmalen Wiesenpfad ab, durchwandern eine Bachsenke und steigen gegenüber im Wald den Spannberg hinauf. Der Pfad schwenkt nun nach

Norden, und über den bewaldeten Bergrücken laufen wir auf derselben Höhe weiter, bis sich unser Pfad wieder mit dem Goldsteig vereint, der von rechts heraufkommt. Wir haben den Berg nun umrundet und uns den Höhepunkt der Wanderung für den Schluss aufgehoben: Von hier ist es keine Viertelstunde mehr bis zum Naturdenkmal – wenn auch nicht der höchste Punkt, so doch der »Gipfel« unserer Wanderung. Ebenso überraschend wie überwältigend: ein Kraftort. Auf einer Waldlichtung liegen mächtige ❶ Granitkugeln; Wollsackverwitterung hat sie über Jahrtausende geformt.

Der weiche Waldweg hier oben wird gefedert von einem dichten Teppich aus Kiefern- und Fichtennadeln. Am Weg steht eine Bank, ideal für die Rast und die mäch-

Mitte: Der Regen trennt Walderbach von den sanften Hängen des Pfaffensteins.

Rechts: Wollsackverwitterung hat den Granit geformt.

tige Kulisse direkt vor uns: Moosbewachsen ruhen die Steine unter den Bäumen; ganz oben ragt ein Holzkreuz in den Himmel. Der Platz wird für Andachten und Gottesdienste genutzt, und alljährlich zieht am 14. September die Gemeinde in einer Prozession zum Fest der Kreuzerhöhung herauf.

Wir können mit etwas Bedacht auf den Kugeln herumsteigen, wobei sich immer wieder neue Perspektiven ergeben – nur die oberste Kugel bleibt uns verwehrt.

Am Reichenbacher Pfaffenstein-Rundweg Für den Rückweg laufen wir so, wie wir gekommen sind, über den Goldsteig zurück, biegen jedoch nach ca. 200 Metern links ins Tal ab. Auf dem Reichenbacher Pfaffenstein-Rundweg steigen wir hinunter, bis wir an die Gabelung gelangen, an der unsere eigene Pfaffenstein-Umrundung begonnen hat. Geradeaus haben wir bald wieder Linden erreicht.

Zurück im Regental empfängt uns wieder die Aussicht auf das ehemalige Kloster. Von der Terrasse des Gasthofs aus können wir nun noch einmal den wunderbaren Blick auf unser Wandergebiet genießen.

35

Sanfte Hügel überm Perlbachtal

Von Falkenstein zur Ruine Sengersberg

Mittel   15,5 km   570 m   5 Std.

Tourencharakter
Aussichtsreiche Rundwanderung über bewaldete Hügel und durch wiesengrüne Bachtäler, besonders schön zur Blütezeit im Mai/Juni

Ausgangs-/Endpunkt
Parkplatz an der Burg Falkenstein

Anfahrt
Auto: A3 bis Ausfahrt Wörth a. d. Donau-Ost und weiter auf der St 2146 nach Falkenstein.
Bus/Bahn: Mit dem Bus ab Cham-Bahnhof nach Falkenstein, zu Fuß über die Burgstraße in 10 Min. zum Parkplatz

Einkehr
Gasthaus Eder in Marienstein, Di–So 10–23 Uhr, Mo Ruhetag, Tel. 09462/221

Karte
Kompass Nr. 198, Bayerischer Wald, Karte 1, 1:50 000

Information
Tourist-Info Falkenstein, Tel. 09462/94 22–20 (vormittags), markt-falkenstein.de

Hoch oben über Falkenstein bildet die gleichnamige Burg mit ihrem Schlosspark und den märchenhaften Felsformationen ein beliebtes Ausflugsziel. Welchen Gegensatz bilden dazu die sanften, bewaldeten Hügelketten, Einödhöfe und Kräuterwiesen im Perlbachtal!

Geheimnisvolle Schalensteine Wir folgen dem »Schlosssteig« durch den Schlosspark Falkenstein, vorbei an allerlei skurrilen Figuren, welche Verwitterungsprozesse aus dem Granit geformt haben, und verlassen den Park Richtung Freibad. Der Tiergartenweg führt uns nach links zur Hauptstraße, die wir überqueren und der wir folgen, ehe nach ca. 400 Metern der Wanderweg »Fa2« kreuzt. Hier biegen wir nach rechts und steigen über einen schmalen Steig steil zum Lauberberg hinauf. Am höchsten Punkt wandern wir im lichten Kiefernwald über den Bergrücken und an Granitsteinen vorbei. Einige haben runde Vertiefungen. Die sogenannten ❶ **Schalensteine** zeugen von einer Zeit, als die Kelten hier Opferrituale vollzogen haben.

Zur Ruine Sengersberg An der nächsten Gabelung nun nach rechts. Nach ca. 200 Metern geht es nun in den Schlernweihergraben und zur Landstraße hinunter. Wir überqueren sie im Weiler Schweinsberg, folgen am Perlbach entlang einer Hofzufahrt, die wir in der letzten Rechtskurve jedoch verlassen. Nach einer kleinen Kuppe durchwandern wir bei Hagenau eine Senke und gehen auf der Flurstraße geradeaus Richtung Sengersberg. Am Waldrand folgen wir ihr nach rechts bis zur Abzweigung zur Ruine. Kurz, aber steil ist der Anstieg zum bewaldeten Gipfel, wo sich die ❷ **Ruine Sengersberg** unter dem Blätterdach versteckt. Die Burg war bereits Mitte des 16. Jahrhunderts verlassen und verfällt seither. Auf dem Weg »Fa4« steigen wir ins Tal, folgen der Landstraße ein kurzes Stück Richtung Falkenstein und biegen bei Haushof rechts in den Weg »Fa2« Richtung Weismühl ein.

Rast im Schatten der Kirche Der Weg führt nun wieder bergauf zur Kirche in Marienstein. Irrtümlich wird damit ein Marienwallfahrtsort in Verbindung gebracht; tatsächlich aber ist die Kirche dem hl. Petrus geweiht. Wie es sich gehört, gibt es unterhalb auch eine Gastwirtschaft, von deren Terrasse wir den weiteren Wegverlauf einsehen können. Dieser

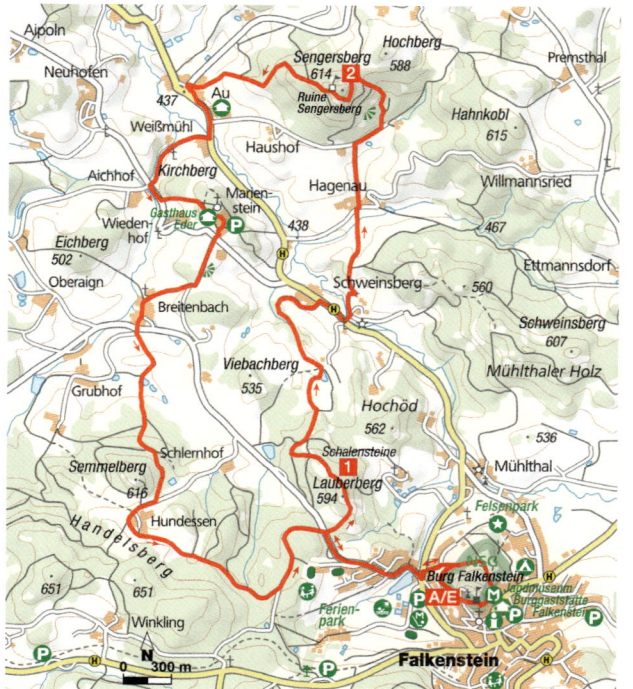

führt zunächst die Auffahrt hinunter zum Weiler Breitenbach. Dort folgen wir dem Feldweg zum Wald hinauf und laufen um den Kegel des Semmelbergs herum zum Einödhof Hundessen. Kurz danach erreichen wir im Wald eine Gabelung. Hier links bringt uns der Weg zurück zu der Kreuzung, an der wir zu den Schalensteinen aufgestiegen sind.

Steile Stufen: im Schlosspark in Falkenstein

Die Schalensteine auf dem Lauberberg erinnern an die Keltenzeit.

36

Kathlfelsen und Arberblick

Auf dem Roßhofweg bei Gleißenberg

Mittel   9,5 km   370 m   3.15 Std.

Tourencharakter
Einfache Waldwanderung auf Schotter- und Waldwegen mit märchenhaften, einsamen Aussichtsplätzen

Ausgangs-/Endpunkt
St.-Bartholomäus-Kirche im Dorfzentrum von Gleißenberg

Anfahrt
Auto: Von Norden A 93 bis Ausfahrt Schwandorf-Mitte, auf der B 85 nach Cham, weiter auf der B 20 Richtung Furth im Wald, bei Weiding abfahren und über Dalking nach Gleißenberg; oder von Regensburg auf der B 16 und der B 85 nach Cham und Gleißenberg; von Süden A 3 bis Ausfahrt Straubing und auf der B 20 nach Cham und Gleißenberg. Parkplatz am Rathausplatz oder am Freibad. **Bus/Bahn:** Mit der Bahn nach Furth im Wald, ab dort Busverbindung nach »Gleißenberg/Kirche« (Mo–Sa)

Einkehr
Keine am Weg

Karte
Kompass Nr. 198, Bayerischer Wald, Karte 1, 1:50 000

Information
Gemeinde Gleißenberg, Tel. 09975/90 20 33, gleissenberg.de

Wie zwei Kamelbuckel riegeln der Hintere und der Vordere Hiener das Dorf Gleißenberg nach Westen hin ab. Zusammen mit den bewaldeten Abhängen von Gibacht und Burgstall auf der anderen Talseite liegen die Häuser umsäumt von einem Schleier aus dunklen Tannen und hellgrünem Laub. Einzelne Felsen im Grün erlauben verträumte Fernblicke.

Start im »bayerischen Meran« Gleißenberg liegt inmitten eines hufeisenförmigen Talkessels, der sich nach Süden hin öffnet. Das Gibacht-Massiv im Nordosten und die beiden Hiener-Gipfel im Westen schirmen die Ortschaft so gegen das raue Klima ab, dass sie sich stolz das »bayerische Meran« nennt. Uns kommt die Topografie ebenso zugute, denn der freie Zugang des Kessels zum Cham-Further Becken schenkt uns am Ende unserer Wanderung traumhafte Ausblicke in den Mittleren Bayerischen Wald. Wir starten in der Ortsmitte bei der St.-Bartholomäus-Kirche und biegen hier links in die Chamer Straße ein. Wenige Meter nach einer

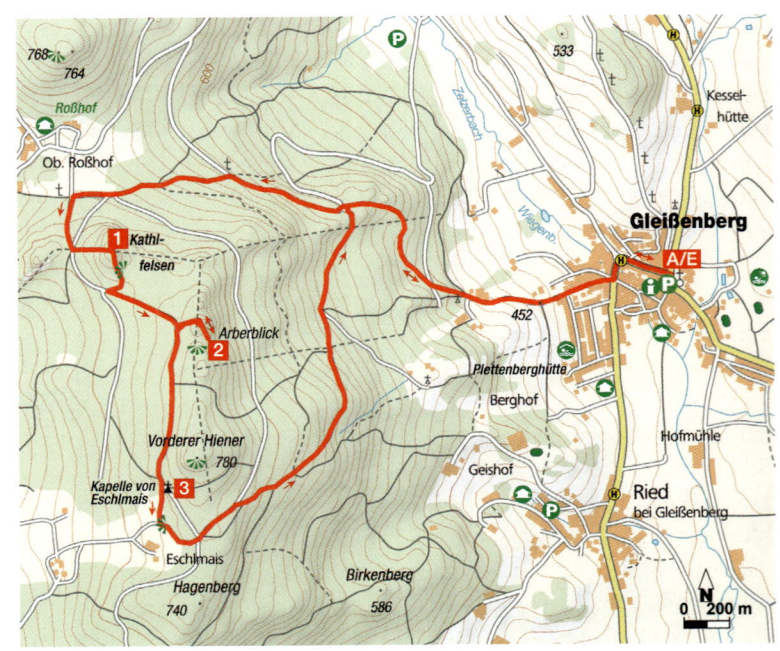

scharfen Linkskurve folgen wir der Bergstraße, die geradewegs und zum Ende hin steiler aus dem Talbecken hinauf zum Waldrand führt.

Der Markierung G2 (»Roßhofweg«) folgend, wandern wir am Anwesen Schönberger vorbei. Ehe wir in den Wald eintauchen, lohnt sich ein letzter Blick zurück: Wir haben hier schon genug an Höhe erreicht, um einen schönen Panoramablick über Gleißenberg und die Wälder rund um den Burgstall, den Hausberg der Gemeinde, zu genießen.

Wogende Blumenmeere Weiter geht es nun hinein in den Prosdorfer Forst. Während ein Weg nach rechts dem Waldrand folgt, wandern wir geradeaus weiter über einen Verbindungsweg, ehe wir nach nur 100 Metern eine Forststraße erreichen. Diese überqueren wir und folgen unserem Weg in gewohnt steilem Anstieg weiter bis zur Gemeindeverbindungsstraße von Gleißenberg nach Roßhof. Wir folgen dieser Schotterstraße bis zur Kreuzung am Waldrand oberhalb der Passhöhe Roßhof. Die Einsattelung dehnt sich nach rechts aus und gleicht im Sommer einem wogenden Meer von hüfthohen Gräsern und Wiesenblumen. Auffallend viele Schmetterlinge flattern von Blüte zu Blüte, begleitet von allerlei Surren und Brummen. Am westlichen Rand, dort, wo die Zufahrtstraße nach Geigant hinunterführt, steht noch das ehemalige Gasthaus »Roßhof«. Es ist jedoch nicht mehr bewirtschaftet. Gegenüber

In den Wäldern über Gleißenberg warten Reiseck und Gibacht auf unseren Besuch.

zieht die Waldkuppe hinauf zum Hinteren Hiener. Wir genießen die Ruhe weitab des Tals und gehen nun links weiter in den Wald hinein.

Malerische Ausblicke vom Kathlfelsen Begleitet von den Markierungen »G2« und »Gei5« (Eschlmaiser Weg) ist unser Ziel der südliche Teil des Bergrückens rund um den Vorderen Hiener. In sanfter Steigung gelangen wir sehr bald an die ❶ **Abzweigung zum Kathlfelsen**. Während nach rechts ein unmarkierter Weg zu einem bei Insidern bekannten Kletterrevier, einem einsamen, hohen Felsklotz im Wald, abzweigt, schwingt sich unser Waldweg nach links hinauf zu einer Felsengruppe, die wir auf dem weichen Waldboden steil, aber einfach überwinden.

Oben angekommen, halten wir uns weiter links, bis uns die Holztafel »Zum Gipfelkreuz« die letzten Meter weist. 1967 wurde auf dem Felsen erstmals ein Gipfelkreuz errichtet. Wie er zu seinem Namen kam, darum ranken sich verschiedene Geschichten. Eine besagt, dass die Dienstmagd Katharina, die »Kathl«, die im NS-Erholungsheim am Roßhof arbeitete, Tafelsilber gestohlen habe. Als der Diebstahl bekannt wurde, habe sie sich aus Angst vom Felsen gestürzt. Eine andere Geschichte will wissen, dass sich die »Kathl« aus Liebeskummer das Leben nahm. Geblieben sind die Anekdoten und ein wunderschöner Ausblick hinüber zum Zwirenzel und über das Schwarzachtal bis hin zum Schwarzwhirberg bei Rötz. Auf der Bank unter dem Holzkreuz lässt sich ungestört eine Rast einlegen.

Weites Panorama vom Arberblick Im Abstieg folgen wir dem breiten Waldweg geradeaus, ehe er rechts hinunter zur Forststraße läuft. Dort halten wir uns links, und schon bald folgt eine Abzweigung erneut nach links zum Aussichtspunkt ❷ **Arberblick**. Der namenlose Gipfel hält, was er verspricht: Vor einiger Zeit wurde das Aus-

sichtsfenster aus dem Wald herausgeschnitten, und nun bietet sich ein Panorama wie gemalt, eingerahmt von Bäumen und Zweigen. Unten im Tal liegt Gleißenberg, umringt von hellgrünen Wiesen und Feldern, darüber stehen die dunkelgrünen Wälder des Gibacht.

Gleich hinter Gleißenberg verbindet die Cham-Further Senke den Chamer Raum mit der tschechischen Grenze. Der Chamb mäandert durch das grüne Tal und speist kurz vor Cham den Regen. Ganz links am Horizont beobachtet uns der eiserne Turm der einstigen Spionageanlage auf dem Čerchov. Im Süden erinnern die beiden Türme auf dem Hohen Bogen daran, dass auch diesseits der Grenze abgehört wurde. Türme viel schönerer Art schließen sich nach Osten an, wo die beiden Gipfel von Kleinem und Großen Osser in den Himmel ragen. Sogar die Osserwiese ist noch deutlich zu erkennen. Und rechts über den Lamer Winkel hinweg rundet schließlich die Silhouette über den Kaitersberg bis hin zum höchsten Bayerwaldgipfel, dem Großen Arber, das Panorama ab.

Rückweg über die Kapelle von Eschlmais Vom Aussichtspunkt geht es zurück zur Forststraße; wir haben hier den höchsten Punkt hinter uns. Wir folgen ihr nach links immer leicht abfallend, bis sich nach einer knappen halben Stunde Gehzeit ein Wiesenweg fast unbemerkt nach rechts davonschleicht. Über ihn erreichen wir nach wenigen Minuten die Kapelle von ❸ **Eschlmais**. Seit beinahe 20 Jahren steht sie am Waldrand oberhalb des Weilers und schaut ins weite Land.

Am Feldrain entlang führt der Weg nach wenigen Metern links zurück in den Wald. Wir folgen nun der Schotterstraße geradeaus, halten uns an der Gabelung rechts und erreichen nach etwa einer halben Stunde unseren Anstiegsweg, auf den wir rechts einbiegen und nach Gleißenberg hinabsteigen.

Mitte: Frühlingsfarben lassen die Wiesen leuchten.

Rechts: Der Ausblick vom Kathlfelsen zeigt weites Land.

37 Über den Gibacht

Zwischen Bayerischem und Oberpfälzer Wald

Leicht 6 km 160 m 2 Std.

Tourencharakter
Sehr einfache Rundwanderung auf Waldwegen und Pfaden; Walderlebnis mit herrlichen Aussichten

Ausgangs-/Endpunkt
Wanderparkplatz am Gibacht-Berghof

Anfahrt
Auto: B 22 nach Schönthal und St 2400 nach Waldmünchen, von dort zum Gibacht-Berghof; oder B 20 nach Furth im Wald und weiter nach Waldmünchen.
Bus/Bahn: keine Anfahrt mit Bahn oder Bus möglich

Einkehr
Berghof Gibacht (tgl. 11–19 Uhr, Tel. 09972/90 39 83, gibacht.com)

Karte
Kompass Nr. 198, Bayerischer Wald, Karte 1, 1:50 000

Information
Tourist-Information Waldmünchen, Tel. 09972/307 24, waldmuenchen.de

Der Gibacht ist ein Grenzberg in vielerlei Hinsicht: Er verbindet Böhmen und Bayern wie Oberpfälzer und Bayerischen Wald – auch sprachlich, wenn Waldler Mundart auf Oberpfälzisch trifft. Und wenn von Osten der raue Böhmwind weht, stellt er sich mit seinem breiten Rücken in den Weg. Beste Voraussetzungen für eine prächtige Herbstwanderung.

Zur Grenze »Drei Wappen« Wir wandern auf dem »Gibachtrundweg« im Uhrzeigersinn links am Gibacht-Berghof vorbei, bis wir nach einer halben Stunde den ❶ **Pfennigfelsen** erreichen. Der bemooste Felsriegel steigt schroff unter den Bäumen auf. Ein kleines Türchen ist dort angebracht. Wer mag, kann eine Münze hineinlegen, im Vertrauen, immer wieder an diesen Platz zurückzukehren. Weiter geht es auf dem alten Schmugglerpfad zur Grenze am ❷ **Drei-Wappen-Felsen**. Auf seiner Nordseite führt der Pfad vorbei an einem Unterstand und ins tschechische Čerchov-Gebiet. In den Felsen sind die Wappen des Churfürstentums Bayern, des Königreichs Böhmen und des Herzogtums Pfalz eingemeißelt und erinnern an die Grenzziehung von 1766.

Dichter Wald überzieht den Gibacht – im Herbst ein prächtiges Farbenspiel.

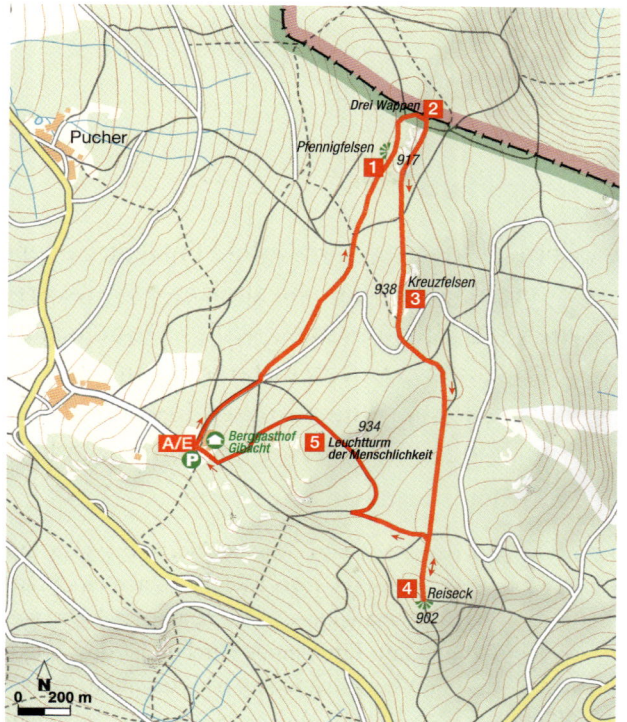

Über den Kreuzfelsen zum Gläsernen Kreuz Für unser nächstes Ziel, den ❸ **Kreuz-felsen**, zweigen wir ab nach Süden. Dort führt ein schmales, mit eisernem Hand-lauf gesichertes Felsenband zum Gipfelbuch am Fuß des mächtigen Holzkreuzes. Der Kreuzfelsen ist die höchste Erhebung des Gibacht-Massivs. Gegen Westen verstellt der Wald die Aussicht, dafür können wir nach Osten die südlichen Aus-läufer des Čerchov einsehen. Von hier folgen wir dem Rundweg nach Süden, bis wir schließlich auf den Goldsteig treffen, der das gesamte Massiv vom Grenzüber-gang am Brombeerriegel bis hin zum Reiseck quert. Wir biegen hier rechts auf den Fernwanderweg ein und folgen ihm bis zum Reiseck. Der Felsen mit dem ❹ **Glä-sernen Kreuz** erlaubt einen herrlichen Fernblick in den Oberen Bayerischen Wald und über den Doppelgipfel des Osser, den Hohen Bogen bis hin zum Arber. Das Gläserne Kreuz ist eine Huldigung an »die verstorbenen Glasmacher und Glasblä-ser, die in den Glashütten zu Füßen des Gibacht und Čerchov gearbeitet haben«. Auf dem Goldsteig, etwa 200 Meter in umgekehrter Richtung, biegen wir in den Weg mit der Markierung »Fu41« ein, dem wir bis zum Abzweig auf den Tannen-riegel folgen.

Ein Leuchtturm der Menschlichkeit Auf ihm steht ein beinahe vier Meter hoher ❺ **Leuchtturm der Menschlichkeit**, in dem Steine aus der ganzen Welt, zum Zei-chen der Versöhnung zwischen den Völkern, verbaut wurden. Vom Tannenriegel steigen wir hinab zum Forstweg, über den wir nach rechts den Gibacht-Berghof in wenigen Minuten erreichen.

Auf dem Gibacht wan-dern wir durch dichten Laubwald.

38 Besuch beim Steinernen Drachen

Zum Moosbacher Pfahl

Leicht · 10,5 km · 290 m · 3 Std.

Tourencharakter
Beschauliche, einfache Rundwanderung mit schönen Aussichten über den Oberen Bayerischen Wald und den Vorwald, überwiegend auf Wald- und Schotterwegen

Ausgangs-/Endpunkt
Kalvarienberg am Kreuzweg

Anfahrt
Auto: B 85 Richtung Viechtach, bei Prackenbach und bei Unterrubendorf Abzweigungen nach Moosbach; Parkmöglichkeit am Ortseingang gegenüber dem Kalvarienberg. **Bus/Bahn:** keine Anfahrt mit Bahn oder Bus

Einkehr
Keine am Weg

Karte
Kompass Nr. 198, Bayerischer Wald, Karte 1, 1:50 000

Information
Tourist-Info Prackenbach, Tel. 09942/94 45 14, prackenbach.de

Der Pfahl, diese über 150 Kilometer lange Quarzader, die den Bayerischen Wald durchzieht, ist eines der schönsten Geotope Bayerns. Er diente dem Quarzabbau; das Gestein wurde, wie z. B. in Weißenstein, für die Fundamente imposanter Burgen verwendet. Nur wenige Kilometer hinter Viechtach zeigt der Pfahl ein weiteres Gesicht – und lädt zu einer beschaulichen Rundwanderung ein.

Sagenumwoben und publikumswirksam Es ranken sich viele Sagen um ihn. Allen ist gemein, dass der silbergraue Felsriegel ein steingewordener Drache sei, dessen Kamm aus dem Erdinneren rage. Die wissenschaftliche Erklärung ist viel nüchterner: Sie erklärt ihn als Riss im Gebirgsgrund des Bayerischen Walds, der mit Quarz und Schiefer gefüllt ist. Bemerkenswert ist der Pfahl aber auch als Lebensraum für seltene Pflanzen- und Tierarten: Während auf der schattigen und bemoosten Nordseite unterschiedliche Farnarten wachsen, sind auf seiner Südseite z. B. die Heidenelke und die – vor allem als Digestif bekannte – Blutwurz heimisch. Der lichte Bewuchs des Pfahls macht ihn zum idealen Lebensraum für bedrohte Reptilienarten, wie z. B. die Schlingnatter.

Der Pfahl bei Moosbach bietet einen Fernblick bis zum Kaitersberg.

Oft verläuft der Felsriegel unterir-
disch und kaum erkennbar, dann
wieder, wie vor den Toren
Viechtachs, drückt er sich publi-
kumswirksam meterhoch über die
Erdoberfläche hinaus – einer der
prominentesten Plätze, um das
Geotop zu erkunden. Wie mit dem
Lineal gezogen, verläuft die
Quarzader von dort kerzengerade
hinüber und grenzt Moosbach nach
Norden wie eine Wehrmauer ab.

**Herrlicher Rundblick schon zu Be-
ginn** Als wollte es sich in seinem
Schutz vom berühmt-berüchtigten

**Am Kreuzweg am
Kalvarienberg**

Ostwind aus Böhmen wegducken, schmiegt sich das Dorf an den vom Pfahl herab-
ziehenden Hang. 1852 entschloss sich die Bevölkerung, auf dem Höhenzug einen
Kreuzweg anzulegen, der am östlichen Ortsrand mit dem ❶ **Kalvarienberg** endet.
Seit 1912 steht auf einem kleinen Plateau oberhalb die eiserne Kreuzigungsgruppe.
Auf einem Felssporn etwas darunter befindet sich die Ölberggruppe, mit Figuren
des betenden Jesus mit seinen Jüngern.
Hier beginnen wir unsere Wanderung mit einem wunderschönen Rundblick, der im
Norden und Osten über Hohen Bogen, Kaitersberg und die zwölf Tausender bis hin
zum Arber und im Süden und Westen über Zellerhöhe und Birnbrunn schweift. Die
Orientierung fällt leicht: Den Stufen von der Kreuzigungsgruppe herunter folgend,
nehmen wir den Kreuzweg, dessen 14 aus Granit geschlagene Stationen uns Spalier

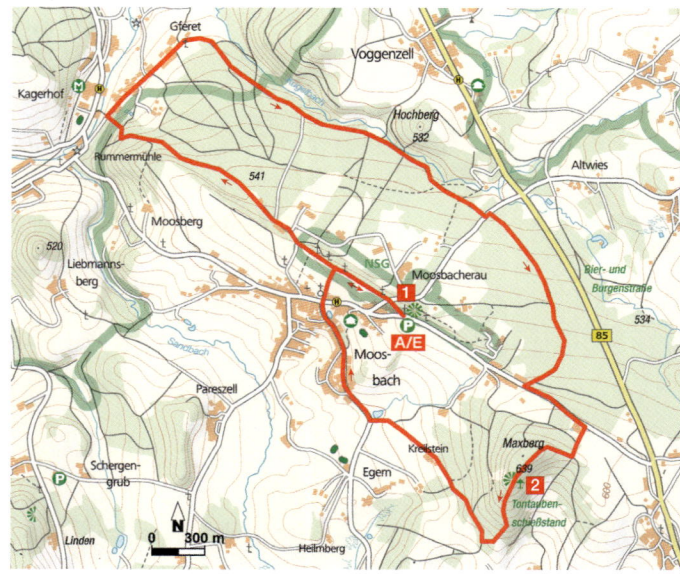

stehen. Der Weg ist mit Gras bewachsen und verläuft unter einem spärlichen Dach aus Kiefern, Eichen und Birken. Wacholder, Ginster und Heidelbeeren überziehen den Fels. Links unterhalb macht sich Moosbach nur durch den Kirchturm der Pfarrkirche St. Johannes bemerkbar. Über die Kirche hinweg schimmert auf der gegenüberliegenden Talseite das Zwiebeltürmchen der Wallfahrtskirche Mariä Geburt durch die Baumspitzen des Schlossbergs.

Totenbretter stehen am Wegesrand bei Gferet.

Idyll zwischen Vorwald und Zellertal Beinahe eben erreichen wir schließlich das Ende des Kreuzwegs und orientieren uns nun an der Markierung des Pandurensteigs. Nach wenigen Metern Teer über die Straße, die Moosbach mit Weilern in der Senke um Moosbacherau auf der anderen Seite des Pfahls verbindet, führt uns der Weg nun deutlich bergab ab durch den Wald zur Rummermühle. Unten im Tal, durch das der Klinglbach plätschert, erreichen wir nach einer halben Stunde ab dem Kalvarienberg eine schmale Teerstraße, die als Sackgasse von Altrandsberg nach Gferet führt. Wir folgen der Markierung rote »8« nach rechts und laufen bald an Totenbrettern vorbei. Am Ende einer Rechtskurve geht die Teerstraße fließend in Schotter über, und durch den Fichtenwald wandern wir gemütlich bergauf.

Vorbei an den Abzweigungen nach Moosbach und Voggenzell überqueren wir im Schatten des Pfahls schließlich die Verbindungsstraße von Moosbach nach Altwies. Von hier ist es nur noch eine Viertelstunde zurück auf den Rücken der Quarzader. Nach einem weiten Rechtsbogen haben wir ihn dann an der Viechtacher Straße wieder erreicht. Die Straße hinunterblickend, können wir Moosbach erkennen und rechts unter den Bäumen den Kalvarienberg erahnen.

Moosbach verschwindet beinahe hinter dem Pfahl.

Sanfte Hügellandschaft Wir laufen jedoch in entgegengesetzter Richtung nach links entlang der Straße, die hier zunächst an ein Feld grenzt und schließlich ein kurzes Waldstück durchschneidet. Ein alleinstehender Hof erwartet uns rechts, und kurz danach biegen wir nach rechts in den Feldweg ein. Die Markierung rote »7« deutet auf den Hügel, der sich am Ende im Wald erhebt. Mit 639 Metern Höhe ist der Maxberg sicher kein Riese, jedoch hier, irgendwo zwischen Vorwald und den zwölf Tau-

sendern oberhalb des Zellertals, reicht es allemal, um einen entspannten Ausblick ins weite Land zu genießen. Der kurze Anstieg über weichen Waldboden im engen Fichtenbestand ist schnell geschafft. Über den ❷ **Buckel** führt der Weg anschließend zum oberen Rand eines ehemaligen Steinbruchs. Heute treffen sich dort Tontaubenschützen zur Ausübung ihres Sports. Ein kurzer Abstecher vom Hauptweg führt zu einem kleinen Aussichtspunkt. Gesichert am Rand des Felsabbruchs bietet sich von diesem Rastplatz mit Bank und Tisch ein ungestörter Blick in die sanfte Hügellandschaft des Vorwaldes.

Zurück zum Kalvarienberg Zurück auf dem Hauptweg laufen wir nach rechts und immer bergab bis zum Waldrand. An der Gabelung halten wir uns wieder rechts und laufen fast eben an den Wiesen entlang Richtung Norden. Ein letztes Waldstück ist schnell durchwandert, und schließlich haben wir die Felder unterhalb von Moosbach erreicht. An einem kleinen Weiher kurz vor dem Ortseingang mündet unser Weg in die Straße. An den Häusern vorbei geht es bergauf bis zur Pfarrkirche oberhalb der Hauptstraße. Wir überqueren diese und laufen an Kirche und Friedhofsmauer entlang über die Wiese zurück zum Pfahl. An einer schönen großen Birke biegen wir rechts in den Kreuzweg ein und haben so bald wieder den Kalvarienberg erreicht.

Auf dem Rücken des »Steinernen Drachen« verläuft der Kreuzweg.

39

Luftige Kammwanderung

Von Höfing auf den Kaitersberg

Mittel	13 km	670 m	4.45 Std.

Tourencharakter
Auf einsamen Wurzelwegen durch das Luchsrevier. Weg bei den Felsenhängen und über die Rauchröhren teils luftig, aber ungefährlich. Aufstieg auf den Großen Riedelstein unschwer. Vorsicht auf dem Gipfelplateau bei Nässe!

Ausgangs-/Endpunkt
Wanderparkplatz in Höfing (Sportplatz)

Anfahrt
Auto: B 85 nach Miltach, weiter auf St 2140 nach Bad Kötzting. Auf St 2132 durchs Zellertal Richtung Arnbruck. In Traidersdorf abzweigen nach Höfing. **Bus/Bahn:** Mit der Bahn nach Bad Kötzting und weiter mit dem Bus Richtung Bodenmais. Von der Haltestelle in Traidersdorf (»Gerätehaus«) in 15 Minuten zu Fuß zum Wanderparkplatz

Einkehr
Kötztinger Hütte, Ende März bis Nov. tgl., Weihnachtsferien/Fasching tgl., Dez.–März Mi/Sa/So geöffnet, keine Übernachtung, Tel. 09946/290, koetztingerhuette.de

Karte
Kompass Nr. 198, Bayerischer Wald, Karte 2, 1:50 000

Information
Tourist-Information Bad Kötzting, Tel. 09941/60 21 50, bad-koetzting.de

Der aussichtsreiche Kaitersberg bietet mit seinen Gipfeln und dem einfachen Kammweg, der Räuber-Heigl-Höhle, der Kötztinger Hütte und den Rauchröhren vieles, was ihn bei Wanderern so beliebt macht. Da die kurzen Zustiege jedoch auf dem Ecker Sattel oder in Hudlach im Norden beginnen, begegnen wir auf unserer Wanderung von Süden herauf eher nur einer Rotte Wildschweine.

Luchs und Wildschweine Der Wanderparkplatz liegt etwas unterhalb des Sportplatzes in Kieslau. Hoch über den Baumwipfeln leuchten die Felswände im Bereich des Steinbühler Gesenkes ins Tal herunter – eines von vielen Highlights unserer Wanderung. Zuerst allerdings laufen wir ein Stück auf der Zufahrtsstraße talwärts, um, dem Schild »Fußweg Kötztinger Hütte« folgend, nach ca. 200 Metern rechts in den Weg Am Sollerbach einzubiegen. Im spitzen Winkel geht es nach rechts auf der schmalen Straße wieder bergauf.

Der Kleine Riedelstein entlässt uns mit einem letzten Ausblick ins Zellertal.

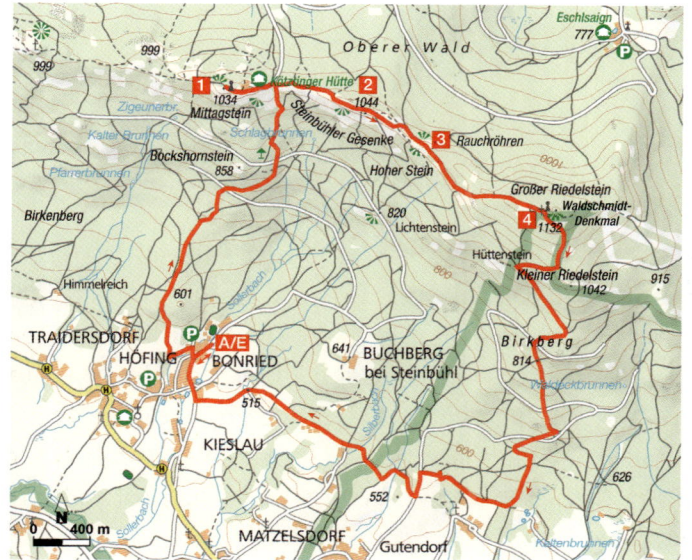

Der Wurzelweg im Auf-
stieg führt durch ein
Luchsrevier.

An das letzte Haus auf der linken Seite schließen ein Wiesenflecken an und kurz darauf der Wald. Hier verlassen wir die Straße und biegen links auf den Wanderweg (Markierung »S1«, rot-weiß) ein. Der Waldweg schwenkt bald nach rechts, und über Wurzeln und Steinblöcke geht es nun gleichmäßig steil im dichten Fichtenwald bergauf. Stellenweise hat sich der Hohlweg schultertief in den Berg gegraben. Nach etwa einer Stunde überqueren wir eine Forststraße und wenige Hundert Meter weiter wieder eine. Ein kleiner Unterstand bietet Gelegenheit für eine Rast vor dem letzten Aufstieg durch das Steinbühler Gesenke. Hier in den südlichen Hängen des Kaitersbergs ist es ruhig genug, dass der Luchs wieder heimisch geworden ist. Den scheuen Vierbeiner wird man wohl nicht zu Gesicht bekommen, schon eher Wildschweine, die den Mischwald hier oben mitunter durchstreifen.

Kötztinger Hütte und Steinbühler Gesenke Nach dem letzten Anstieg treffen wir am Grat auf die Versorgungsstraße der Kötztinger Hütte, und über Schotter geht es in einem letzten steilen Aufschwung links zu ihr hinauf. Bei einer Brotzeit bietet sich uns von der Terrasse ein herrliches Panorama nach Süden über das Zellertal und nicht zuletzt über unseren weiteren Wegverlauf über den Kamm des Kaitersbergs. Vor dem Weiterweg machen wir noch den kurzen Abstecher in entgegengesetzter Richtung zum ❶ Mittagstein und zur kleinen Kapelle, die dort zum Gedenken an Kriegsgefallene errichtet wurde.

Von hier geht es wieder auf demselben Weg zurück, an der Hütte vorbei und hinunter zum Grat. Wo die Versorgungsstraße steil ins Tal nach Hudlach führt, zweigen wir nach rechts (Markierung »Goldsteig«, »S« bzw. grünes Dreieck) auf den Kammweg ab. Über Wurzeln führend, verengt sich der Steig und leitet bald hinauf zum Kamm und den Felsenhängen des ❷ Steinbühler Gesenkes. Mal führt der Steig an der südlichen, mal an der nördlichen Kammseite entlang, und so wechseln sich auch

das Panorama und die Aussicht auf das Zellertal und dann wieder auf den Lamer Winkel und den Osser-Gipfeln darüber ab.

Klettergarten Rauchröhren Eine knappe halbe Stunde nach der Abzweigung gabelt sich auf einer kleinen Lichtung der Weg. Vor uns liegen die bei Kletterern beliebten Felsentürme der ❸ **Rauchröhren**. Rechts herum führt, so jedenfalls meint der Wegweiser, der leichtere Wanderweg, der uns nach einem kurzen Abstieg südlich durch den Wald um die Felsen herumleitet. Doch auch der Weg nach links ist für die Wanderer kein Problem, die es gewohnt sind, auch mal die Hand zu Hilfe zu nehmen und ein ausreichendes Schrittmaß haben, um die eine oder andere größere Felsstufe zu überwinden. Mit Sicherheit ist dieser Weg der erlebnisreichere, weil wir den Felsaufbau der Rauchröhren nördlich überqueren und ganz nahe bis an das Gipfelkreuz auf dem Steinturm heranwandern. Zudem sind die luftige, aber nie gefährliche Kraxelei durch die Felshaufen am nördlichen Abbruch der Rauchwand sowie der Abstieg durch den Kamin zwischen Steinturm und Rauchröhrenblock eine spektakuläre Abwechslung zur Kammwanderung über unseren Wurzelpfad. Wer sich dennoch unsicher ist, kann es gern ausprobieren: Umkehr jederzeit möglich. Beide Varianten treffen schließlich unterhalb des Steinturms wieder zusammen. Bei einer Rast haben wir hier sicher Gelegenheit, Kletterer bei ihrem aufregenden Hobby zu beobachten.

Zum Denkmal des Bayerwald-Dichters Bis zum Großen Riedelstein liegen von hier aus noch ca. 100 Höhenmeter vor uns. Unschwer haben wir die 1,5 Kilometer lange Wegstrecke bis zum Gipfel und dem ❹ **Waldschmidt-Denkmal** nach einer halben Stunde zurückgelegt. Wenn wir auf dem breiten Waldrücken dem 30 Meter hohen

Felsaufbau entgegenlaufen, scheint dieser für Wanderer unbezwingbar zu sein – nach Südwesten hin bricht der Fels steil ab. An seinem Fuß steht ein kleiner Unterstand, an dem wir vorbei und links um den Fels herumlaufen. Von Nordosten lässt er sich überraschend einfach besteigen. Die Baumwipfel um uns geben eine herrliche Aussicht nach Osten frei, vom Osser über den Künischen Höhenzug bis hin zum Zwercheck. Weiter südlich winkt der Arber-Gipfel herüber. Wir steigen vom Denkmal wieder ab und laufen zurück zum Unterstand. Dort folgen wir dem Hinweisschild Richtung Rappendorf (Markierung »11«, blau-weiß) und wandern nun für die letzten Meter auf dem Goldsteig bis zur Einsattelung zwischen Großem und Kleinem Riedelstein.

Panorama-Rast vor dem Abstieg Hier zweigen wir rechts ab auf unseren einsamen Weg zurück ins Tal. Wer mag, kann vorher noch den Kleinen Riedelstein »mitnehmen«: Dazu laufen wir wenige Schritte an der Talabzweigung vorbei und erklimmen rechts ohne Aufwand den Felsen. Der auf der Waldseite unauffällige Riegel bricht steil ins Zellertal ab und schenkt uns hier den Teil des Gipfelpanoramas, welchen uns der Große Riedelstein noch vorenthalten hat – der schönere Rastplatz als sein großer Bruder.

Zurück in der Einsattelung erreichen wir nach einer Stunde Abstieg einen Wiesenflecken. Dort folgen wir nach rechts dem Schotterweg (Markierung »6«, rot) und wandern am Waldrand entlang. Oberhalb einer Gärtnerei geht es ein Stück durch den Wald, ehe wir der Straße links Richtung Gutendorf folgen – nur ein Stück, denn dann biegt unser Weg wieder nach rechts ab. Wald und Wiese wechseln sich ab, und nach einer knappen Stunde haben wir Höfing erreicht. Rechts um den Gutshof Golhof herum gelangen wir auf der Straße in wenigen Minuten wieder zum Wanderparkplatz.

Mitte: Kletterrevier Rauchröhren: Auch Wanderer kommen fast bis zum höchsten Punkt.

Rechts: Die Vegetation ist hier stark Wind und Wetter ausgesetzt.

40

Wo Bayern kanadisch wird

Am Regen bei Böbrach

Leicht   10,5 km   250 m   3.30 Std.

Tourencharakter
Malerische Flusswanderung durch
»Bayerisch Kanada«, über weite
Fluren und durch einsamen Wald.
Überwiegend auf Wald- und
Wiesenwegen; vor und nach
Böbrach auf der Straße

Ausgangs-/Endpunkt
Rathausplatz in Böbrach

Anfahrt
Auto: A3 bis Ausfahrt Deggendorf,
dann B 11 nach Patersdorf und
St 2136 nach Böbrach. **Bus/Bahn:**
Die Bahnhaltestelle »Gumpenried-
Asbach« liegt an der Wanderbahn-
strecke von Gotteszell nach
Viechtach

Einkehr
Berggasthof Fritz in Asbach,
Tel. 09923/22 12,
fritz-asbach.de

Karte
Kompass Nr. 198, Bayerischer
Wald, Karte 2, 1:50 000

Information
Tourismus-Info Böbrach,
Tel. 09923/801 00 88,
boebrach.de

Der Schwarze Regen hinter Teisnach ist bei Kanuten berühmt und berüchtigt – je nach Pegelstand wird aus dem
idyllischen Gebirgsfluss ein reißender Strom. Wir sehen
uns das Spektakel vom Ufer aus an, beschaulich, aber
nicht weniger aufregend.

Einsam ins Regental Von der Kirche in Böbrach laufen wir die Asbacher
Straße hinunter (Markierungs-Nr. 10), an einem alten Bildstock vorbei
und zweigen nach einem Einödbauernhof links ab. Auf einem einsamen
Waldweg gelangen wir nach etwa einem Kilometer an einen idyllisch da-
hinplätschernden Bachlauf. Am anderen Ufer schwingt sich der Pfad
kurz steil hinauf, und schließlich haben wir Regenhäng erreicht. Die wenigen Häuser kündigen Asbach an, das wir über die Verbindungsstraße
nach etwas mehr als einem Kilometer erreichen. Am Brunnen folgen wir
dort der Hauptstraße nach links hinunter zur Landstraße. Wir folgen ihr
ein kurzes Stück nach links, überqueren sie und biegen nach rechts in
eine schmale Flurstraße, Richtung Ruine Neunußberg.

**Das Regental bei Böbrach ist
einsam und wild.**

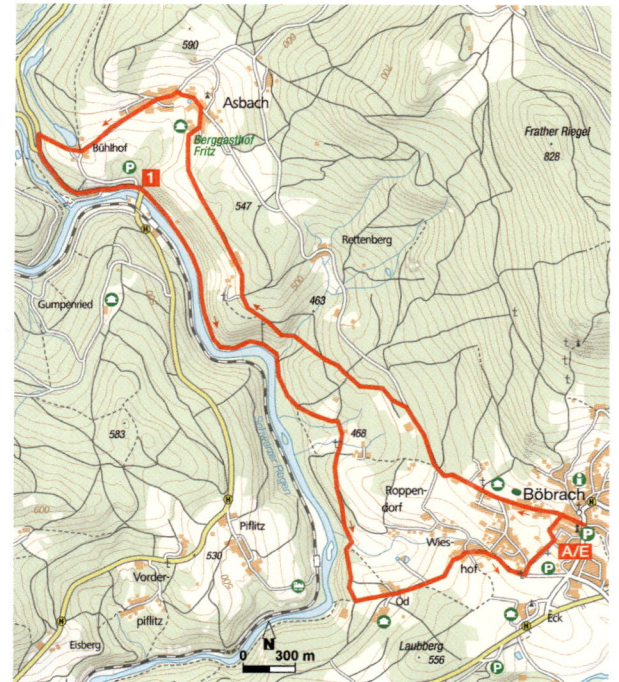

Wo Kanada ganz nahe ist Nach nur 200 Metern biegen wir an der ersten Abzweigung scharf links in einen Waldweg ein und gelangen nach zehn Minuten zum Regen. Während dieser nach rechts fließt, laufen wir an seinem linken Ufer in entgegengesetzter Richtung weiter. Auf Höhe des ❶ **Kraftwerks Gumpenried** überqueren wir die Landstraße erneut. Wir bleiben auf der linken Seite. Am anderen Ufer verlaufen die Gleise der Wanderbahn, die im Juli und August an Sonntagen Wanderer aus Viechtach und Gotteszell ins Regental bringt. In der Nebensaison schnauft der Triebwagen nur an wenigen Tagen heran.

Deutlich häufiger schauen Biber vorbei – immer wieder liegen angenagte Baumstämme über dem Weg und im Wasser. Der Fluss sprudelt so lebendig durch das bewaldete Tal, dass wir gut verstehen, warum es den Beinamen »Bayerisch Kanada« trägt und bei Kajakfahrern über die Grenzen hinweg beliebt ist. Nach einer halben Stunde kehren wir dem Fluss den Rücken zu und wandern bergauf, bis wir eine Waldwiese passieren. Danach folgen wir an der Abzweigung dem Weg nach rechts.

Über die Wiesen nach Böbrach Der Wirtschaftsweg verliert sich in einem Pfad, der schließlich am Waldrand entlangführt. Nach links über die Wiesen ist Böbrach bereits zu sehen. An einem alten Schuppen führt unser Weg nun nach links bergauf zum Weiler Öd. Die Verbindungsstraße führt uns zum Ortsrand von Böbrach, wo uns an einem Bauernhof Totenbretter an die Verstorbenen erinnern – ein weitverbreiteter Brauch im Bayerischen Wald. Mit dem Kirchturm im Visier, laufen wir am Dorfrand entlang bis zur Teisnacher Straße, der wir nach links zur Dorfmitte folgen.

Mal fließt er sanft dahin, mal sprudelt er wild durchs Tal: der Regen.

41

Wilde Romantik mit Aussicht

Auf den Jährlingsschachten

Mittel 14 km 650 m 4,45 Std.

Tourencharakter
Wildromantische, stimmungsvolle Bergtour über den Schachten und einsam zum Grenzübergang Gsenget, überwiegend auf Wald- und Schotterwegen

Ausgangs-/Endpunkt
Spiegelhütte, 733 m, Wanderparkplatz an der Stephanuskirche

Anfahrt
Auto: A3 bis Ausfahrt Deggendorf, dann B11 bis Zwiesel und St2132 Richtung Frauenau, beim Golfpark Oberzwieselau Abzweig nach Spiegelhütte. **Bus/Bahn:** Mit der Waldbahn (Linie 1 oder 2) nach Zwiesel und weiter mit dem »Falkensteinbus« nach Spiegelhütte

Einkehr
Keine am Weg

Karte
Kompass Nr. 198, Bayerischer Wald, Karte 2, 1:50 000

Information
Tourist-Information Lindberg, Tel. 09922/12 00, gemeinde-lindberg.de

Die Schachten erzählen die lange Geschichte der Alm- und Viehwirtschaft im Bayerischen Wald. Das Vieh ist verschwunden, geblieben sind wildromantische Grasflecken, die nicht nur Aussicht bieten. Wenn sich der Wind im alten, knorrigen Baumbestand fängt, schaffen die der Natur zurückgegebenen Hochweiden eine atmosphärisch dichte Szenerie.

Mystische Atmosphäre Gegenüber der St.-Stephanus-Kirche laufen wir auf Weg »Sauerklee« zum Mühlgraben und auf weichem Waldboden geradewegs bergauf. Am Ende des Aufstiegswegs erreichen wir eine große Kreuzung. Unser Weg folgt hier dem Goldsteig nach links (Goldsteig »S« und grünes Dreieck) ehe wir nach ca. 300 Metern erneut nach links zum Jährlingsschachten abzweigen. Der Wurzelweg biegt wenig später nach rechts zur verlassenen ❶ **Weidefläche.** Heidelbeeren, hohes Gras, hier und da ein Fingerhut überziehen die Hochfläche. Dazwischen stemmen sich alte Buchen und Tannen tapfer gegen den Wind, der eine beinahe mystische Atmosphäre auf die Weidefläche trägt. Am oberen Ende des Schachten steht eine kleine Schutzhütte, dahinter durchbricht ein Felsrie-

Nach der Rast am Schachtenhaus beginnt der Abstieg.

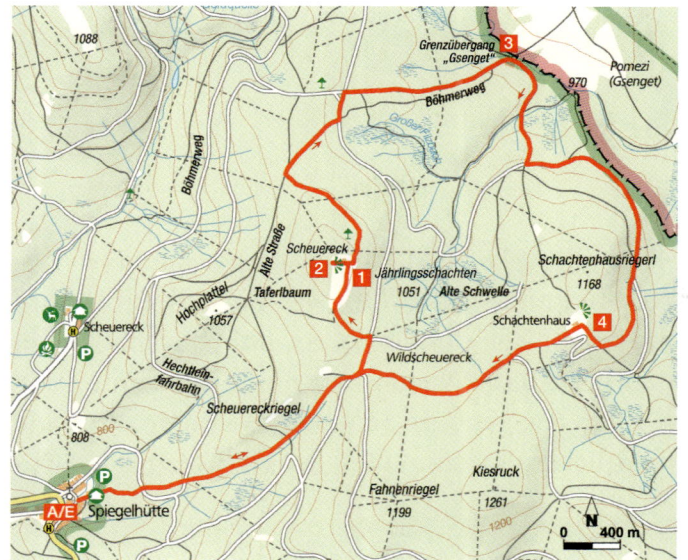

gel die Baumfront: das fast 1200 Meter hohe ❷ **Scheuereck**. In wenigen Schritten haben wir das zierliche Gipfelkreuz erreicht und genießen den Rundumblick über Falkenstein, Arber und Poledník auf tschechischer Seite.

Unterwegs am Jährlingsschachten

Zur tschechischen Grenze An der Schutzhütte vorbei, taucht der Pfad in den Wald und quert nach einer Viertelstunde eine weitläufige Lichtung, auf der unzählige Fingerhüte bunte Farbtupfer setzen. Nach rechts erreichen wir schließlich eine Schotterstraße, der wir nach links bis zur Wegkreuzung (Schutzhütte) folgen. Von hier führt unser Weg (»Sauerklee«) bergab zur tschechischen Grenze bei ❸ **Gsenget**, wo uns erfrischend der Marchbach entgegenplätschert.

Zum Schachtenhaus An der Holzbrücke hinüber nach Tschechien biegt der Schotterweg scharf nach rechts ab und endet an einem Wendeplatz. Ein kleiner Steg hilft uns über den Hinteren Scheuereckbach zu einem kurzen, aber steilen Pfad hinauf zur Forststraße. Wir biegen links auf sie ein und umrunden in weitem Bogen den Schachtenhausriegerl. So erreichen wir nach einer halben Stunde eine Gabelung. Rechts geht es weiter gemütlich bergauf, bis nach wenigen Hundert Metern ein Pfad nach rechts bergauf abzweigt. Durch den lichten Wald können wir schon das ❹ **Schachtenhaus** erkennen. Inmitten der Schachtenwiese liegt die ehemalige Forsthütte auf über 1150 Metern Höhe. Aufgrund seiner Bedeutung für die Kulturgeschichte des Bayerischen Walds ist die Aufnahme des Gebäudes in die Bayerische Denkmalschutzliste angekündigt. Unter dem Schutz des Vordachs bieten Bänke und ein Tisch Rastmöglichkeit. Von hier haben wir nun noch zwei Kilometer aussichtsreiche Wanderung, den fast baumfreien Hang querend, vor uns. Dann schließt sich die Runde, und wir haben die Wegkreuzung mit dem Goldsteig erreicht.
Über unseren Aufstiegsweg geht es schließlich wieder hinab ins Tal nach Spiegelhütte.

42 Im »Obstgarten« Bayerns

Am Hochwaldweg rund um Lalling

Mittel 16,5 km 540 m 4.45 Std.

Tourencharakter
Einfache, aber anstrengende Rundwanderung um den »Obstgarten«
Bayerns. Aussichtsreich durch
ländlichen Natur- und Kulturraum,
überwiegend auf Schotterwegen;
vor und nach Lalling auf der Straße

Ausgangs-/Endpunkt
Feng-Shui-Kurpark Lalling

Anfahrt
Auto: A 3 bis Ausfahrt Hengersberg,
dann B 533 Richtung Grafenau
und kurz vor Hunding links auf die
St 2133 nach Lalling; der Feng-
Shui-Park liegt an der Landstraße.
Bus/Bahn: Mit der Bahn nach
Deggendorf und weiter mit dem
Bus nach Lalling

Einkehr
Keine am Weg

Karte
Kompass Nr. 198, Bayerischer
Wald, Karte 3, 1:50 000

Information
Tourist-Info Lallinger Winkel,
Tel. 09904/374, lalling.de

Der »Hochwaldweg« ist die anspruchsvollste, abwechs-
lungsreichste und ruhigste Wanderung rund um Lalling.
Im Frühjahr, zur Zeit der Obstblüte, färben sich die Wiesen im Talkessel bunt. Nicht minder sinnlich ist die Wanderung, wenn das Laub im Sommer im satten Grün steht
– und natürlich im Farbenrausch der Herbsttage.

Durch Bayerns »Obstgarten« Vom ❶ **Feng-Shui-Kurpark** kommend,
überqueren wir die Landstraße auf der Fußgängerbrücke und laufen dann
rechts um den Sportplatz herum Richtung Dorf. Von der St.-Günther-Straße
biegen wir links in den Pfarrweg. Zwischen Pfarramt und Tourismusbüro
weitet sich die Hauptstraße zu einem kleinen Platz. Wir überqueren ihn
und folgen der Ranzingerbergstraße bergab aus dem Dorf hinaus (Markierung »7«, rot).
Nach 300 Metern biegen wir rechts ab und überqueren den Lallinger
Bach. Auf der Hochwaldstraße geht es nun nach Panholling. Zeit für einen Abstecher in den ❷ **Streuobsterlebnisgarten** haben wir allemal. Er
ist das ganze Jahr über frei zugänglich und erklärt auf Schautafeln und
natürlich am lebenden Objekt alles Wissenswerte rund um den dortigen

Über die Bergkette,
die Lalling umsäumt,
verläuft der Hochwaldweg.

Obstanbau. Weiter geht es auf der Hochwaldstraße zwischen Obstbäumen hindurch an einem Bauernhof vorbei und schließlich am Waldrand entlang zur Landstraße, die vor uns eine scharfe Kurve macht. Schließlich mündet die Hochwaldstraße in die Landstraße, die Lalling mit Zell verbindet. Dort angekommen, biegen wir rechts auf den Waldweg ab, der uns über groben Schotter kurz, aber steil zu einer Forststraße bringt. Bergab ginge es hier nach Ranzingerberg – wir laufen aber nach rechts bergauf und erreichen nach wenigen Minuten eine Lichtung. Hier zweigen wir von der Forststraße nach links ab und queren sie auf dem Feldweg.

Erste Aussicht am Guntherstein

Nun wieder im lichten Mischwald erreichen wir nach einem steilen Anstieg schließlich eine T-Gabelung, an der wir links weiterwandern. Für diesen Anstieg und ein Stück des weiteren Wegverlaufs über den Ran-

Bauernhofgeschichte in Gerholling

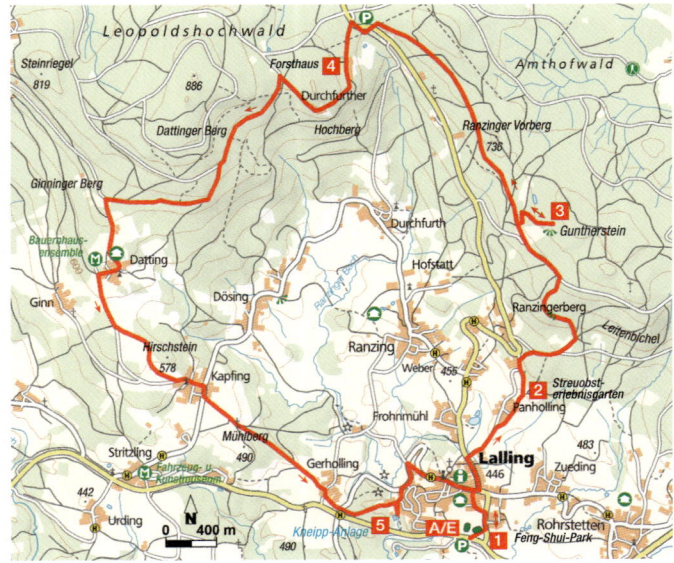

zingerberg folgt der »Hochwaldweg« dem Gunthersteig.

Nach ca. 500 Metern gabeln sich beide Wege. Für einen Abstecher zum Aussichtspunkt auf dem ❸ Guntherstein halten wir uns hier, zunächst dem Gunthersteig folgend, zweimal rechts und steigen steil zum Aussichtsfelsen hinauf. Ein wunderschöner Panoramablick über den Lallinger Winkel ist der Lohn. Der Überlieferung nach hat der heilige Gunther am Felsen unterhalb des Kreuzes einige Zeit als Eremit verbracht. Wie wir gekommen sind, kehren wir nach einer kurzen Rast auf den »Hochwaldweg « zurück, dem wir nun nach rechts im gemütlichen Anstieg folgen. Nach einer guten halben Stunde er-

In der Kneipp-Anlage in Lalling

reichen wir die Landstraße, die von Lalling heraufführt. Ihr müssen wir für 200 Meter durch eine enge Rechtskurve bergauf folgen – hier ist Vorsicht geboten!

Unser Wanderweg biegt dann am Sattel gegenüber vom Wanderparkplatz links ein, und wir erkennen bald die Lichtung, auf der das ehemalige ❹ Forsthaus steht. Der Schotterweg geht in einen weichen Wiesenweg über. Im Juli belohnen uns die eng an den Weg heranwachsenden wilden Himbeeren mit ihren Früchten.

Der Lallinger Winkel ist der »Obstgarten« Bayerns.

Durch den Leopoldswald Wir steigen durch eng stehende Buchen zu einem Schotterweg hinab, dem wir rechts bis zur nächsten Gabelung folgen. Hier geht es für uns im

spitzen Winkel nach links weiter. Das Waldgebiet, das wir durchwandern, auch Leopoldswald genannt, hat seinen Namen vom Grafen Leopold von Babenberg. 1139 zum Herzog von Bayern ernannt, starb er 1141 auf einer Reise von Regensburg nach Österreich im Kloster Niederaltaich. Kurz vor seinem Tod übertrug er das Land dem Kloster. Heute werden die weitläufigen Wälder von den Bayerischen Staatsforsten bewirtschaftet. So wandern wir zwei Kilometer leicht bergab, ehe wir auf einer kleinen Lichtung nach links abbiegen und geradewegs nach Datting absteigen. Noch oberhalb des Weilers erwartet uns ein kleiner Rastplatz. Eine kleine Pause sei empfoh-

len, um noch einmal die ländliche Ruhe und den Blick über das Lallinger Becken bis hinüber zum Brotjacklriegel genießen zu können. Links bedeckt der Leopoldswald die Hänge hinunter nach Lalling.

Im Sommer wachsen wilde Himbeeren am Wegesrand.

Historisches Gerholling Auf der Zufahrtsstraße geht es weiter hinunter Richtung Kapfing. Etwa auf halber Strecke – ein Jägersitz steht einsam im Feld – biegen wir nach links auf den Schotterweg und laufen am Waldrand entlang hinunter ins Dorf bis zur Kreuzung. Dort gehen wir rechts, an der Bushaltestelle vorbei und vor dem letzten Haus auf der linken Seite nach links in den Schotterweg.
Dieser führt uns zuerst am Feldrain entlang und schließlich durch ein kurzes Waldstück nach Gerholling. Die Ortschaft wurde bereits im Jahr 1254 urkundlich erwähnt. Das Ensemble aus vier denkmalgeschützten Höfen wird von einem geschlossenen Vierseithof, einem zweigeschossigen Blockbau aus dem frühen 19. Jahrhundert, beherrscht. Wir lassen den Hof links liegen und laufen zum Ortseingang. Dort überqueren wir die Landstraße und folgen geradeaus dem Waldweg.

Wasser marsch! Im Talgrund überqueren wir den Ranzingerbach und laufen über die Wiese an seinem Ufer entlang nach rechts zur ❺ **Kneipp-Anlage**. Bei entsprechendem Wetter ist es eine Wohltat, die Füße im frischen Wasser zu kühlen. Wir sind bereits am Ortsrand von Lalling angekommen. Wir gehen zurück zu unserem Weg und laufen nun rechts zur Hauptstraße, die in einer weiten Rechtskurve im Dorf ansteigt. Gegenüber der Abzweigung nach Frohnmül kürzen wir ab und steigen über den Anger nach rechts zur Hauptstraße auf. Auf ihr geht's nun geradeaus quer durchs Dorf bis zum Pfarramt, wo wir rechts abbiegen und wieder zum Feng-Shui-Park zurückkehren. Wenn wir dann am See sitzen, können wir, während unsere Füße im erfrischenden Wasser baumeln, noch einmal den gesamten Höhenzug genießen, den wir heute durchwandert haben.

43

Idyllische Wolfsteiner Ohe

Am Mühlenweg in Perlesreut

Tourencharakter
Malerische, abwechslungsreiche Flusswanderung durch Auenwald und über aussichtsreiche Höhenrücken. Meist auf Wald- und Wiesenwegen; vor und nach Perlesreut und Marchetsreut auf der Straße

Ausgangs-/Endpunkt
Ortsmitte von Perlesreut

Anfahrt
Auto: A3 bis Ausfahrt Hengersberg, dann B 533 Richtung Grafenau und bei Elsenthal auf die St 2131 nach Perlesreut. **Bus/Bahn:** Mit der Waldbahn (Linie 3) nach Grafenau und weiter mit dem Bus nach Perlesreut

Einkehr
Keine am Weg

Karte
Kompass Nr. 198, Bayerischer Wald, Karte 3, 1:50 000

Information
Tourist-Information Perlesreut, Tel. 08555/96 19-0, perlesreut.de

Die Wolfsteiner Ohe ist weithin bekannt für ihren wilden, klammartigen Durchbruch des Pfahlriegels zwischen Freyung und Ringelai: der Buchberger Leite. Ruhig zieht sie hingegen ihre Schleifen, sobald sie hinter Ringelai nach Süden abgebogen ist.

Am ruhigen Fluss Der »Mühlenweg« (Nr. 3) führt am Ende des Marktplatzes bergab in den Kröpflweg, dann weiter links in die Bräuhausstraße und schließlich rechts in die Badstraße, die uns vorbei am Freibad ins Tal zur ❶ **Hammermühle** bringt. Nach links erreichen wir die Ohe und einen Eisensteg, der uns ans andere Ufer bringt, wo wir nach links über eine kleine bewaldete Kuppe laufen. Dahinter folgen wir der Flurstraße rechts bergauf zur Landstraße und weiter rechts parallel zur Landstraße über einen Feldweg bis nach Marchetsreut. Wir folgen nun der Landstraße nach rechts ca. 300 Meter zurück ins Tal. An der ❷ **Messerschmidmühle** überqueren wir die Wolfsteiner Ohe und biegen nach der kleinen Kapelle links in den Schotterweg zum ❸ **Zeltplatz**, einer

Die Ohe schlängelt sich durch ein liebliches Wiesental.

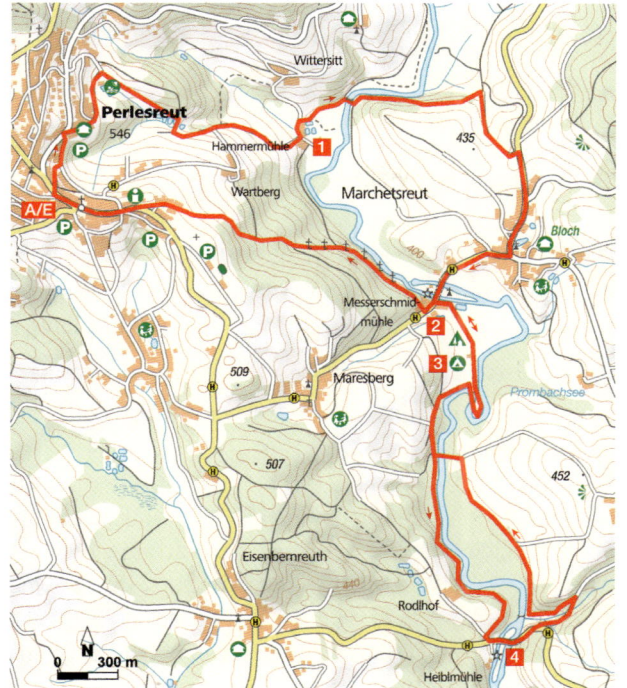

Jugendeinrichtung des Bistums Passau. Durch hohe Wiesen hat sich der Fluss hier sein Bett gegraben.

An der Ohe kurz vor Heiblmühle

Durch satten Wiesengrund Am malerischen Flussufer entlang wandern wir bis zum Wald. Hier verläuft ein schmaler Steig oberhalb des Wassers. Auf der linken Seite überspannt ein neuer Steg den Fluss; ihm werden wir auf dem Rückweg wieder begegnen. Unser Weg folgt auf diesem Teilstück auch dem europäischen Pilgerweg »Via Nova«. Auf der rechten Talseite schmiegt er sich eng an den Waldrand. Mal schlängelt sich die Ohe näher heran, mal trennen uns Sumpftümpel und Auwälder vom Wasser. Die letzten Meter zur ❹ Heiblmühle, unserem Umkehrpunkt, steigt der Weg zu einem Feld hinauf und führt schließlich über ein paar Stufen zur Landstraße hinunter. Nach links, an einem Bildstock vorbei, überqueren wir zunächst den Kanal zur Mühle und kurz danach das natürliche Flussbett. Wir folgen der Abzweigung nach links Richtung Prombach und laufen nach ca. 300 Metern in spitzem Winkel nach links auf einem verwachsenen Pfad Richtung Wehr zurück, welches wir oberhalb passieren. Schließlich biegen wir links in einen Feldweg ein. Er mündet in eine Flurstraße, der wir bis zu einer scharfen Rechtskurve folgen. Während die Straße bergauf nach Prombach zieht, steigen wir über ein schmales Weglein hinunter zum Wasser. Wenige Schritte durch den Auenwald bringen uns zum schon vom Hinweg bekannten Steg. Von hier folgen wir dem Hinweg bis zur Messerschmidmühle zurück. Bei der Kapelle an der Landstraße gehen wir nun jedoch links und biegen nach dem nächsten Haus rechts ein. Der Waldweg führt uns bergauf zum Ortseingang von Perlesreut. Nach rechts folgen wir der Straße zum malerischen Marktplatz.

44

Herbstgenuss am Dreiburgensee

Zu Saldenburger Mühlweiher und Diebstein

Schwer 17 km 440 m 4.30 Std.

Tourencharakter
Konditionell und für den Kopf anspruchsvolle Rundwanderung, weil der kräftezehrende Aufstieg auf den Diebstein am Ende liegt. Abgeschiedene Tour überwiegend auf Wald- und Forstwegen. Empfohlene Rastplätze: am Mühlweiher und auf dem Diebstein

Ausgangs-/Endpunkt
Wanderparkplatz am Ostufer des Dreiburgensees bei Rothau

Anfahrt
Auto: A3 bis Ausfahrt Garham und St 2119 nach Rothau, vor der Ortseinfahrt links Richtung Parkplatz am Ostufer des Dreiburgensees

Einkehr
Am Weg keine; am Dreiburgensee: Kiosk (während der Badesaison bei schönem Wetter geöffnet) und Seehof Tauer (seehof-tauer.de)

Karte
Kompass Nr. 198, Bayerischer Wald, Karte 3, 1:50 000

Information
Tourist-Info Ilztal & Dreiburgensee, Rathausplatz 1, 94116 Hutthurm, Tel. 08505/9001-45, ilztal.de

Saisonende: Die Badegäste sind weg, und nur noch wenige Spaziergänger flanieren im Herbstnebel um den jetzt ganz stillen Dreiburgensee. Die beste Zeit, um den herbstlich gefärbten Laubwäldern zwischen Dreiburgensee und Saldenburg einen Besuch abzustatten. Einen kleinen Korb für Pilze mitzunehmen, kann nicht schaden.

Über den Höhenberg Unser Ausgangspunkt liegt am Parkplatz am Ostufer des Dreiburgensees, der sich von Süden nach Norden in einem engen Tal erstreckt. Bei der Übersichtstafel mit dem Wegenetz im Dreiburgenland beginnt unser Waldweg mit dem ersten Ziel, dem Höhenberg (Markierung »14«, rot). Im Oktober waten wir durch ein Blättermeer auf unserem Weg. Gut für uns, so können wir bei unserer Querung des Höhenbergs Aussichten genießen, die uns im Sommer verwehrt bleiben.
Aber erst müssen wir hinauf. Nach einer Viertelstunde erreichen wir eine kleine Lichtung, auf der vier Wege sternförmig zusammenlaufen. Der dichte Blattteppich macht es mitunter schwer, Wald von Weg zu unterscheiden. Wir jedenfalls folgen dem rechten Weg geradeaus bergauf. Er-

Der Herbst zieht übers Land.

neut treffen wir auf eine Gabelung, wo es links weitergeht. Leicht ansteigend umrunden wir hier den Höhenberg, den wir selbst nicht besteigen. Unseren höchsten Punkt haben wir bei einer Bank am Wegrand erreicht. Die Schneise und der herbstlich gelichtete Wald geben die Sicht frei auf die andere Talseite, wo sich die Kuppe des Diebsteins erhebt. Ihn werden wir auf dem Rückweg besteigen.

Durchs Edtbachtal Nach der Rast folgen wir dem Weg, der rechts nach Osten biegt, und wandern im gleichmäßigen Bergab Richtung Stützersdorf. Auf halbem Weg passieren wir noch einmal eine Bank an einem Gedenkstein. Links unter uns liegt das stille Edtbachtal, das ein gutes Stück nördlich des Dreiburgensees nach Osten abzweigt.

Wenn wir schließlich aus dem Wald treten, begleitet uns eine Baumreihe am Feldweg ähnlich einer Allee bis zum Dorf, das wir beim letzten Hof nur streifen. Der Weg wendet sich hier schon wieder vom Dorf ab und verläuft entlang einer Pferdekoppel nach links und wenige Schritte danach wieder nach links. Der sehr sandige Boden in der Region macht auch einen Schotterweg sehr bequem zu begehen. Beinahe gerade verläuft dieser gleichmäßig abfallend bis zum Talboden beim Bach. Wenn wir einen kleinen Fischweiher im Wald wenige Meter neben dem Weg passiert haben, kommt bald die Abzweigung nach rechts. Ab hier folgen wir der Markierung »82« (rot). Kurz nach der Abzweigung verlassen wir die sandige Forststraße und biegen rechts in einen schmalen Pfad, der unterhalb einer Wiese am Waldrand entlang verläuft. Beinahe eben laufen wir neben dem Bach, der erst auffällt, wenn der Wald etwas lichter wird und bei einem Jägersitz in ein lang gezogenes Wiesental übergeht.

Historischer Glasofen Am Hochsitz links vorbei laufen wir einige Meter am Waldrand entlang, ehe der Weg wieder unter den Bäumen verschwindet. Nach ca. 100

Die Quelle (im Bild rechts) bei Maria Bründl ist für ihr Heilwasser bekannt.

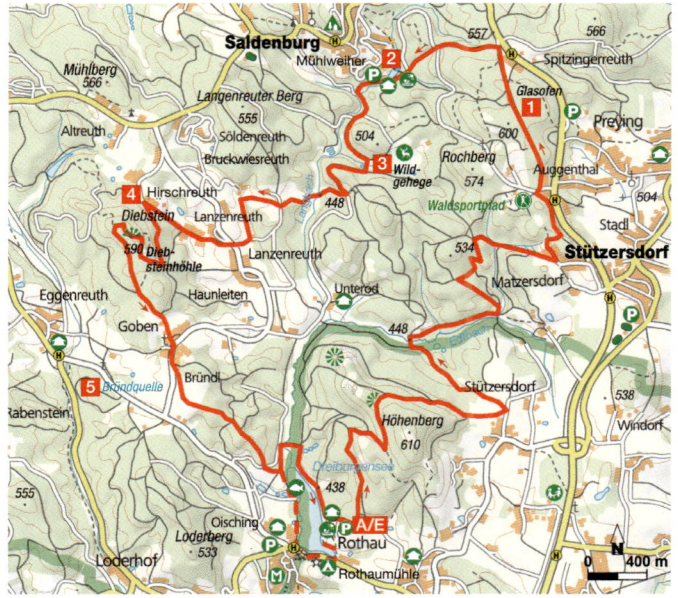

Durch Herbstlaub waten wir nach Stützersdorf hinunter.

Metern biegen wir an einer Gabelung links ab. Der schmale Waldpfad schlängelt sich oberhalb einer Lichtung entlang, ehe er wieder breiter wird und wie an der Schnur gezogen ansteigt.

Wir kommen an einer Abzweigung nach links vorbei, halten uns aber weiterhin geradeaus, bis wir auf eine Lichtung kommen. Gegenüber stehen ein Schupfen und ein Einödhaus. Über die Lichtung laufend, biegen wir dann nach links und passieren das Haus. Wieder im Wald halten wir uns erneut links. Nach der Stille und Einsamkeit der bisherigen Wanderung schrecken wir vielleicht sogar auf, denn wir wandern jetzt für ca. 200 Meter oberhalb der B 85 entlang.

Dann erreichen wir die Abzweigung nach Auggenthal; ab hier folgt unser Weg »82« auch dem Themenwanderweg »Geschichte von Saldenburg«. Der Forstweg steigt an, nun wieder in sicherem Abstand zur Bundesstraße. Ca. 500 Meter weiter sind die Reste eines mittelalterlichen ❶ Glasofens zu besichtigen. Der kurze Abstecher nach rechts in den Wald ist angezeigt.

Zum Saldenburger See mit Burg Zurück auf dem Forstweg steigen wir weiter bergan, bis wir die Waldgrenze erreicht haben. Bei entsprechender Sicht verspricht eine Bank hier Aussicht bis zum Rachel. Wir laufen nun wieder auf die Bundesstraße zu und biegen dort nach links erneut in den Wald ein.

Die Forststraße schlängelt sich von hier in einer Viertelstunde zum Saldenburger See, dem ❷ Mühlweiher. Vielleicht kommen uns hier Reiter entgegen, die ihre Ausritte von einem der Reiterhöfe Lanzenreuth und Unteröd machen. Der See ist künstlich aufgestaut und zu einem Badesee mit Liegewiese und Kinderstrand ausgebaut. Hoch oben thront die Saldenburg – ein steinerner Würfel und im wahrsten Sinn eine Festung. Heute ist eine Jugendherberge darin untergebracht. Hinter der Burg steht eine kleine Aussichtsplattform, die einen wunderschönen Blick auf die Sonnenwaldregion und den Brotjacklriegel bietet. Wer den steilen Anstieg in die Tour mit einbauen will, sollte eine zusätzliche Gehzeit von 30 Minuten für Hin- und Rückweg einrechnen.

Letzter Anstieg zum Diebstein Auf Höhe des Kinderstrandes laufen wir vom See aus weiter auf Weg »81« (rot) und passieren einen kleinen Nebenweiher. Eine Abzweigung nach rechts ignorieren wir, ebenso die Hinweisschilder zum ❸ **Wildgehege**. Die große eingezäunte Fläche für Rotwild kann an mehreren Stellen angelaufen werden. Auf unserem Weg »81« passieren wir das Gelände an seinem westlichen Rand. Dort ist auch ein kleiner Beobachtungsunterstand aufgestellt. Die Forststraße, auf der wir seit Saldenburg laufen, verbindet Saldenburg mit dem Dreiburgensee auf kürzestem Weg in knapp fünf Kilometern. Wir machen aber noch einen Schlenker, nicht nur, weil uns nun immer mehr Leute begegnen, sondern auch, weil wir die Aussicht auf die Sonnenwaldregion vom Diebstein aus genießen wollen. Hierzu folgen wir ca. 500 Meter nach dem Wildgehege der Abzweigung von der Forststraße nach rechts und wandern weiter auf Weg »81« bis nach Lanzenreuth. Dort überqueren wir die Hauptstraße und folgen der Zufahrt bis zu den letzten Häusern am Waldrand. Nun wieder auf Schotter erreichen wir nach ca. 300 Metern eine Abzweigung, die im spitzen Winkel nach links hinauf zum Diebstein führt. Schmal und steil geht es hinauf, zuerst vorbei an der Diebsteinhöhle, wo Granithinkelsteine einen kleinen Unterschlupf bilden. Der ❹ **Diebstein-Gipfel**, nur noch ein kleines Stück weiter, ist ein flacher Bergrücken, auf dem verteilt Granitblöcke liegen.

Über Goben zum Dreiburgensee Auch im Abstieg wählen wir Weg »81«, weil dieser auf der westlichen Bergseite immer wieder schöne Ausblicke erlaubt. Schließlich erreichen wir Goben mit der ❺ **Bründl-Kapelle**. Wir durchwandern den Weiler Richtung Landstraße und biegen nach den letzten Häusern links ab. Die Markierungen »65« und »66« bringen uns nun zurück zum Dreiburgensee. Immer im Abstieg durch den Wald und schließlich ein Stück am Feld entlang erreichen wir dann den See. Ob wir ihn nun links- oder rechtsherum umwandern, bleibt uns überlassen – ruhiger ist es linksherum. Nach ca. 20 Minuten sind wir wieder am Wanderparkplatz angelangt.

Mitte: Pferdekoppeln in Unteröd

Rechts: Jetzt kehrt Ruhe ein.

Bayerische Hausberge

45

Grünstein

Stiller Steig auf bekannten Aussichtsgipfel

Mittel   570 m   4 Std.

Tourencharakter
Zunächst breite, fein geschotterte Forstwege sowie steigähnliche Wanderwege (Waldsteig), im Schlussanstieg steiler Steig zum Gipfel

Ausgangs-/Endpunkt
Wanderparkplatz Hammerstiel

Anfahrt
Auto: A 8 München–Salzburg bis Ausfahrt Bad Reichenhall, über Bad Reichenhall Richtung Berchtesgaden, von dort zum Wanderparkplatz Hammerstiel. **Bus/Bahn:** Bahn München–Berchtesgaden, Rufbus Berchtesgaden zum Wanderparkplatz Hammerstiel unter berchtesgaden.de/anreise/ busse-in-der-region/rufbusberchtesgaden, mindestens 2 Std. vor Abfahrt zu bestellen

Einkehr
Grünsteinhütte

Karte
AV-Karte BY 22 Berchtesgaden-Untersberg 1:25 000

Der Grünstein zählt zu den beliebtesten Aussichtsbergen über dem Königssee. Als Kontrast hierzu führt auf der zweiten Hälfte des Anstiegs ein stiller Steig hinauf durch den Bergwald bis zum Gipfel. Dort ist man wieder mit allen anderen Wanderern vereint.

Der Grünstein Er bildet den steilen Pförtner hoch über dem Königssee, von dem man atemberaubende Tiefblicke genießen kann. Ganz nah sitzt man hier oben vor dem Watzmann und kann die familiäre Gipfelparade des Massivs genießen. Daneben geht der Blick zum Hohen Göll und zum Untersberg. Etwa nach einer Viertelstunde Abstieg vom Gipfel wartet das Grünsteinhaus mit einem Einkehrschwung auf, bevor man wieder ins Tal steigt.

Der Aufstieg zum Grünstein Vom Wanderparkplatz Hammerstiel folgt man dem Wegweiser »Grünstein, Grünsteinhütte« bergan auf einem Spazierweg. Wenig später gelangt man auf einen etwas breiteren Schotter-

Waldromantik auf »vergessenen Pfaden« beim Aufstieg zum Grünstein, hinten der Untersberg

weg, dem man mit dem gewohnten Wegweiser weiter bergan nun recht steil rechts folgt. Dann zweigt man links mit dem Schild »Grünstein, Grünsteinhütte über Waldsteig« ab. In Kehren und mit Stufen versehen, führt der Weg hinauf durch den Bergwald. Man kreuzt später den breiten Schotterweg und geht auf dem Waldsteig weiter bergauf – mit dem zuletzt erwähnten Wegweiser. Neuerlich wird der breite Schotterweg erreicht. Nun folgen Sie nur einer Kehre auf dem breiten Schotterweg Richtung »Grünstein, Grünsteinhütte« bergauf. Dann ist eine Wegkreuzung erreicht. Rechts sehen wir an einer Bank das Schild »Sackgasse«, das auf einen bergab führenden breiten Weg weist. Hier wandern wir links vorbei an einer Stange mit einer rot-weißen Markierung in einen alten Steig. Immer wieder sind im weiteren Wegverlauf die Stangen zur Orientierung gesetzt.

Der Steig führt nun in Kehren steil bergan. Etwas Gespür für den richtigen Weg ist wichtig; deshalb ist auf Trittspuren zu achten. Im weiteren Verlauf führt der Weg über den Bergkamm – mit ersten Aussichtspunkten hinunter nach Berchtesgaden – auf den Gipfel des ❶ Grünsteins, wo wir auf die Normalroute treffen, die wir für den Abstieg wählen. Zurück geht man also auf dem Normalweg zur ❷ Grünsteinhütte. Danach wandert man auf dem breiten Schotterweg hinunter: mit dem Wegweiser »Hammerstiel über Forstweg«. Alternativ kann man auch auf der Aufstiegsroute über den Waldsteig zurück zum Wanderparkplatz Hammerstiel gehen, sofern der Weg nach Regenfällen nicht zu rutschig ist. In jedem Fall sollte man aber nicht den steilen Anstieg des »vergessenen Pfades« auch für den Abstieg wählen.

Geschafft! Am Gipfelkreuz des Grünsteins

46

Hochgern

Rundtour über die einsame Nordseite

Mittel   1300 m   Auto: 7.15 Std.
                  Bus/Bahn: 8.15 Std.

Tourencharakter
Wanderung auf breiten Schotter-
und Wanderwegen, zwischen
Staudacher Alm und Hochgern
steigähnliche Wege

Ausgangs-/Endpunkt
Bushaltestelle Marquartstein oder
Hochgern-Parkplatz

Anfahrt
Auto: A8 München–Salzburg Aus-
fahrt Bernau, über Grassau nach
Marquartstein, links in die Schle-
chinger Str. über die Tiroler Ache,
rechts in die Alte Dorfstraße, gera-
deaus über die Burgstraße bis
Hochgern-Parkplatz. **Bus/Bahn:**
Bahn München–Salzburg bis Prien,
Bus 9505 nach Reit im Winkl bis
Marquartstein-Rathaus, dann zu
Fuß 30 Min. bis zum Parkplatz

Einkehr
Staudacheralm, Hochgernhaus,
Enzianhütte, Moaralm, Ager-
gschwendalm

Karte
AV-Karte BY 18 Chiemgauer Alpen
Mitte 1:25 000

Der Hochgern zählt zu den perfekten Aussichtsbergen im
Chiemgau. Die respektablen über 1000 Höhenmeter machen ihn allerdings nur für ausdauernde Wanderer interessant. Besonders der Teil zwischen der Staudacher Alm
und dem Gipfel wird wenig begangen.

Der Hochgern Als Entschädigung für die über 1000 Höhenmeter Anstieg
liegen uns am Gipfel die Berchtesgadener Alpen, die Loferer und Leo-
ganger Steinberge, das Kaisergebirge und die Hohen Tauern quasi zu Füßen. Im näheren Umfeld grüßen die Chiemgauer Alpen mit dem Hoch-
felln im Osten sowie der Hochplatte und der Kampenwand im Westen.
Der traumhafte Tiefblick zum Chiemsee ist natürlich auch noch zu er-
wähnen.

Der Aufstieg zum Hochgern Von der **A1** **Bushaltestelle Marquartstein**
Rathaus gehen wir auf der Hauptstraße ein kurzes Stück in südlicher
Richtung. Dann geht es auch schon links in die Schlechinger Straße und

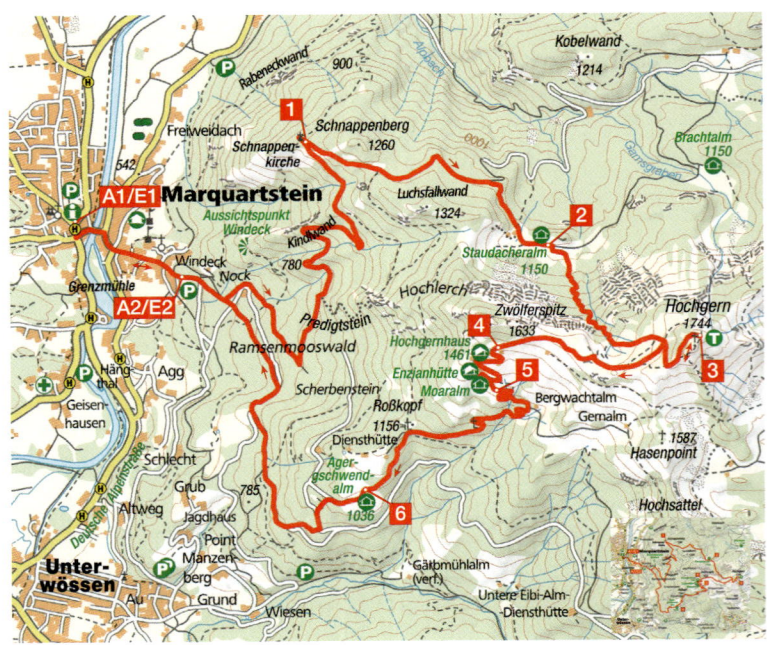

über die Brücke der Tiroler Ache. Jetzt wenden wir uns rechts der Alten Dorfstraße zu. Dann nehmen wir links die Burgstraße mit dem Schild »Hochgern-Parkplatz«, später auch »Hochgernhaus« hinauf zum **A2** **Hochgern-Parkplatz**. Ab hier sind nun auch die Autofahrer dabei. So gehen wir geradeaus bergauf und folgen den Wegweisern »Wanderwege« rechts. In der Folge geleiten uns die Schilder »Staudacher Alm, Schnappenberg« weiter bergan durch den Wald, die im Folgenden nicht mehr erwähnt werden. So führt der Weg in Kehren durch den Bergwald hinauf bis zur ❶ **Schnappenkirche**. Kurz vor der Kirche geht es auf einem nun fast eben verlaufenden Wanderweg zur ❷ **Staudacher Alm**. Von hier aus gehen wir ein kurzes Stück weiter in östlicher Richtung zum Hochgern. Der Weg zweigt nun in Serpentinen ab mit dem letzten Wegweiser, steil bergauf durch die Nordseite des Berges. Auf der Kammhöhe angelangt, wendet man sich dem Weg zum Gipfel des ❸ **Hochgern** zu.

Bergab über den Rundweg Zurück respektive bergab geht es nun zunächst ein Stück auf der bekannten Aufstiegsroute. Dann folgt man dem Wegweiser zum ❹ **Hochgernhaus** dorthin. Hier mündet der Wanderweg nun in einen breiten Schotterweg. Vorbei geht es an der Enzianhütte und der ❺ **Moaralm** in Kehren steil bergab, nun mit dem Schild »Agergschwendtalm, Marquartstein«. Nahe einer Bergwachthütte geht es dann mit diesem Schild rechts weiter bergab, und man taucht so in den Bergwald ein bis zur ❻ **Agergschwendalm**. Dort geht es, dem Wegweiser »Marquartstein« folgend, weiter bergab bis zu den bekannten Endpunkten **E2** **Hochgern-Parkplatz** und **E1** **Bushaltestelle Marquartstein**.

47 Reifenberg

Ein stiller Vorberg der Kampenwand

Leicht | 380 m | Auto: 2.15 Std. Bus/Bahn: 4 Std.

Tourencharakter
Wanderung nur kurzzeitig auf
Forststraßen, zumeist auf typischen
Wanderwegen. Die angebotene
Wegvariante führt auf einem
schmalen Pfad durch den Wald,
teilweise steil bergauf.

Ausgangs-/Endpunkt
Haltestelle Rottau oder Berggasthof
Adersberg

Anfahrt
Auto: A 8 München–Salzburg bis
Bernau, weiter Richtung Grassau
nach Rottau, am Ortseingang dem
Wegweiser zum Berggasthof
Adersberg folgen. **Bus/Bahn:** Bahn
München–Salzburg bis Prien, Bus
9505 nach Reit im Winkl und wei-
ter nach Rottau und eine Stunde
zu Fuß zum Berggasthof Adlersberg

Einkehr
Berggasthof Adersberg

Karte
AV-Karte BY 17 Chiemgauer Alpen
West 1:25 000

Der Reifenberg ist ein wenig beachteter Berg vor der Kampenwand. An vorderster Front direkt am Alpenrand gelegen, gewährt dieser Berg mit seinen weiten Wiesen traumhafte Ausblicke auf den Chiemsee mit seinen Inseln und hinüber zur Kampenwand.

Der Reifenberg Mit seinen knapp 1000 Metern steht der Reifenberg zwischen der Wolfsschlucht bei Bernau und dem Rottauer Tal. Die Einheimischen wissen diesen Berg wegen der stimmungsvollen Landschaftsbilder mit ungewöhnlichen Weitblicken über den Chiemsee zu schätzen.

Aufstieg zum Berggasthof Adersberg Bahn- und Busfahrer folgen zunächst von **A1 Bushaltestelle Rottau** aus der Hauptstraße entgegen der Fahrtrichtung bis zum Ortsende. Dort orientieren wir uns am Wegweiser »Berggasthof Adersberg« auf einer Fahrstraße links. Den Abzweig nach Rudersberg lässt man rechts liegen. So geht es noch ein Stück bergan. Dann zweigt neuerlich rechts ein Wanderweg ab mit dem Wegweiser »Adersberg«. An der nächsten Weggabelung, an einem Kruzifix, gehen wir links über die Bergwiesen in den Wald und folgen dem Wanderweg bergauf. An einer weiteren Weggabelung – hier zeigt der Wegweiser »Rottau« in die Gegenrichtung – gehen wir ein kurzes Stück nach links.

Marterl am Weg zum Adersberg

Dann zweigt rechts ein Weg ab mit dem Wegweiser »Adersberg-Wanderweg« zum Berggasthof Adersberg. Autofahrer gehen vom Wanderparkplatz ein kurzes Stück bergauf zum **A2** **Berggasthof Adersberg**.

Zum Reifenberg Vom Berggasthof Adersberg folgen Bahn- und Busfahrer mit den Autofahrern dem Wegweiser »Herrenalm, Adersberg Höhenrundweg« links. An einer Abzweigung, an einer Bergwiese nach dem Fischteich, gehen wir dann rechts und folgen erneut dem genannten Wegweiser. Nun geht es in Kehren bergauf durch den Wald. Wir gelangen auf eine Bergwiese. Hier an einer Wegkreuzung folgen wir dem Wegweiser »Herrenalm« wieder kurz bergab. Wenig später sehen wir auch die ❶ **Herrenalm**. Hier gehen wir rechts, dem Wegweiser »Bernau, Stachl, Abling« folgend, auf einem Weg hoch über der Wolfsschlucht. An einer Rechtskurve des Weges befindet sich ein schöner Aussichtspunkt mit Bank. Wir wandern weiter geradeaus bis zur nächsten Weggabelung bei ❷ **Stachl**. Hier folgen wir rechts dem Wegweiser »Adersberg, Lindlalm«. Der Weg führt nun in angenehmer Steigung durch den Wald zum Reifenberg, einem Aussichtspunkt an der ❸ **Lindlalm**.

Der Abstieg nach Adersberg Von der Lindlalm aus gehen nun wieder alle Wanderer auf dem Normalweg weiter. Wir folgen dem Wegweiser »Adersberg Höhenrundweg« zurück zum **E2** **Berggasthof Adersberg**, dem Ausgangspunkt für Autofahrer. Busfahrer wandern von hier auf dem Anstiegsweg zurück zur **E1** **Bushaltestelle Rottau**.

So weit das Auge reicht: Ausblick vom Reifenberg über den Chiemsee

Dandlberg

Mystische Waldpfade am Samerberg

Mittel   160 m   2.45 Std.

Tourencharakter
Wanderung auf breiten Schotterwegen und Nebenstraßen. Über den Dandlberg schmaler Waldpfad

Ausgangs-/Endpunkt
Wanderparkplatz Dorfen

Anfahrt
Auto: A 93 Inntalautobahn bis Ausfahrt Brannenburg, rechts Richtung Nußdorf über die Innbrücke, in Nußdorf links Richtung Neubeuern, nach etwa 1 km an der nächsten Abzweigung rechts Richtung Grainbach, Samerberg, nach der Ortschaft Roßholzen links Richtung Hundham, Steinkirchen bergauf, vor dem Ortsschild von Dorfen steht rechts ein Wanderparkplatz zur Verfügung. **Bus/Bahn:** nicht möglich

Einkehr
Dandlbergalm

Karte
AV-Karte BY 17 Chiemgauer Alpen West 1:25 000

Ein eigenwilliger Waldbuckel bildet den höchsten Punkt des Samerbergs, einer Hochfläche zwischen Frasdorf und Nußdorf. Sie ist dem westlichen Ausläufer der Chiemgauer Alpen – mit Hochries und Heuberg – vorgelagert. Der alte Waldpfad ist gut markiert.

Der Dandlberg Tief in mystische, dunkle Tannen-, Fichten- und Buchenwälder getaucht, ist er auf einer Kammwanderung von Dorfen her hinüber zur Dandlbergalm zu überschreiten. Mittlerweile ist der Waldpfad gut beschildert, sodass er jetzt gut zu finden ist. Doch damit hat er von seiner Einsamkeit nichts verloren. Denn hier wird man nur ganz vereinzelt einem Wanderer begegnen. Eine kurze Steilstufe führt zum höchsten Punkt, ein Holzkreuz taucht so überraschend im dunklen Wald auf.

Der Weg über den Dandlberg Vom Wanderparkplatz Dorfen gehen wir rechts auf der geteerten Fahrstraße und passieren das Ortsschild »Dorfen« nach ❶ Dorfen. An der nächsten Straßengabelung gehen wir dann links in den Dandlbergweg und folgen hier dem Wegweiser »Dandlberg 54, 55«. Nun geht es auf einem breiten Schotterweg über weite Wiesen, vorbei an einer großen Linde. An einer Weggabelung am Waldrand folgen wir hier weiter geradeaus dem nun geteerten Weg mit dem Wegwei-

Nachdenken über das Leben: Bank unter einer alten Linde mit Blick auf die Hochries

ser »54, 55«. Dann orientieren wir uns bei einer weiteren Weggabelung an dem geteerten Fahrweg und dem Wegweiser »55« rechts und ignorieren das Schild »Dandlbergalm«, das geradeaus weist. Nachdem wir nun ein Stück auf dem breiten Schotterweg durch den Wald zurückgelegt haben, geht es dann an einer Weggabelung rechts, dem Wegweiser »Dandlberg, 55« folgend, weiter. Dieser Wegweiser führt uns kurz darauf an einer weiteren Weggabelung links auf einen schmalen Waldpfad. Nun geht es über den Kamm des Dandlbergs steil bergauf zum ❷ höchsten Punkt, der an zwei Holzkreuzen zu erkennen ist. Dann führt der Pfad erst eben direkt an der Hangkante, dann zunehmend bergab aus dem Wald heraus.

Am Ende des Kammweges, an einem großen Sendemast, befindet sich eine Weggabelung. Hier gehen wir links noch wenige Meter ohne Beschilderung zur ❸ Dandlbergalm.

Zurück nach Dorfen Von der Dandlbergalm wendet man sich nun auf einem breiten Schotterweg in östlicher Richtung, mit dem Wegweiser »Steinkirchen, Dorfen« steil bergan. Danach geht es nur noch in leichtem Auf und Ab durch den Bergwald. Der vorherige Abzweig zum Dandlberg links wird erreicht. Wir wandern hier geradeaus, auf dem bekannten Hinweg weiter zum Ausgangspunkt am Wanderparkplatz Dorfen. Natürlich kann man auch auf dem schönen Kammweg über den Dandlberg wieder den Rückweg antreten. Die gesamte Gehzeit würde sich dadurch um eine halbe Stunde verlängern.

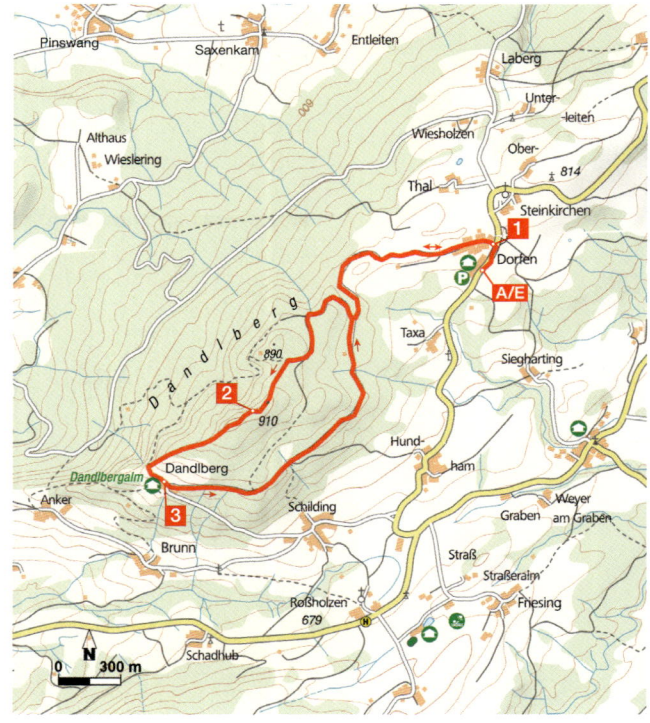

49 Nußlberg

Verlassene Klause mit Kaiserblick

Mittel   500 m   4.15 Std.

Tourencharakter
Wanderung auf breiten Schotterwegen im Aufstieg sowie auf schmalen Wanderwegen beim Abstieg

Ausgangs-/Endpunkt
Bahnhof Kiefersfelden

Anfahrt
Auto: A8 München–Salzburg bis Inntaldreieck, A93 Inntalautobahn bis Ausfahrt Kiefersfelden, links in die Ortsmitte von Kiefersfelden, nach dem Maibaum links in die Wilhelm-Kröner-Straße einbiegen, die zum Bahnhofsparkplatz führt. **Bus/Bahn:** Bahn München–Kufstein bis Kiefersfelden

Einkehr
keine

Karte
AV-Karte BY 16 Mangfallgebirge Ost 1:25 000, sowie Karte des Landesamts für Digitalisierung, Breitband und Vermessung, UK50-53 Mangfallgebirge 1:50 000

Die Klause auf dem Nußlberg und seine gleichnamige Kapelle ist ein stiller, verlassener Ort. Hier oben unter der alten Kastanie sitzt man idyllisch. Und vor allem beim Abstieg hat der Berg schöne Ausblicke hinüber in das Kaisergebirge zu bieten.

Der Nußlberg Unauffällig präsentiert sich dieser Waldbuckel über dem Inntal. Abends scheint hier der Kaiser im letzten Sonnenlicht zu glühen. Dann hört man die Kirchenglocken von Ebbs oder Oberaudorf, deren Läuten bei günstigen Winden bis hier herauf klingt. Die Nußlbergkapelle ist ein besonderer Fleck Erde, der einem Wallfahrtsort alle Ehre macht.

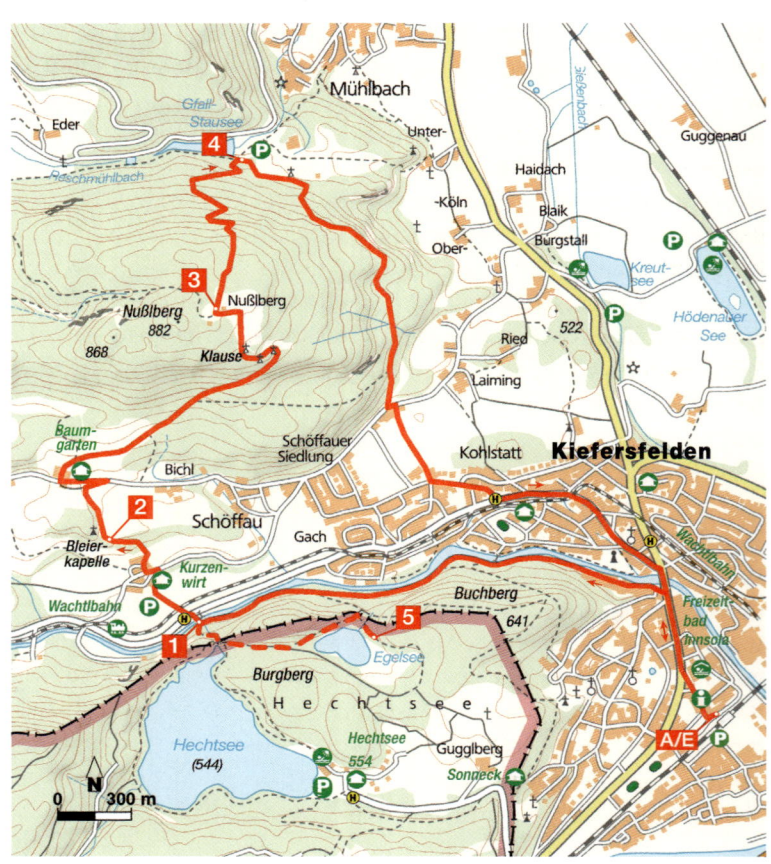

Der Weg vom Bahnhof zum Nußlberg Vor dem Bahnhof Kiefersfelden und den Park-plätzen stehend, gehen wir rechts und folgen der Wilhelm-Kröner-Straße bis zur Hauptstraße. Dieser folgen wir dann erneut nach rechts bis zur Brücke des Kieferba-ches. Dort gehen wir links und anschließend auf dem Egelseeweg und dem Uferweg am Kieferbach bis zur zweiten Brücke, die über den Kieferbach führt; hier überque-ren wir den Bach. Ebenso überqueren wir die Fahrstraße und folgen links, neben dem ehemaligen ❶ **Bahnsteig** Hechtsee-Schöffau der Wachtlbahn, dem Wegweiser »Kurzenwirt, Nußlberg«. Am Kurzenwirt angelangt, folgen wir dem schlecht sicht-baren Holzwegweiser »Baumgarten« zwischen den Bauernhöfen in nördlicher Rich-tung, vorbei am Fußgängerschild bergauf in den Wald und passieren die ❷ **Bleier-kapelle**. Wir gelangen später an eine geteerte Fahrstraße, der wir wenige Meter nun zum ehemaligen Gasthof Baumgarten links folgen. Hier geht es jetzt rechts, dem Wegweiser »Nußlberg« folgend, auf einem breiten Schotterweg bergauf. Im weite-ren Verlauf schließt sich der Kreuzweg an, der in Kehren bergauf bis zum ❸ **Nußl-berg** und zur Kapelle, unserem Ziel, führt.

Der Abstieg vom Nußlberg Von der Nußlbergkapelle folgen wir nun dem Wegweiser »Stausee« in vielen Kehren in nördlicher Richtung hinunter durch den Wald bis kurz vor dem ❹ **Gfaller Stausee**. Hier zweigt rechts bergauf ein Weg ab mit der Beschil-derung »Kiefersfelden, Höhenweg«. Zunächst ansteigend, dann wieder bergab, wird der Nußlberg auf seiner Ostseite umrundet. An einer Weggabelung gehen wir nun links steil bergab Richtung Kiefersfelden. An einer geteerten Fahrstraße (Schöf-fauer Straße) gehen wir rechts. Sogleich nehmen wir den Nußlbergweg links, dessen folgende Linkskurve uns hinunter zur Thierseestraße bringt, der wir weiter links nach Kiefersfelden folgen. Am Ende der Thierseestraße wählen wir rechts die Hauptstraße über den Kieferbach und gelangen so auf der Route des Hinweges zu-rück zum Bahnhof Kiefersfelden und den Parkplätzen.

50 Stolzenberg

Drei-Seen-Blick – Drei-Gipfel-Tour

Schwer   710 m   5 Std.

Tourencharakter
Breite Schotterwege und Steige,
am Gipfel felsdurchsetzter Kamm-
pfad. Nach Regen sollten die Wege
mindestens zwei Tage abtrocknen.

Ausgangs-/Endpunkt
Parkplatz Spitzingsee-Kirche

Anfahrt
Auto: A8 München–Salzburg, Ausfahrt Weyarn, über Schliersee weiter Richtung Bayrischzell, nach
Fischhausen-Neuhaus der Spit-
zingstraße bis Spitzingsee-Kirche
folgen. **Bus/Bahn:** Bahn München–
Bayrischzell bis Fischhausen-Neuhaus, Bus 9562 nach Spitzingsee
bis Spitzingsee-Kirche

Einkehr
Jagahüttn (Abstecher zur Bergstation Stümpflingbahn)

Karte
AV-Karte BY 15 Mangfallgebirge
Mitte 1:25 000

Stolzenberg, Rotkopf und Roßkopf – diese Gipfel können auf einer interessanten Kammwanderung miteinander verbunden werden. Dabei grüßen gleich drei Seen von unten herauf – Tegernsee, Spitzingsee und ganz nah der Grünsee, der seinem Namen mit der Farbe alle Ehre macht.

Der Stolzenberg Nicht allzu viele Wanderer zieht es auf diesen Berg. Denn er will erst einmal erobert werden – steinig, wurzelig und nach Regenfällen zudem sehr rutschig. Doch einmal oben angelangt, wird man belohnt. Nordseitig mit Tiefblicken auf den Spitzingsee, nach Süden grüßt durch die Tannen an klaren Tagen sogar die Gletscherpyramide des Großvenedigers und im Westen baut sich hinter dem Karwendel die Zugspitze auf. Zudem kann man sich im Juli und August in den satten Blaubeermatten seinen Nachtisch zur Brotzeit selbst pflücken.

Über den Stolzenberg zum Roßkopf Vom Parkplatz und der Bushaltestelle Spitzingsee-Kirche geht es am Spitzingsee über die Brücke der Roten Valepp zur Wurzhütte. Dort wendet man sich links in den Roßkopf-

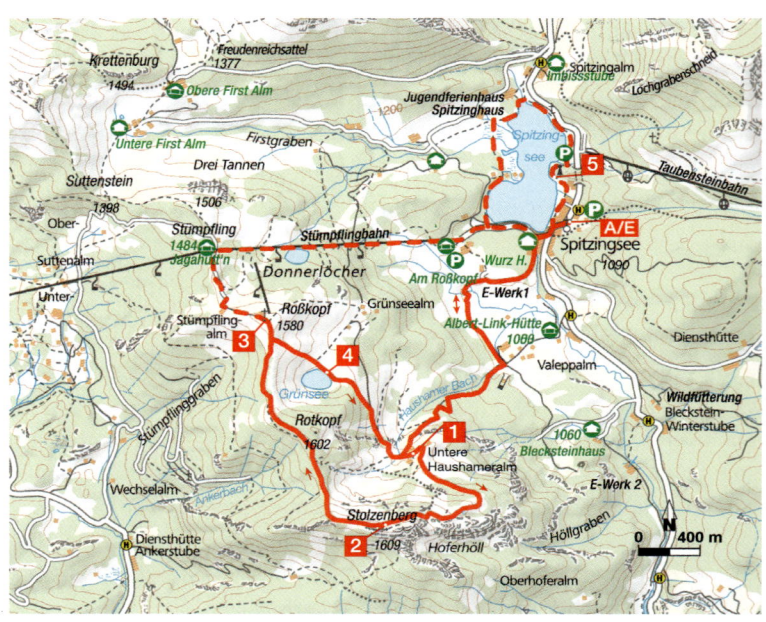

weg mit der Beschilderung »Blecksteinhaus, Albert-Link-Hütte«. In einem weiten Bogen wird ein Skilift gequert, dann führt der Weg nach Süden zu einer markanten Wegkreuzung. Hier geht es rechts steil bergauf mit dem Wegweiser »Stolzenberg«. Vor der ❶ Unteren Haushamer Alm wendet man sich mit der gleichen Beschilderung nach links, passiert die Alm und geht nun auf einem Wandersteig in südöstlicher Richtung. Einige steile Hangstufen werden überwunden, dabei geht es erst durch Wald, dann über Almwiesen, bis der felsige Schlussanstieg zum ❷ Stolzenberg wartet.

Oben angelangt, geht es nun flacher in einem felsigen Auf und Ab weiter, immer in Nähe der Hangkante nach Westen, bis rechts (nordwärts) der Pfad steil in Kehren durch den Wald mit der Beschilderung »Rotkopf, Stümpfling« abbricht. Fast eben führt dann der Weg vom Fuße des Stolzenberges weiter nach Norden. Rechts wird nun der steile Abstieg nach »Spitzingsee-Ort« ignoriert. Man bleibt weiter auf dem Kammweg in nördlicher Richtung, nun wieder ansteigend. Dabei wird der Rotkopf unterquert, bis man auf den letzten Metern über die Almwiesen den ❸ Roßkopf erreicht.

Wem der Abstieg zu viel ist, der folgt den Wegweisern zur Stümpflingbahn, in etwa einer Viertelstunde ist man dort. Von der Talstation wandert man ein Stück neben der Zufahrtsstraße bergab und dann am Südufer des Spitzingsees nach Spitzingsee-Kirche. Alle anderen gehen wieder wenige Meter auf dem Anstiegsweg zum Roßkopf zurück und folgen durch ein Gatter links dem unbeschilderten Steig steil bergab hinunter zum ❹ Grünsee. Dort geht es, jetzt in mäßigem Gefälle, weiter bis zur ❶ Unteren Haushamer Alm. Die restliche Wegstrecke entspricht der Aufstiegsroute und führt zurück zu den Endpunkten Parkplatz/Bushaltestelle Spitzingsee-Kirche.

Den See umrunden Wer noch Zeit hat, kann sich noch eine Umrundung des ❺ Spitzingsees vornehmen. Am besten nach der Tour am späten Nachmittag, wenn sich die Touristenströme am See wieder ins Tal bewegt haben. Nahe Spitzingsee-Kirche gibt es auch einen Bootsverleih für eine Fahrt auf dem See. Ebenso erreicht man in Spitzingsee-Ort ein öffentliches Badeufer.

51 Blankenstein

Im Schatten einer düsteren Nordwand

Mittel · 10 km · 920 m · 5 Std.

Tourencharakter
Mittelschwere Wanderung mit der Möglichkeit des schwierigen Gipfelaufstiegs zum Blankenstein (Kletterei bis III-); ohne Blankensteingipfel wesentlich einfacher (»mittelschwer«); steile Pfade; Trittsicherheit erforderlich

Ausgangs-/Endpunkt
Parkplatz und Bushaltestelle Hufnagelstube/Kistenwinterstube

Anfahrt
Bus/Bahn: Bayerische Oberlandbahn bis Tegernsee, weiter mit RVO-Bus 9560 bis Kistenwinterstube

Einkehr
Unterwegs keine

Karte
AV-Karte BY 15 Mangfallgebirge Mitte 1:25 000

Der Blankenstein ist einer der spektakulärsten Gipfel der Bayerischen Voralpen – ein auffallender Felszahn mit glatten, senkrechten Wänden. Seinen höchsten Punkt kann man nur kletternd erreichen. Doch auch die Wanderwege am Fuß seiner Felswände stellen lohnende Tourenziele mit großem landschaftlichen Reiz dar.

Aus dem Rottachtal zum Risserkogel Von der Hufnagelstube steigen wir auf der Straße westlich aufwärts, bis auf 1064 Metern Höhe ein ❶ **Fahrweg** links zur Sieblialm abzweigt. Diesem folgen wir auf die Wiesenflächen der Alm, lassen die Hütte links liegen und wandern auf dem markierten Weg südlich in den Wald hinauf. Nach 250 Höhenmetern gleichmäßigem Aufstieg erreichen wir die Riedereckalm und biegen dort rechts zum ❷ **Riedereck** ab. Dort rückt der Blankenstein mit seiner ungewöhnlichen Ostansicht plötzlich ins Blickfeld und zieht die Aufmerksamkeit auf sich. Der Weg führt nun links in den weiten Kessel zwischen Risserkogel und Blankenstein und bietet bei einer Abzweigung die Möglichkeit, über die steile Flanke links zum ❸ Risserkogel hinaufzusteigen. Diesen dominanten Gipfel sollte man sich wegen seiner hervorragenden Rundumsicht nicht entgehen lassen, aber auch der Aufstieg zu seinem Ostgrat und das Schlussstück am Grat entlang zum Gipfel sind landschaftlich sehr interessant. Im Abstieg vom Risserkogel nehmen wir den nordwestlich hinabführenden Normalweg und steigen dann auf einem steilen Steig durch Latschengelände nordwärts in den ❹ Blankensteinsattel ab.

Wildes Felsgelände am Blankenstein Wer alpin erfahren ist und auch im abgespeckten Fels sicher seilfrei klettert, darf sich eine Besteigung des Blankensteins zutrauen. Durch die auffallende Westrinne klettert man hinauf und hat sowohl dort als auch im Gipfelkamin anspruchsvolle Passagen zu meistern (bis ca. III-).

Das wild gezackte Massiv des Blankensteins

Zurück im Sattel steigen wir direkt an den steilen Südwänden des Blankensteins entlang auf einem schmalen Pfad östlich ab, queren um den Blankenstein herum und gelangen in den verwunschenen, eindrucksvollen Kessel unter seinen Nordwänden – eine einsame, felszerklüftete Gegend. Über die ❺ Tegernseer Skihütte und auf unmarkierten Waldpfaden an der Blankensteinhütte vorbei wandern wir wieder talauswärts und zurück ins Rottachtal.

Blick vom Risserkogel zum Tegernsee

52

Ringspitz

Ein steiler Hügel am Tegernsee

Mittel 6 km 470 m 3 Std.

Tourencharakter
Mittelschwere, kurze Tour auf unmarkiertem, aber deutlich ausgeprägtem Pfad; Gipfelhang stellenweise sehr steil und mit alpinem
Charakter; Trittsicherheit erforderlich

Ausgangspunkt
Kostenpflichtiger Wanderparkplatz
bei Buch (oberhalb von Bad Wiessee)

Anfahrt
Bus/Bahn: Bayerische Oberlandbahn bis Gmund, weiter mit Bus
bis Bad Wiessee Söllbach, von dort
zu Fuß in 15 Min. zum Ausgangspunkt

Einkehr
Unterwegs keine

Karte
AV-Karte BY 13 Mangfallgebirge
West 1:25000

Der Ringspitz am Tegernsee ist ein netter kleiner Berg: wenig bekannt und dementsprechend ruhig, sehr schnell zu erreichen, mit etwas alpiner Würze beim steilen Gipfelanstieg und mit fantastischem Seeblick.

Ein herrlicher Pfad zum Ringspitz Von Buch spazieren wir auf der schmalen Asphaltstraße in Richtung Bauer in der Au an den letzten Häusern vorbei und am Waldrand weiter aufwärts. Bereits hier haben wir einen sehr schönen Blick über den Tegernsee. Nach 650 Metern macht die Straße eine deutliche Rechtskurve; hier biegen wir links (östlich) auf einem

Annäherung an den
kleinen Ringspitz

Wunderbarer Tiefblick auf den Tegernsee

❶ **Fahrweg** in eine ebene Wiese hinein ab und erreichen nach 150 Metern die Wald-grenze. Unmittelbar nachdem wir den Waldrand betreten haben, zweigen wir nach rechts auf einen ❷ **schmaleren Fahrweg** ab und steigen auf diesem erst südlich, dann südöstlich bergauf. Bald verengt er sich und setzt sich als schöner Waldpfad fort. Nach zwei scharfen Kurven gelangen wir auf den Höhenrücken und gehen bei der folgenden Verzweigung rechts weiter. Nach einer weiteren scharfen Linkskurve kommen wir zu einem kleinen ❸ **Hüttchen** und we-nig später zur Einmündung einer Fahrstraße von rechts (Punkt 1113). An dieser Stelle neh-men wir den Pfad links in Richtung Ring-spitz. Bald steilt sich der Weg enorm auf und führt mit prächtigem Seeblick zur waldigen ❹ **Gipfelkuppe** hinauf. Über den Aufstiegs-weg gelangen wir in kürzester Zeit wieder zurück nach Bad Wiessee.

Variante Vom Ringspitz-Gipfel führt eine schwache Pfadspur zur nächsten Erhebung weiter, die laut amtlicher Karte genauso hoch ist wie der Ringspitz. Hier verlieren sich die Spuren; es ist jedoch möglich, weglos über den Höhenrücken weiterzuwandern, wobei ab der Erhebung oberhalb der Reibentennen eine neue Forststraße verläuft.

53 Zwieselberg

Fünf kleine Waldberge auf einen Streich

Leicht | 11 km | 860 m | 5 Std.

Tourencharakter
Einfache Wanderung fast durchgehend im Wald, z. T. steile, wur-
zelreiche Wege, bei Nässe daher
rutschig

Ausgangs-/Endpunkt
Bierhäuslweg in Bad Heilbrunn
(südlich parallel zur Hauptstraße
des Orts), Parkmöglichkeiten am
Straßenrand

Anfahrt
Bus/Bahn: S 7 bis Wolfratshausen,
weiter mit MVV-Regionalbus 376
bis Bad Heilbrunn, Birkenallee
(Anfahrt komplett innerhalb des
MVV!); vom großen Kreisverkehr
noch ein Stück entlang der Hauptstraße ostwärts weiter und schräg
rechts in den Bierhäuslweg; auch
von Bad Tölz Busverbindung

Einkehr
Unterwegs keine

Karte
AV-Karte BY 11 Isarwinkel – Benediktenwand 1:25000

Die Umrundung des Schellenbachtals bei Bad Heilbrunn ist eine nette, unkomplizierte Waldrunde, bei der ohne großen Aufwand fünf Gipfel »fällig« werden. Insbesondere der erste Teil der Tour bis zum Stallauer Eck eignet sich sehr gut für Kinder, und auch im Winter wird die Tour gern durchgeführt. Unzweifelhafter Höhepunkt ist das herrliche Panorama am Gipfel des Zwieselbergs.

Viele Wurzeln und ein Aussichtspunkt Bei Haus Nr. 26 im Bierhäuslweg beginnt der ausgeschilderte Wanderweg in Richtung Stallauer Eck. Er führt uns aus dem Wohngebiet hinaus, flach im Wald aufwärts und entlang einer kleinen malerischen Schlucht zu einer querenden Forststraße. Diese überqueren wir, steigen auf der Fortsetzung des Wanderwegs steil zum ❶ Marienbild hinauf und gehen links davon weiter. Landschaftlich abwechslungsreich geht es an Felsformationen vorbei, durch kleine Serpentinen über einen Steilhang hinauf und über unzählige Wurzeln hinweg. Nach rechts ist ein kleiner ausgeschilderter Abstecher zu einem Aussichtspunkt möglich, anschließend steigen wir zur nächsten Forststraße hinauf.

Der erste Streich: das Stallauer Eck Der Straße folgen wir nach links aufwärts und haben nun mehrere Möglichkeiten: a) Schon nach gut 50 Metern rechts ab und gleich wieder links auf den versteckten Waldpfad; wo sich dieser dann teilt, auf dem linken Ast weiter. b) Erst weiter oben, in einer Rechtskurve der Straße, rechts ab (beschildert). c) Noch weiter oben rechts in den kleineren Fahrweg ab. Alle Varianten führen zu der Stelle auf 980 Meter Höhe, wo von besagtem Fahrweg der ❷ Wanderweg nach oben zum Stallauer Eck abzweigt. Er quert nun in südlichen Richtungen die Waldhänge und leitet zuletzt eben zu einer Kreuzung, wo auch der Fahrweg von rechts wieder einmündet. Nun nicht gleich den steilen Fahrweg links hinauf, sondern noch ein Stück eben weiter und dann links (Markierungen) aufwärts. Rechts tauchen wir bald in den dichten Gipfelwald ein, biegen bei einer letzten Verzweigung links ab (geradeaus geht es direkt weiter zum Stallauer Kopf) und erreichen wenig später die freie Gipfelwiese mit dem großen Kreuz des ❸ Stallauer Ecks.

Stallauer Kopf und Zwieselberg Gerade südlich steigen wir vom Gipfel über die Wiese in den Sattel ab und gewinnen über den bewaldeten Nordrücken den Gipfel des ❹ **Stallauer Kopfs**. Wir gehen nach links weiter, steigen kurz ab und erreichen nach einer flachen Wiesenpassage den höchsten Punkt des ❺ **Zwiesel-bergs**, dessen südseitige Wiesen und der herrliche Blick ins Isartal zur Benediktenwand und ins Karwendel zu einer längeren Rast einladen. Dann kehren wir wieder zum ❹ **Stallauer Kopf** zurück, wo wir nicht rechts in Richtung Stallauer Eck gehen, son-dern vom nördlichen Ende der Gip-felwiese links in der Nähe des dicht bewachsenen Kammverlaufs gegen Südwesten absteigen. Vereinzelte rote und blaue Farbmarkierungen weisen uns den Weg.

Angerlkopf und Enzenauer Kopf Wir kommen an einer etwas lichteren Fläche vorbei, folgen dem Kamm-verlauf nach Westen und steigen zum Enzenanger auf, einer großen Wiesenfläche, an deren linkem Rand entlang wir den nicht eigens gekennzeichne-ten höchsten Punkt des ❻ **Angerlkopfs** erreichen. Wir gehen bis zum hinteren linken (südwestlichen) Ende der Wiese, passieren den Zaun und biegen dann nach rechts ab. Der Weg führt uns in Nordwestrichtung in den Sattel zwischen Angerl-kopf und Enzenauer Kopf hinab. Wo der breite Weg dann nach links in Richtung Bichl hinabschwenkt, bleiben wir weiter auf dem Bergrücken und steigen auf ei-nem Wirtschaftsweg gerade zum ❼ **Enzenauer Kopf** hinauf.

Auf Waldpfaden zurück ins Tal Nun geht's nordwärts hinab zu einer größeren Wiese, an deren linkem Rand gegen Nordosten hinab zu einem Marterl und weiter bergab. Wir treffen auf eine Forststraße, der wir nach rechts abwärts folgen. Nach-dem die Straße einen großen Linksschwenk vollzogen hat, bleiben wir in Westrich-tung noch rund 60 Meter auf ihr und zweigen dann nach rechts auf einen schmalen, undeutlichen Waldpfad ab. Dieser führt uns nordwärts zu einer großen ❽ **Fahr-straße**, geradeaus über sie hinweg und dann wieder als vereinzelt markierter Pfad in nördlicher Richtung hinab zum Schellenbach, den wir auf einer kleinen Brücke überqueren. Gleich anschließend halten wir uns nicht links Richtung Bad Heilbrunn, sondern rechts und zweigen auf der breiten Straße gleich wieder rechts ab. Schon nach 50 Metern biegen wir links hinauf zum ❶ **Marienbild** ab und erreichen somit wieder unsere Aufstiegsroute, über die wir in Kürze den Aus-gangspunkt erreichen.

54

Hirschhörnlkopf und Graseck

Wunderschöne stille Pfade ohne Ende

Mittel · 18 km · 1250 m · 7 Std.

Tourencharakter
Mittelschwere Bergwanderung mit vielen unmarkierten, schmalen Pfaden, die teils steile Grashänge queren. Trittsicherheit erforderlich, besser nicht bei Nässe begehen!

Ausgangs-/Endpunkt
Parkplatz am Ende der Straße »Am Sonnenstein« im südöstlichen Ortsteil von Kochel am See

Anfahrt
Bus/Bahn: Bahn bis Kochel, von dort zu Fuß in 20 Min. zum Ausgangspunkt (1,5 km)

Einkehr
Unterwegs keine

Karte
AV-Karte BY 11 Isarwinkel – Benediktenwand 1:25 000

Die hier beschriebene Rundwanderung ist für Liebhaber schmaler Waldpfade, kleiner Schönheiten am Wegrand und niedriger, aber zugleich aussichtsreicher Berge ein echter Traum. Kilometerlange stille Wege, drei Gipfel, ein Wasserfall, beeindruckende Tiefblicke auf den Kochelsee und viele weitere Impressionen verbinden sich hier zu einem Gesamtkunstwerk.

Ouvertüre mit Bachrauschen Wir gehen auf der Straße »Am Sonnenstein« bergauf, diese wird zum unasphaltierten Fahrweg und verläuft dann parallel zum Wasserlauf des Laingrabens. Bei der Brücke (über diese kommen wir später beim Abstieg zurück) bleiben wir zunächst auf der in Gehrichtung linken Bachseite in Richtung Lainbachfall. Bald darauf geht

Blick vom Hirschhörnlkopf zum Jochberg (rechts)

die Straße in einen Wanderweg über, der auf die andere Seite des Bachs wechselt und über einige Stufen weiter am Bach entlang zum ❶ **Lainbachfall**, einem sehenswerten Wasserfall, führt.
Stille Waldwege Nun geht's links aus dem Bachtal hinaus, über einen kleineren Nebenbach hinweg und rechts immer den Markierungen nach flach zu einer Kreuzung mehrerer Wege). Hier verlassen wir die Markierungen und gehen scharf rechts auf einem breiten Ziehweg zurück und in SSO-Richtung bergauf. Der Weg kreuzt den bereits weiter unten überquerten Nebenbach abermals und leitet kurz darauf in einer Linkskurve steil den Hang hinauf.

Wandergenuss am Westkamm des Hirschhörnlkopfs

Auf 888 Metern Höhe mündet er in unmittelbarer Nähe zum Bach in einen ❷ **Querweg** ein, in den wir rechts einschwenken. Wir gehen in einen Sattel zwischen dem Hauptmassiv des Bergs und einer kleinen Erhebung hinauf und biegen dann nicht scharf links steil hinauf ab, sondern wählen den ungefähr auf gleicher Höhe weiter-

führenden Weg links. Bei einem weiteren schwach ausgeprägten Sattel geht es dann abermals links weiter.

Vorbei an der alten Maieralm Auf dem nunmehr schmalen Pfad queren wir die gesamte östliche Talseite des Laingrabens, wobei mehrere Bachläufe zu überqueren sind und sich ausgesetzte Passagen und Flachetappen abwechseln. Die markanteste Bachquerung ist die des Brandgrabens, 150 Meter weiter kommen wir an den Grundmauern der ❸ Maieralm vorbei (in manchen Karten fälschlicherweise als »Marienalm« bezeichnet), und nach weiteren rund 600 Metern mündet der Pfad in eine Forststraße. Dieser folgen wir nach rechts um die Steilflanken der Kaltwasserwand herum, über den Bach hinweg und an einer Hütte vorbei hinauf zu einer ❹ Kreuzung mehrerer Straßen.

Zum aussichtsreichen Hirschhörnlkopf Hier nehmen wir den mittleren der drei anderen Straßenäste, der steil nach links aufwärtsführt, und wandern auf ihm bis zur Verzweigung am Waldrand. Zur Kotalm und zum Hirschhörnlkopf geht es nun links (südwärts) auf der Fahrstraße weiter; wer die Tour abkürzen und gleich zum Graseck gehen möchte, wandert geradeaus. Von der nach wenigen Minuten erreichten ❺ Kotalm führen zwei Wege auf den ❻ Hirschhörnlkopf: erstens der markierte und ausgeschilderte Wanderweg, der wenige Schritte hinter der Kotalm links beginnt, in einer langen Querung bis zur Pfundalm emporzieht und über den Ostrücken den Gipfel erreicht; zweitens ein unmarkierter, schmaler Waldpfad, den man findet, indem man ca. fünf Meter, bevor man das Gebäude der Kotalm erreicht, lotrecht links zum Wald hinaufsteigt; er führt zum Westrücken des Bergs hinauf und immer auf

Tiefblick zum Walchensee, in der Bildmitte hinten die Zugspitze

diesem zum Gipfel. Beide Wege lassen sich ideal miteinander kombinieren.

Tiefblicke auf den Kochelsee Zurück bei der Kotalm, spazieren wir wieder zur Verzweigung am Waldrand und kurz links den Fahrweg hinauf, bevor wir dann, wie ausgeschildert, im Wald rechts hinauf zum ❼ Graseck steigen. Nun können wir nordwärts einen kurzen Abstecher zur aussichtsreichen, wenn auch etwas niedrigeren Sonnenspitz machen. Von dort gibt es direkte nordseitige Abstiegsmöglichkeiten nach Kochel, landschaftlich reizvoller ist es jedoch, zum Graseck zurückzugehen und dem Kammverlauf auf einem Pfad nach rechts zu folgen. Der mit blauen Punkten markierte Pfad führt bald links in die steile, mit auffälligen Gräsern bewachsene Südflanke hinab. Bei einer Wegverzweigung (großer Baum mit rot-weißer Markierung) gehen wir rechts weiter und queren nun die Hänge nach Westen, wobei zahlreiche beim Neujahrsbrand 2017 angekohlte Baumstämme unsere Aufmerksamkeit erregen. Von einer Aussichtskanzel genießen wir noch einmal einen herrlichen Seeblick, dann geht's hinunter zum flachen Gelände der ehemaligen Geißalm und rechts auf vielen Serpentinen steil weiter abwärts.

Naturschönheit: der Lainbachfall

Auf schmalen Wegen wieder ins Tal Nun wartet noch eine knifflige Aufgabe der Wegfindung: Auf ca. 800 Metern Höhe, in der Nähe eines von mehreren zu überquerenden kleinen Bächen, heißt es rechts auf einen kaum kenntlichen ❽ Pfad abbiegen, der die Hänge in Nordostrichtung quert, zwischenzeitlich rund 35 Höhenmeter bis zu einer Bachquerung ansteigt und dann auf gleicher Höhe oder mit Gefälle nordwärts weiterführt, bis er in einen breiteren Weg einmündet und in annähernd gleicher Richtung links am Kienstein vorbei weiter hinabzieht. (Wer die Abzweigung des Pfads bei Wegpunkt 8 verpasst, hat auch die Möglichkeit, dem Hauptweg zu folgen, mithilfe der Karte weiter unten nach rechts über den Bach zu wechseln und einen Weg in Richtung Kienstein zu finden oder direkt nach Kochel abzusteigen.) Nördlich unterhalb des Kiensteins mündet der Pfad bald in eine Fahrstraßenkreuzung; hier geht es geradeaus weiter zum nahe gelegenen Lainbach, über diesen hinweg und nach links zum Ausgangspunkt.

55

Rund um das Kuhalmtal

Große Panoramarunde mit sieben Gipfeln

Mittel | 21 km | 2000 m | 8–10 Std.

Tourencharakter
Mittelschwere, sehr lange Rundtour mit vielen Auf- und Abstiegen; Aufstieg zur Kieneckspitz auf schmalem, verwachsenem, alpinem Pfad; im Übergang zum Kienjoch etwas Felsgelände; im Abstieg von der Notkarspitze einige ausgesetzte, drahtseilversicherte Stellen; Bergerfahrung und sehr gute Kondition erforderlich

Ausgangs-/Endpunkt
Parkplatz links der Straße von Ettal nach Graswang, unmittelbar vor Überquerung der Linder

Anfahrt
Bus/Bahn: Bahn nach Oberau, weiter mit Bus bis Ettaler Mühle, von dort zu Fuß in 15 Min. zum Ausgangspunkt

Einkehr
Unterwegs keine

Karte
AV-Karte BY 7 Ammergebirge Ost
1:25000

Die Ammergauer Alpen zählen zu den stilleren und weniger bekannten Gebirgsgruppen Bayerns. Daher kann man auch auf prächtigen Höhenwanderungen wie der Umrundung des Kuhalmtals (oder Kühalpenbachtals) stundenlang allein unterwegs sein. Nur der letzte der sieben Gipfel, die Notkarspitze, wird häufig bestiegen.

Anmarsch zur Kieneckspitz Die lange Rundtour beginnt mit einer flachen Taletappe. Vom Parkplatz geht es westlich und südwestlich eben im Wald dahin, bis nach zwei Kilometern ein Schild nach links zum Wasserfall weist. Dieser Straße folgt man, biegt bei der nächsten Verzweigung rechts ab, überquert den Kühalpenbach und erreicht wenig später ein Holzschild mit der Aufschrift »Kuhalmstraße«, das den ❶ **Beginn des Pfades** markiert. Hierher gelangt man übrigens auch von Graswang her, was für all diejenigen interessant ist, die das Kuhalmtal nicht komplett umrunden, sondern durch dieses absteigen wollen.

Steiles, alpines Gelände Auf dem Pfad wandert man südwestlich mitten durch mehrere kleine Bachläufe hinauf, was von Beginn an einen sicheren Tritt erfordert. Der Pfad mündet bald in die Kuhalmstraße und setzt sich gegenüber etwas rechts versetzt fort. Auf dem meist gut sichtbaren, aber schmalen Weg erklimmt man nun in weit ausholender Zickzack-Führung die Steilflanke des Schattenwalds und erreicht den Nordostkamm der Kieneckspitz. Dieser vermittelt die weitere Aufstiegsroute zum ❷ **Vorgipfel**, der über seine zuletzt sehr steile und felsige Nordseite bestiegen wird. Ein fabelhafter Blick über die gesamte Gipfelkette der Rundtour tut sich auf, dahinter ragt beherrschend die Zugspitze hervor. Vom Vorgipfel geht es zuerst westlich, dann südlich in Kammnähe weiter zur Kieneckspitz – eine für trittsichere Bergsteiger sehr genussreiche und meist einsame Wanderung mit alpiner Note.

Hinauf zum höchsten Punkt Der Übergang zum Kienjoch erfordert Aufmerksamkeit, da er über mehrere Felsstufen führt, ohne aber wirklich schwierig zu sein. Am Gipfel des ❸ **Kienjochs**, dem höchsten Punkt der Tour, wartet schließlich ein Gipfelkreuz mit Sitzgelegenheiten. Mit wunderbaren Ausblicken nach Süden überquert man nun den vorgelagerten Geißsprungkopf und steigt in den Sattel ab, von wo ein Pfad rechts (westlich) ins Elmautal und kurz darauf ein weiterer nach links ins obere Kuhalmtal hinabführt; Letzterer stellt eine gute Möglichkeit dar, die Rundtour abzukürzen und über die schöne Kühalpenbachschlucht zurück zum Ausgangspunkt zu wandern. Die Überschreitung führt jedoch in Kammnähe und über einige Serpentinen durch Latschengelände weiter zum ❹ **Windstierlkopf**, dessen höchster Punkt über einen kurzen Abstecher erreichbar ist.

Die Hälfte ist geschafft Der Weg steigt östlich über die Wiesen der Enningalm hinweg weiter zum unbedeutenden Felderkopf und immer rechts unterhalb des Grates zum ❺ **Vorderen Felderkopf** hinauf. Zügig geht es nordöstlich weiter zum Großen Zunderkopf, und der Blick wandert hinüber zu Kieneckspitz und Kienjoch, die nun direkt westlich gegenüberliegen. Vollständig durch Latschengassen überquert man nun den Grat zum Brünstelskopf, wobei unterwegs mehrere, teils nicht in den Karten verzeichnete Pfade abzweigen. Achtgeben sollte man auf einen Abzweig auf dem Grat, noch im Abstieg vom Großen Zunderkopf: Der Hauptweg führt dort links vom Grat hinunter, während unmittelbar rechts der Kammlinie ein schwacher Pfad geradeaus weiterführt, der allerdings bald sehr mühsam zu begehen und nicht zu empfehlen ist; beide Varianten vereinigen sich kurz darauf wieder. Geradeaus erreicht man nach kurzem Aufstieg den ❻ **Brünstelskopf**. Durch eine Schneise und von Erosionsvorgängen geprägte Hänge geht es nun steil nordwärts hinab in einen Sattel, um die folgende Erhebung rechts herum und weiter hinunter bis zum Hasensattel (wiederum Abstieg nach links zur Kuhalm möglich).

Anstrengender Schlussaufstieg Der letzte Gipfel, die ❼ **Notkarspitze**, wartet nun mit dem höchsten Zwischenaufstieg des Tages auf – 390 Höhenmeter, die am Ende der Überschreitung noch einmal richtig in die Beine gehen! Dann ist es geschafft, und man darf sich beim Blick in die Gipfelrunde all das Erlebte noch einmal durch den Kopf gehen lassen. Ein letztes Mal ist Konzentration gefordert, wenn man über den Nordgrat ins Notkar hinabsteigt, wenn die darauffolgenden Hänge gequert werden und der abschließende Steilabstieg mit seinen unzähligen Spitzkehren nicht enden will. Drahtseile erleichtern an einigen Stellen das Vorwärtskommen, und der anspruchsvolle Steig fordert bis kurz vor Schluss Aufmerksamkeit und Trittsicherheit. Dann aber wird das Gelände plötzlich flach, eine Forststraße führt links in zehn Minuten zum Parkplatz, und die Verlockung ist bei entsprechendem Wasserstand groß, die große Rundtour mit einem Bad in der eiskalten Linder zu »begießen«.

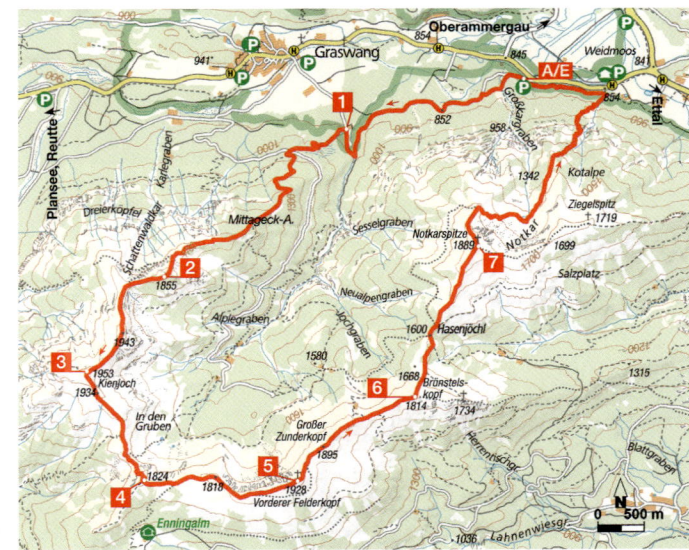

Allgäu und Bodensee

**Hafenmole Lindau (o. li.).
Stuiben-Gipfel (u. li.).
Klosterkirche Baindt (o. re.).
Saftige Weiden auf dem
Bodanrück (u. re.).**

56 Tegelberg und Schloss Neuschwanstein

Vom traumhaften Panoramaberg zum Königsschloss

Mittel   9 km   ↑200 m ↓1100 m 3.15 Std.

Tourencharakter
Dank der Seilbahn eine Wanderung ohne größere Anstrengungen. Der kurze Aufstieg zum aussichtsreichen Branderschrofen beginnt als Spazierweg und endet in einer Kletterpassage, die nur etwas für schwindelfreie und trittsichere Wanderer ist. Auch der über zahlreiche Serpentinen verlaufende Abstieg zur Marienbrücke setzt Trittsicherheit voraus, stellt aber sonst keine Probleme dar. In der Pöllatschlucht bei Nässe etwas rutschig.

Ausgangs-/Endpunkt
Hohenschwangau, Tegelbergbahn-Talstation und -Bergstation
tegelbergbahn.de

Anfahrt
Bus/Bahn: Mit dem Bus von Füssen zur Talstation. **Auto:** Parkplatz an der Talstation

Einkehr
Tegelberghaus, Bergrestaurant Panorama

Karte
Landesamt für Digitalisierung, Breitband und Vermessung, UK50-48 Füssen 1:50000; Zumstein Wanderkarte Nr. 1 Füssen

Der Tegelberg ist einer der spektakulärsten Aussichtsgipfel über dem voralpinen Seenland des Ostallgäus. Dank der Seilbahn ist es dort oben zwar ziemlich voll, aber dafür besteigen nur wenige den Berg zu Fuß. Nachdem wir das herrliche Panorama vom Gipfel genossen haben, können wir uns deshalb auf einen erstaunlich ruhigen und gleichzeitig wunderschönen Abstieg vom Tegelberg hinab zum Schloss Neuschwanstein und zur Pöllatschlucht freuen.

Zum Branderschrofen Die Seilbahn bringt uns schnell hinauf auf 1720 Meter. Der steil und übergangslos aus dem recht flachen Ostallgäuer Voralpenland emporsteigende Tegelberg bietet nicht nur ein sensationelles Panorama, sondern auch eine perfekte Thermik und beste Flugbedingungen für Paraglider und Drachenflieger, deren Starts man direkt neben der Bergstation miterleben kann. Zum eigentlichen Gipfel des Tegelbergs, dem Branderschrofen, führt links ein breiter Weg den latschenbestandenen Hang hinauf. Kurz unterhalb des Gipfels wird der Pfad plötzlich

Auf dem Branderschrofen-Gipfel

schmal und steil, einige seilgesicherte Kletterpassagen sorgen dafür, dass die meisten – nicht für »richtige« Wanderungen ausgerüsteten – Seilbahnbenutzer zurückbleiben und es rund ums Gipfelkreuz am Branderschrofen vergleichsweise ruhig zugeht. Vom herrlichen Gipfel gelangen wir auf dem gleichen Weg wieder hinunter zur Bergstation.

Abstieg zum Schloss Von der Bergstation geht es westwärts auf dem Grat am Tegelberghaus vorbei (Wegweiser »Marienbrücke«). Der breite Weg wendet sich kurz darauf nach rechts und führt uns unterhalb der Seilbahntrasse

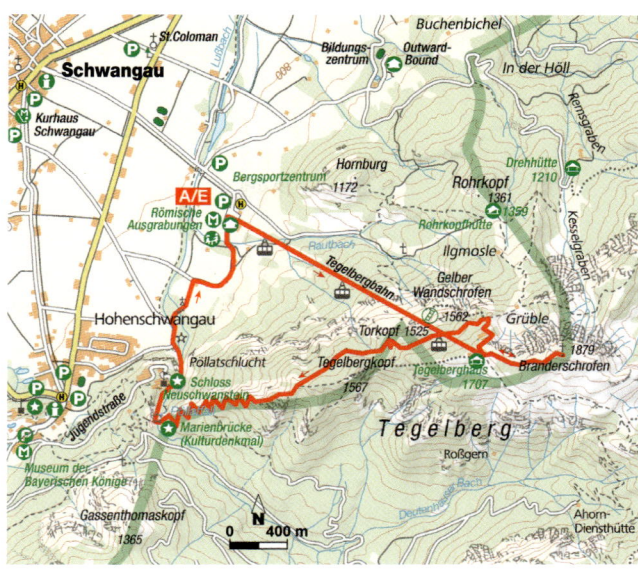

abwärts. An der nächsten Gabelung biegen wir wieder nach links und wandern erneut unterhalb der Seilbahn hindurch. Der Weg verläuft nun entlang des steilen, bewaldeten Nordhangs des Tegelberggrates und verliert dabei allmählich an Höhe. Dort, wo der Grat schließlich steil nach Westen abfällt, wechseln wir auf die sonnendurchflutete Südseite und steigen in zahllosen Serpentinen bergab. Immer wieder öffnen sich fantastische Ausblicke, das anfangs noch unscheinbare Schloss Neuschwanstein zieht immer mehr die Blicke auf sich. Gegen Ende des Abstiegs wandern wir durch einen hübschen Buchenwald, ehe wir ganz überraschend hinter einer Biegung die Marienbrücke vor uns auftauchen sehen, die in schwindelerregender Höhe die schmale Pöllatschlucht überspannt. Die enge Brücke ist meist fest in »asiatischer Hand«, aber dass es dort so überfüllt zugeht, kann man angesichts des grandiosen Blicks auf Schloss Neuschwanstein nur allzu gut nachvollziehen.

Durch die Pöllatschlucht Auf der anderen Seite der Brücke führt ein breiter Fahrweg rechts hinunter in Richtung Schloss. Wir passieren den schönen Aussichtspunkt »Jugend«, biegen kurz vor dem Schloss nach rechts ab und lassen damit den Trubel rund ums Schloss schon wieder hinter uns. Ein langer Treppenweg bringt uns hinab zu einem schönen Wasserfall mit der darüber thronenden Marienbrücke. Das anfangs noch recht breite Tal verengt sich bald zu einer schmalen Klamm, der Pöllatschlucht, die wir nur auf einem an der Felswand angebrachten Metallsteg durchqueren können. Am unteren Ende der Klamm kommen wir an einer alten Wassermühle vorbei, queren die Pöllat, folgen den Wegweisern entlang des Flusses und erreichen schließlich über offene Wiesen die Tegelbergbahn-Talstation.

Hinweis In umgekehrter Reihenfolge ist die Wanderung zwar anstrengender, aber man hat den Vorteil, dass der (Aussichts-)Höhepunkt am Ende der Tour liegt. Auch kann man die an Wochenenden oft recht lange Warterei an der Seilbahn umgehen. Welche Richtung man auch bevorzugt: Es wartet eine großartige Runde im Königswinkel.

57 Spieser und Kleiner Hirschberg

Gemütliche Runde zu herrlichen Aussichtsgipfeln

Mittel · 10 km · 650 m · 4.30 Std.

Tourencharakter
Gut begehbare Wanderwege ohne besondere Schwierigkeiten. Nach längeren Regenfällen einige recht matschige Passagen

Ausgangs-/Endpunkt
Oberjoch

Anfahrt
Bus/Bahn: Mit Bus von Hindelang/Sonthofen/Wertach nach Oberjoch.
Auto: mehrere Parkplätze im Ort

Einkehr
Hirschalpe, Klankalpe

Karte
Landesamt für Digitalisierung, Breitband und Vermessung, UK50-47 Allgäuer Alpen 1:50 000

Spieser, Kleiner Hirschberg und Jochschrofen sind sicherlich keine besonders auffallenden oder spektakulären Berge, doch bieten sie großartige Ausblicke über Ostrachtal und Tannheimer Tal, gepaart mit reizvollen Wiesenhängen, verträumten Hochmooren und stillen Waldwegen.

Sturmschäden im Bergwald Vom großen Parkplatz in der Ortsmitte folgen wir der Hauptstraße Richtung Hindelang für einige hundert Meter und nehmen dann die steile Straße hinauf zum Alpenhotel Oberjoch. Durch das Hotelgelände gehen wir hindurch bis auf seine Rückseite, wo uns ein Schild den Weg zur Hirschalpe weist. Der Weg führt leicht ansteigend über einen offenen Hang, der noch immer die Spuren eines verheerenden Sturms in den 90er-Jahren trägt. Links bietet sich ein schöner Blick auf Rotspitz, Imbergerhorn und die Daumen-Gruppe. Wir folgen einem hübschen Panoramaweg, der uns bald zum Aussichtspunkt »Ifenblick« bringt. Der Ifen ist zwar auch weit in der Ferne auszumachen, aber viel schöner ist die unmittelbare Nähe, der Blick auf das unter uns liegende Ostrachtal, Bad Hindelang und den Kleinen Hirschberg, unser erstes heutiges Gipfelziel.

Hinauf zum Hirschberg Vom Aussichtspunkt windet sich der Pfad für eine kurze Strecke steil den Berg hinauf, verläuft dann eben den Steilhang entlang und trifft nach zehn Minuten auf eine Straße. Dieser folgen wir für 200 Meter und biegen dann nach links auf einen breiten, ebenen Forstweg.

Tiefblick vom Kleinen Hirschberg auf Bad Oberdorf, im Hintergrund der Große Daumen

Nach einigen Minuten beginnt rechts ein schmaler Pfad (»Hirschberg «), auf dem wir steil durch dichten Wald ansteigen. Oberhalb eines hohen Wasserfalls queren wir den Hirschbach und erreichen nach einem weiteren Anstieg die Kuppe des Kleinen Hirschbergs. Das Gipfelkreuz steht nicht auf dem höchsten Punkt, sondern am aussichtsreichsten Platz direkt vorne an der Felskante. Ein fantastischer Tiefblick erwartet uns mit einem Panorama vom Tannheimer Tal bis zum Kleinwalsertal. Direkt unter uns breiten sich die Spielzeughäuser von Hindelang und Oberdorf aus.

Zum Spieser Vom Gipfelkreuz gehen wir wieder etwa 50 Meter zurück und folgen der Beschilderung zur Klankalpe, die wir nach etwa 20 Minuten erreichen. Ein Wegweiser zum Spieser zeigt uns den weiteren Weg. Auf einem breiten Schotterweg gelangen wir zu einer idyllischen Almfläche mit zahlreichen verstreut liegenden kleinen Heustadeln. Am tiefsten Punkt dieser Almwiese halten wir uns rechts und queren einen kleinen Bach. Auf der anderen Seite eines kleinen Waldstücks erstreckt sich vor uns eine reizvolle Hochmoorlandschaft; ein Holzbohlenweg verhindert, dass wir dem feuchten und matschigen Moor – und unseren Wanderschuhen – größeren Schaden zufügen. Vor uns erhebt sich der Spieser. Über eine feuchte Wiese steigen wir seinen Westhang hinauf und gelangen schließlich nach einem steilen letzten Anstieg auf seinen Gipfel. Der Spieser kann auch auf einem weitgehend ebenen Weg umgangen werden. Über die Hirschalpe gelangt man nach 30 Minuten wieder auf den Pfad, der vom Spieser herunterkommt.

Über den Jochschrofen Wir genießen das herrliche Panorama vom Spieser, wandern genüsslich über die weiten Wiesenflächen bergab und gelangen zu einer kleinen Scharte, dem Steinpasssattel. Dort stößt von rechts der Umgehungsweg zu uns – die Hirschalpe als einzige Einkehrmöglichkeit auf dieser Tour ist nur etwa zehn Minuten entfernt.

Ein erneuter Anstieg bringt uns schließlich auf den breiten Rücken des Jochschrofens (auf Wegweisern wird dieser Gipfel »Ornach« genannt). Achtung: An diesem schattigen, steilen Nordhang kann bis weit in den Mai unangenehmer Altschnee liegen! Der eigentliche Gipfel erhebt sich etwas im Westen, aber auch diese Wiese ist ein wunderschönes Plätzchen mit einem prächtigen Panorama, gerade recht, um die heutige Wanderung abzuschließen.

Der Abstieg erfolgt anfangs in weiten Serpentinen über den sonnendurchfluteten Wiesenhang, später auf einer Fahrstraße durch Wald. Knapp oberhalb des Ortes Oberjoch verlassen wir in einer scharfen Linkskehre die Straße und wandern ca. 50 Meter weiter geradeaus, um dann links zum Ort abzusteigen.

58 Der Sonnenkopfgrat

Aussichtsreiche Gratwanderung über drei Gipfel

Mittel   10,7 km   800 m   4.30 Std.

Tourencharakter
Auf- und Abstieg durch Wald und Wiesen. Schöne Gratwanderung über die drei Sonnenkopfgipfel mit schöner Aussicht auf Illertal und die nahen Nordabstürze von Nebelhorn und Großem Daumen. Bei Nässe etwas unangenehm

Ausgangspunkt
Hinang, Gasthaus Sonnenklause

Anfahrt
Auto: Die Sonnenklause ist nur mit Pkw erreichbar. **Bus/Bahn:** Bus von Sonthofen/Oberstdorf nach Hinang, von dort ca. 2 km, 220 Hm zu Fuß

Einkehr
Gasthaus Sonnenklause, Altstädter Hof

Karte
Landesamt für Digitalisierung, Breitband und Vermessung, UK50-47 Allgäuer Alpen 1:50 000; Zumstein Wanderkarte Nr. 4 Oberstdorf

Während die westlich des Illertals gelegene Hörnerkette wegen der guten Seilbahnerschließung recht überlaufen ist, geht es auf ihrem östlichen Gegenstück ziemlich ruhig zu. Obwohl die Berge auf der einen Seite »Hörner« genannt werden und auf der anderen »Köpfe«, handelt es sich im Grunde doch um das Gleiche: lang gezogene Höhenrücken mit einzelnen runden Buckeln, weiten Wiesenflächen und prächtiger Aussicht, wobei die Sonnenköpfe steilere Hänge aufweisen.

Aufstieg zum Grat Wir lassen unser Auto auf dem Parkplatz an der Sonnenklause und folgen der Straße weiter bergauf bis zu einer Weggabelung. Rechts führt die Straße direkt hinauf zum Sonnenkopf, wir nehmen allerdings den linken Schotterweg in Richtung »Altstädter Hof«. Am Rande einer großen Wiese steigen wir bergan, erreichen einen dichten Wald und gelangen nach einem längeren Anstieg zum Altstädter Hof inmitten einer aussichtsreichen Alpweide. Auf einer Forststraße gehen wir weiter bergauf, erst durch Wiese, dann durch Wald, und biegen schließlich rechts auf einen schmalen Pfad ein. Wenig später gelangen wir zu einer kleinen, reizvollen, aber etwas feuchten Lichtung, dem Hühnermoos. Der Weg zieht sich steil an einer Kante hinauf, hinter der das Gelände abrupt ins Retterschwanger Tal abfällt, bis wir den Wiesengrat erreichen.

Blick vom Schnippenkopf zum Großen Daumen

Ein Gipfel nach dem anderen Gemächlich ansteigend geht es nun weiter zum ersten Gipfel, dem namengebenden Sonnenkopf. Links unter uns erstreckt sich das Retterschwanger Tal, überragt von den mächtigen Dolomitwänden zwischen Nebelhorn und Großem Daumen, über die der Hindelanger Klettersteig verläuft. Wer das einmalige Auf und Ab meiden will, kann den folgenden Heidelbeerkopf steigungslos auf seiner Westflanke umgehen und peilt gleich den höchsten Punkt der Wanderung an, den Schnippenkopf. Durch seine steile, bei Nässe unangenehm rutschige Nord-

flanke ansteigend gelangt man auf einen weiträumigen Wiesenbuckel mit wunderschönem Rundumblick über das Illertal bis weit hinein ins Kleinwalsertal.

Über eine offene Wiese mit einigen Latschenkiefern steigen wir bergab bis zur Falkenalpe, wo wir rechts abbiegen und quer zum Hang eine Scharte ansteuern. Über Lawinenhänge nun auf etwas matschigem Weg hinunter in den Talkessel der Entschenalpe. Dort gelangen wir auf eine Teerstraße, die unangenehm steil bergab führt, aber durch die freien Wiesenhänge mit einem schönen Panorama entschädigt. Im Wald unter uns sind bereits die Dächer der Sonnenklause zu erkennen.

In einer steilen Kehre verlassen wir die Teerstraße und folgen rechts einem schmalen, herrlich gelenkschonenden, weichen Waldweg. Immer geradeaus erreichen wir schließlich die offenen Wiesenflächen der Sonnenklause.

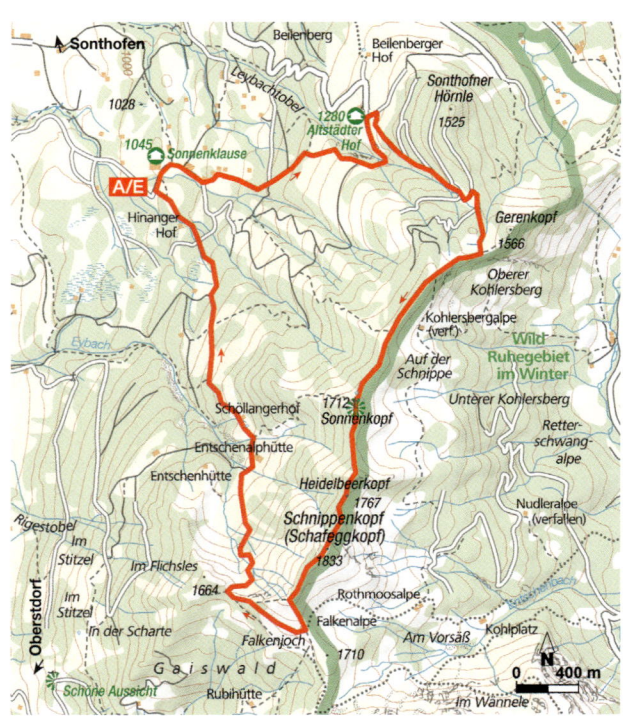

Geißberg

Unscheinbarer Berg mit überraschendem Panorama

59

Mittel	6 km	550 m	3 Std

Tourencharakter
Schattiger, steiler und unspektakulärer Aufstieg durch dichten Mischwald, wunderschöne und einsame Wiese auf der Bergkuppe mit prächtigem Panorama

Ausgangs-/Endpunkt
Tiefenbach

Anfahrt
Bus/Bahn: Mit Bus ab Oberstdorf/Fischen. **Auto:** Parkplatz in der Dorfmitte

Einkehr
Keine

Karte
Landesamt für Digitalisierung, Breitband und Vermessung, UK50-47 Allgäuer Alpen 1:50 000; Zumstein Wanderkarte Nr. 4 Oberstdorf

Der Geißberg? Sofern man diesen Berg überhaupt wahrnimmt, zeigt er sich aus dem Tal als bewaldeter, unscheinbarer Buckel. Warum sollte man dort hochsteigen …? Vage erinnerte ich mich bei der Vorbereitung zu diesem Buch an die Empfehlung einer Einheimischen, die mir ganz begeistert vom Geißberg erzählt hatte, einem ihrer Lieblings-Aussichtsgipfel. Nun denn, dachte ich mir, ein Versuch kann nicht schaden, stieg hinauf – und war fasziniert vom großartigen Panorama!

Beginn in Tiefenbach Unsere Tour startet in Tiefenbach, direkt in der Dorfmitte (Parkplatz bzw. Bushaltestelle). Wir gehen die Straße Richtung Rohrmoos für etwa 150 Meter bergab und biegen kurz nach der Brücke rechts ab. Der Weg führt ansteigend einen Bach entlang, bis wir nach zehn Minuten am oberen Dorfrand eine schmale Straße erreichen. Diese Straße führt steil bergauf bis zu einem kleinen weißen Häuschen, von wo wir einen schönen Blick über Tiefenbach haben, und wird dann zu einem breiten Waldweg. Die Routenbeschreibung erübrigt sich fast, denn es gibt nur einen Weg – breit und nicht zu verfehlen – sowie nur ein Ziel,

Aufstieg zum Geißberg

das auf diesem Weg erreicht werden kann. Durch schönen Mischwald geht es wenig spektakulär aufwärts. Angesichts des teilweise äußerst steilen Anstiegs drängt sich der Verdacht auf, die Wegebauer hätten Serpentinen für überflüssigen Schnickschnack gehalten. Nach zwei Drittel des Anstiegs erreichen wir eine kleine Lichtung, ehe der Weg wieder in den Wald eintaucht. Und urplötzlich öffnet sich das dichte Grün und wir stehen auf einer freien Wiese, die sich bis zum runden Gipfel des Geißbergs hinaufzieht. Der ursprüngliche Zweck der Wiese dürfte durch den Namen hinreichend erklärt sein; Geisberge und Gaishörner gibt es

mehrere im Allgäu, und auch die vielen unterschiedlichen Schreibweisen Geisberg, Geißberg, Gaisberg sind nichts Ungewöhnliches, sobald die vierbeinigen Bartträger namengebend sind. Der Vergleich mag etwas hinken, aber der abgeflachte Berggipfel erscheint fast wie ein Männerkopf, mit dichtem Haar drumherum, aber einer kleinen, von unten nicht sichtbaren kahlen Stelle am Hinterkopf. Glatze oder nicht, am Gipfelkreuz wartet eine Bank auf uns und um das Gipfelkreuz herum eine herrliche Wiese, die wir meist ganz für uns alleine haben und die uns mit einem völlig unerwarteten, großartigen Panorama belohnt: Der Blick reicht vom Grünten über die gesamte Kette des Allgäuer Hauptkamms bis zum Fellhorngrat. Der Abstieg erfolgt auf dem gleichen Weg und bringt uns in etwas mehr als einer Stunde zurück nach Tiefenbach.

Die aussichtsreiche Kuppe des Geißbergs: Oberstdorf zwischen Nebelhorn und Höfats

60 Vom Gunzesrieder Tal zum Stuiben und Steineberg

Auf stillen Pfaden zum Grat der Nagelfluhkette

Mittel · 14,1 km · 900 m · 5.30 Std.

Tourencharakter
Steiler, abwechslungsreicher Aufstieg zum Kamm, wunderschöne Gratwanderung mit einigen drahtseilgesicherten Kletterpassagen zu markanten Gipfeln

Ausgangs-/Endpunkt
Gunzesried Säge

Anfahrt
Bus/Bahn: Bus ab Sonthofen nach Gunzesried-Säge. **Auto:** Parkplatz in Gunzesried-Säge, vor der Brücke

Einkehr
Vordere Krumbachalpe

Karte
Landesamt für Digitalisierung, Breitband und Vermessung, UK50-47 Allgäuer Alpen 1:50 000; Zumstein Wanderkarte Nr. 6 Immenstadt

Der gesamte Nagelfluhgrat erstreckt sich über eine Länge von ca. 20 Kilometern vom österreichischen Hittisau bis nach Immenstadt, eine lange Kette von Gipfeln mit dem Hochgrat als höchster Erhebung. Die Tour zwischen Hochgratbahn und Mittagbahn bei Immenstadt ist eine beliebte Langstreckenwanderung, allerdings wegen des doch beträchtlichen Auf und Ab nicht zu unterschätzen. Der Stuiben ist als Einzelgipfel vermutlich das beeindruckendste Ziel.

Start in Gunzesried-Säge Die Wanderung beginnt am großen Parkplatz bei Gunzesried-Säge. Einige Meter die Straße entlang und über die Brücke. Gleich dahinter folgen wir rechts dem Wegweiser Richtung Stuiben. Bei der nächsten Verzweigung, bereits nach wenigen Metern, halten wir uns rechts und gehen auf der Fahrstraße gemächlich bergauf bis zur Alpe Vorderschönbuch. Dort zweigt ein schmaler Weg ab, der sich steil den Hang hinaufzieht. Abwechselnd durch Wald, Wiesen und Lichtungen steigen wir bergan bis zum schönen Alpboden von Wiesach mit seiner

Der Stuiben-Gipfel, im Hintergrund der Allgäuer Hauptkamm

kleinen Häuseransammlung und einer Kapelle, überragt vom Stuiben. Alpidylle pur! Wir folgen nicht dem Wegweiser zum Stuiben geradeaus, sondern halten uns links und bleiben auf dem breiten Weg, der uns ohne Steigung durch die ausgedehnte Almwiese westwärts führt. Vorbei an der schönen Falkenalpe erreichen wir nach 30 Minuten die Ornachalpe. Auf dem nach rechts abbiegenden Pfad gewinnen wir rasch an Höhe, immer wieder begleitet von schönen Ausblicken auf das Gunzesrieder Tal und die dahinter liegenden Bergkuppen der Hörnerkette, des Ochsenkopfes und des Siplingerkopfes. Immer wieder fallen die Gesteinspartien mit dem namengebenden Nagelfluhgestein ins Auge, ein Konglomerat aus abgerundeten Gesteinsbrocken, das an Waschbeton erinnert. Es handelt sich um ehemalige Flussschotter, die zu festem Gestein verbacken wurden. Die durch die Verwitterung wieder gelösten runden Steine, die überall die Wege bedecken, machen das Gehen manchmal etwas wackelig.

Schließlich öffnet sich vor uns ein weiter Kessel, im Hintergrund überragt von einer steilen Felswand, die mit ihren schräg gestellten Gesteinsschichten fast den Eindruck erweckt, als strebte sie in einer fließenden Bewegung bergwärts. Unter der Felswand erkennen wir noch die Reste der ehemaligen Rothenalpe, der wir letztlich diese offene Grasfläche verdanken. Zwar sind im Allgäu erstaunlich viele Alphütten erhalten und bewirtschaftet, doch trifft man beim Wandern immer wieder auf verfallene und verlassene Hütten, deren Betrieb nicht mehr wirtschaftlich war bzw. zu denen keine Fahrstraße gebaut werden konnte. Da kaum noch ein Bergbauer bereit ist, den Sommer abgeschieden und fernab auf seiner Alpe zu verbringen, wäre ohne die weiträumige Erschließung der Berge durch Fahrstraßen eine Aufrechterhaltung der Alpwirtschaft nicht denkbar.

Oberhalb des weiten Kessels erstreckt sich der Grat, dem wir auf steilen Serpentinen entgegensteigen und schließlich am Sattel des Sedererstuiben erreichen. Zum Gipfel des Stuiben sind es noch 80 Höhenmeter, die wir in wenigen Minuten bewältigen. Der Rundblick ist überwältigend und reicht vom Bodensee über den Säntis und den Bregenzerwald bis hin zur Allgäuer Hauptkette und den Tannheimer Bergen. Im Westen präsentiert sich das Auf und Ab der gesamten Nagelfluhkette.

Wunderschöne Höhenwanderung Vom Gipfel folgen wir dem Gratweg, der hier seinem Namen wirklich alle Ehre macht, und steigen steil bergab in Richtung Steineberg. Schwindelfrei sollte man schon sein angesichts des senkrechten Abbruchs zu unserer Linken, wo sich tief unten der liebliche Almboden der Gundalpe erstreckt. Der Weg erfordert absolute Konzentration und gute Trittsicherheit, einige Stellen sind drahtseilgesichert, und wegen des Gerölls auf dem Weg sind Teleskopstöcke unbedingt anzuraten. Trotzdem sollte man sich immer mal eine kleine Pause gönnen, um den herrlichen Rundumblick zu genießen. Nachdem wir etwa 150 Höhenmeter verloren haben, erreichen wir einen Sattel mit einer Abstiegsmöglichkeit ins Gunzesrieder Tal. Wir bleiben auf dem Grat, der sich nach einem kurzen bewaldeten Anstieg wieder als aussichtsreicher Wiesenkamm zeigt. Nach einer kleinen Kletterstelle gelangen wir auf einen lang gestreckten Wiesenrücken und laufen zügig die letzten Meter bis zum Gipfelkreuz des Steinebergs. Vor uns breitet sich das Illertal aus, nördlich unterhalb der senkrechten Felswand zieht sich das Steigbachtal hinunter nach Immenstadt und jenseits der steilen Wiesenflächen, die den Gipfel nach Süden umfassen, breiten sich die gesamten üblichen Verdächtigen der Allgäuer Alpen aus. Gegen Nachmittag hat man diesen Gipfel häufig ganz für sich allein, weil das Gros der Wanderer bereits auf dem Rückweg zur Mittagbahn ist.

Wanderer mit der entsprechenden Erfahrung können sich ein wenig Nervenkitzel auf dem Abstieg gönnen: Direkt neben dem Gipfelkreuz ragt das Ende einer Leiter über die Kante. Wem allein beim Anblick dieser ca. 20 Meter fast senkrecht hinunter-

Panorama vom Steineberg: Immenstadt, Grünten, Sonthofen

führenden Leiter schon mulmig wird, kann diese Kletterpartie meiden, geht ein paar Meter auf dem Wiesensattel zurück, steigt nach rechts ab und nimmt den Weg unterhalb der steilen Nordwand bis zum Fuß der Leiter.

Der Abstieg Wir folgen dem Gratweg weiter abwärts und erreichen eine weite Wiesenfläche, die uns auf breitem Weg zur Vorderen Krumbachalpe bringt. Ab der Alpe haben wir etwas unangenehmen Teerbelag unter unseren Füßen, auf dem wir relativ steil durch die offenen Almflächen bergab steigen. Wir passieren die Dürrehornalpe und gelangen auf den ebenen Alpboden der Winkelwiesalpe. Vorbei am Abzweig nach Wiesach folgen wir der Straße noch 200 Meter und biegen dann nach rechts auf einen schmalen Pfad ein in Richtung Gunzesried-Säge. Ein wunderschöner Wald erwartet uns: Der Weg schlängelt sich durch ein Gewirr mächtiger Felsbrocken, die von Moos überzogen und von dicken Wurzeln großer Bäume bedeckt sind, eine wild durcheinander gewürfelte Bergsturzlandschaft, die von einer bewegten geologischen Vergangenheit zeugt. Nach einer kurzen Strecke über einen breiten Forstweg liegt schließlich unser Ausgangspunkt vor uns.

61

Über die Thaler Höhe zum Alpsee

Höhenzug über dem größten Natursee des Oberallgäus

Leicht   12,9 km   ↑420 m ↓440 m 4.45 Std.

Tourencharakter
Ein kurzer, strammer Anstieg, gefolgt von einer ruhigen, gemütlichen Wanderung durch Wälder und Wiesen mit wunderbaren Ausblicken

Ausgangspunkt
Wiedemannsdorf

Endpunkt
Bühl am Alpsee

Anfahrt
Auto: Parkplatz direkt am AlpSee-Haus (teuer); preiswerter ca. 500 m Richtung Immenstadt, großer Parkplatz bei den Tennisplätzen. Von dort am Bach entlang zur Bushaltestelle in Bühl am Alpsee.
Bahn/Bus: Busse (Linie Immenstadt–Oberstaufen über Bühl) nach Wiedemannsdorf (stündlich). Alternativ: Mit dem Auto nach Wiedemannsdorf (Parkplatz in der Dorfmitte bei Bushaltestelle) und Busfahrt am Ende der Wanderung

Einkehr
Schneidbergalpe, Pfarralpe, Siedelalpe, Alpe Schönsreute

Karte
Landesamt für Digitalisierung, Breitband und Vermessung, UK50-47 Allgäuer Alpen 1:50 000; Zumstein Wanderkarte Nr. 6 Immenstadt

Der Große Alpsee ist der größte Natursee des Allgäus. Gut erschlossen, gut besucht, still und malerisch am Morgen und einer der schönsten Plätze im Allgäu für einen romantischen Sonnenuntergang. Bevor wir auf dieser Tour dem Alpsee näherkommen, genießen wir die hübsche Wanderung auf dem unscheinbar wirkenden, aber ungemein aussichtsreichen und idyllischen Höhenzug hoch über dem See. Gemütliche Hütten, blühende Wiesen und schöne Waldwege erwarten uns in den Vorbergen des Allgäus.

Los geht's Den Bus besteigen wir in Bühl, gegenüber dem etwas überdimensionierten AlpSeeHaus (Touristen-Info). Und sollte eine Wartezeit zu überbrücken sein, gibt es kaum bessere Orte als den nahen Alpsee. In 15 Minuten erreichen wir unseren Ausgangsort Wiedemannsdorf, Haltestelle Dorfmitte. Ein Schild weist uns den Weg zur Thaler Höhe (1.15 Std.). Wir folgen kurz der Straße bergauf, dann biegen wir nach rechts ab und wandern gemütlich oberhalb des Dorfes zwischen Obstbäumen und Wiesen Richtung Osten. Nach wenigen Minuten stoßen wir auf einen breiten Wirtschaftsweg, der uns durch Weideflächen bergauf zur Unteren Schneidbergalpe bringt, die schon nach wenigen Minuten links oberhalb auftaucht.

Der Weg gabelt sich: Geradeaus geht es auf direktem Wege zum Alpsee, aber wir haben ja einen kleinen Umweg vor und folgen deshalb dem Schild »Thaler Höhe« nach links. Nach 20 Minuten lassen wir die freien Weideflächen hinter uns und steigen nun durch einen Wald weiter an. Bereits nach wenigen Minuten verlassen wir den Hauptweg (der geradeaus weiter zur Salmaser Höhe führt) und steigen rechts steil in Richtung Thaler Höhe auf. Die Eggersalpe lassen wir rechts liegen und folgen dem Pfad, der sich – manchmal kaum zu erkennen – weiter über eine Weide den Hang hinaufzieht. Schließlich kommt ein Gipfelkreuz in Sicht. Noch wenige Meter auf einer Teerstraße geradeaus, dann haben wir den eigentlichen Grat erreicht, halten uns rechts und bringen gemächlich den letzten kurzen Anstieg zur Wiesenkuppe der Thaler Höhe hinter uns. Ein ruhiges Plätzchen erwartet uns mit einem prächtigen Rundumblick, der über Wiesen, Gehöfte und kleine Weiler weit ins

Westallgäuer Voralpenland reicht. Im Süden sind die Gipfel der Nagelfluhkette zu erkennen.

Auf dem Gratweg Ab jetzt beginnt der gemütliche Teil der Wanderung, der uns gemächlich mit leichtem Gefälle auf dem Gratweg unserem Ziel näherbringt. Den Schildern zur Pfarralpe folgend geht es abwechselnd durch hübschen Mischwald und blühende Wiesen weiter, bis wir uns dem schönsten Ausblick unserer heutigen Tour nähern. Den Abzweig zur Pfarralpe ignorieren wir vorerst und laufen noch 200 Meter weiter über den Wiesenrücken, bis sich ein großartiges Panorama vor uns ausbreitet: der Alpsee, im Hintergrund Immenstadt und der Grünten. Ein besseres Plätzchen für eine gemütliche Rast kann man sich kaum vorstellen. Schließlich laufen wir wieder die 200 Meter zurück bis zum Wegweiser »Pfarralpe«; die Hütte selbst sehen wir bereits nach wenigen Minuten auf einer kleinen Anhöhe vor uns. Wir halten uns rechts, bleiben 500 Meter auf dem breiten Fahrweg und folgen dann rechts dem Waldweg bergab Richtung Siedelalpe. Ein wunderschöner Wald erwartet uns, bis wir schließlich eine ausgedehnte freie Weidefläche erreichen. Wer will – oder dringend verpflegt werden muss –, kann in wenigen Minuten über einen schö-

Abendstimmung am Großen Alpsee

nen Wiesenweg die Siedelalpe erreichen, ansonsten geht es – direkt am Waldrand rechts – quer über die Wiese bergab. Über einen sonnigen, aussichtsreichen Hang führt ein Trampelpfad hinunter Richtung Alpsee. Die letzten Meter (ab der Alpe Schönsreute) verlaufen in weiten Serpentinen über eine Teerstraße, bis wir schließlich am kleinen Weiler Trieblings die Eisenbahnlinie überqueren und das Seeufer erreichen. Der wunderschöne Rückweg am See bringt uns in 30 Minuten zurück zu unserem Ausgangspunkt Bühl, an dem uns das volle touristische Programm mit Eisdiele, Minigolf, Restaurants und Tretbootverleih empfängt.

62

Von Wasserburg über Oberreitnau nach Lindau

Der bayerische Zipfel

Leicht · 17,5 km · 105 m · 4 Std.

Tourencharakter
Strecke mit welligem Profil, aber nur kleinere Steigungen; Abschnitte auf Landsträßchen

Ausgangs-/Endpunkt
Wasserburg Bahnhof/Lindau Inselbahnhof

Anfahrt
Bus/Bahn: Wasserburg, an der IRE-Strecke Stuttgart–Friedrichshafen–Lindau gelegen, ist bahntechnisch bestens vernetzt. **Auto:** Auch mit dem Pkw über die B31 Singen–Friedrichshafen–Lindau (dort Anschluss an die A96 nach München) sehr gut zu erreichen

Einkehr
Lindau ist mit Einkehrmöglichkeiten reich gesegnet. An der Strecke finden sich in Taubenberg, Oberreitnau, dem Gitzenweiler Hof und in Weißensberg ebenfalls nicht wenige Raststätten für Wanderer.

Karte
LGL F529 – Östlicher Bodensee: Friedrichshafen Ravensburg – Karte des Schwäbischen Albvereins 1:50000

Information
Lindau Tourismus und Kongress GmbH, Alfred-Nobel-Platz 1, 88131 Lindau, Tel. 08382/260030, lindau.de

»Lindau liegt im Bodensee« ... aber das ist bestenfalls die halbe Wahrheit. Denn das zur Stadt gehörende Hinterland liegt auf dem Festland.

Wasserburg Wie ein ausgreifender Arm aus den Allgäuer Alpen streckt sich seit dem frühen 19. Jahrhundert der bayerische Anteil am Bodensee von Nonnenhorn über Wasserburg bis Lindau. Die Inselstadt ist einer der Höhepunkte jeder Touristentour, doch quasi im Kleinformat hat Wasserburg kaum weniger zu bieten – und in dem zu Lindau gehörenden Umland ist ebenfalls so einiges zu entdecken. Von unserem Stadtpunkt, dem Wasserburger Bahnhof, begeben wir uns südlich in Richtung Ortszentrum bis zur Touristeninfo. Dort an dem Plätzchen biegen wir rechts ab (Dorfstraße) – wer die Zeit hat, sollte diese allerdings nutzen, um bis zur Halbinsel am See zu laufen, dem historischen Kern Wasserburgs mit dem Fuggerschloss, der Kirche, dem Museum und vielen Einkehrmöglichkeiten. Dem Verlauf der Dorfstraße folgen wir in der Linkskurve über die Gleise, danach rechts an diesen entlang, an der nächsten Abzweigung links hoch und durch die Unterführung nach dem Fischgeschäft Richtung ❶ **Bettnau**. Dort an der T-Kreuzung rechts weiter nach Bodolz, doch vor dem Ortsschild links, vorbei am Obsthof auf den Wanderweg (Kennzeichnung »Herrmannsberg«).

Die beiden Reitnaus Nach den Obstfeldern geht es rechts in den Wald, an der Wanderweggroßkreuzung wählen wir den zweiten Weg schräg rechts (immer noch Richtung Herrmannsberg), an der nächsten Abzweigung schließlich rechts hinaus auf die Hügellichtung über die Plantagen, den ❷ **Herrmannsberg** mit Ausblick auf den See und das dahinterliegende Alpenpanorama. Wir steigen die Anhöhe hinab und laufen rechts das Landsträßchen hoch nach ❸ **Taubenberg**. An den ersten Häusern leicht rechts, Am Restaurant Gauchos vorbei und absteigend links, auf diesem Teerweg bleibend (in der Kurve nicht abzweigen!) und am Gestüt vorbei, dann rechts über die Bundesstraße. Wieder folgt ein Anstieg – zum Dorf Unterreitnau mit seiner weit sichtbaren früheren ❹ **Wallfahrtskirche**. Oben angekommen, laufen wir auf diese zu – werfen bei Interesse einen Blick in das reich ausgestattete Gotteshaus – und an ihr vorbei, geradeaus über die Kreuzung in der Ortsmitte. Es folgt – leider – ein kurzes Stück am Straßenrand in Richtung Oberreitnau (bitte auf den

Verkehr achten!). Das Sträßchen bringt uns an eine Kreuzung, wo wir gegenüber auf den Radweg wechseln können, hier rechts und kurz darauf gleich links – wir bleiben auf dem Radweg. Es geht bergab nach ❺ Oberreitnau – mit dem Pfarrweg links (die zweite Straße Richtung Ortsmitte) kommen wir an der Kirche vorbei ins Innere. Rechts über die Hepbachstraße (an der Schule vorbei) ins gastfreundliche Zentrum: Oberreitnau besitzt gleich mehrere einladende Restaurants rund um den Marienplatz.

Weiter nach Lindau Vom Marienplatz laufen wir rechts über die Gleise und die Schloßstraße bis zum Ortsausgang. Dort biegen wir links auf den Teerweg ein, der uns in den Wald bringt. Hier zweigen wir rechts ab zum Aspachweiher, an dessen

Ufer wir erst geradeaus, dann rechts weitermarschieren, bis wir schließlich aus dem Wald herauskommen, nahe am Hof Sulzenberg, hier links hinunter zur Landstraße. Auf dem Radweg links wieder hinauf, immer geradeaus zum ❻ **Gitzenweiler Hof**, einem großen Campingplatz mit Einkehrmöglichkeiten. Wir bleiben auf dem Radweg und folgen diesem durch Altrehlings bis zu den ersten Häusern von ❼ **Weißensberg** am Spielplatz. Wir laufen noch durch die Unterführung der Bundesstraße, die Linkskurve hoch, dann rechts in die Lindenstraße. An der nächsten Kreuzung (nach der Bushaltestelle) erneut rechts in das

Sträßchen Richtung Lindau. Nach Ende des Waldstücks weiter links (Motzacher Weg) bergab in die ersten Ausläufer der Lindauer Wohngebiete. Wir bleiben lange auf dem Motzacher Weg, bis dieser in Reutin auf die Köchlinstraße trifft. Hier links, geradeaus über den Kreisel und bis zur B 12. Diese queren wir direkt gegenüber in den Bleicheweg (nur für Radfahrer und Fußgänger), diesen dann durch die Felder geradeaus bis zum Bauhof. Anschließend rechts (Beschilderung »Lindau Insel«), dann links in die Hundweilerstraße, diese gerade entlang bis zur neuen Brückenanlage, hier über die Straßen, im Bogen hinunter unter die Brücke und von dort zum Kreisel bis hinüber auf die Insel. Jetzt steht Ihnen Lindau mit seinen zahlreichen Attraktionen offen. Dazu gehören die Stiftskirche, die Kirche St. Stephan, die uralte Peterskirche, der Jugendstilbahnhof (hier fahren die Züge nach Wasserburg), die klobige Heidenmauer, das Haus zum Cavazzen, die markanten Türme der Stadtbefestigung wie der Mang- und der Diebsturm und natürlich das Postkartenmotiv schlechthin, die Hafenmole mit dem Leuchtturm, dem wachenden bayerischen Löwen und dem unbezahlbaren Blick auf die Alpen, dazu natürlich zahlreiche Einkehrmöglichkeiten.

63 Von Meckenbeuren nach Oberzell

An der »Schwäb'sche Eisenbahne«

Leicht   9 km   ↑60 m ↓50 m   2.30 Std.

Tourencharakter
Gut beschilderte (Jakobsweg), insgesamt recht flache Strecke durch die Wälder; für Familien geeignet

Ausgangspunkt
Meckenbeuren Bahnhof

Endpunkt
Oberzell Bahnhof

Anfahrt
Bus/Bahn: Meckenbeuren liegt an den IRE-Strecken Stuttgart–Friedrichshafen und Basel–Ulm. Die BOB-Bahn fährt vom Knotenpunkt Aulendorf bis Friedrichshafen-Hafen. **Auto:** Die B 30 führt durch den Ort, die B 467 nahe vorbei.

Einkehr
In Meckenbeuren, ansonsten im nahe gelegenen Ravensburg nach Ende der Tour

Karte
LGL F529 Östlicher Bodensee 1:50 000

Information
Ravensburg Tourismus, Kirchstraße 16 (Weingartner Hof), 88212 Ravensburg, Tel. 0751/828 00, ravensburg.de/rv/tourismus

Sie sind ein eher geradliniger Mensch und mögen keine Kurven? Dann ist der Weg durch den Weißenauer Wald genau das Richtige für Sie.

Um die Ecke versteckt: der prächtige Altar in Brochenzell

Meckenbeuren … ist einer der berühmtesten Orte des Bodenseeraums. Glauben Sie nicht? Dann hören Sie sich das Lied von der »Schwäb'sche Eisenbahne« einmal genau an. Seinem Bahnhof, noch immer ein fester Halt der Südbahn, hat der Ort viel zu verdanken: Einst nur ein kleines Dörfchen, wuchs Meckenbeuren seit der Mitte des 19. Jahrhunderts zu einer modernen Gemeinde mit über 13 000 Einwohnern an. Auch für uns ist der Bahnhof der Ausgangspunkt, allerdings wenden wir uns nicht dem Zentrum, sondern den Einkaufsarkaden an der Westseite zu. Wir laufen rechts den Parkplatz hoch zur Bäckerei und an dieser links auf den Fußweg am Bach entlang. Sobald dieser endet, rechts in die Neuhaldenstraße, kurz rechts zur Brochenzeller Straße und dieser links in den gleichnamigen Ort folgen. Nach der Brücke gleich wieder

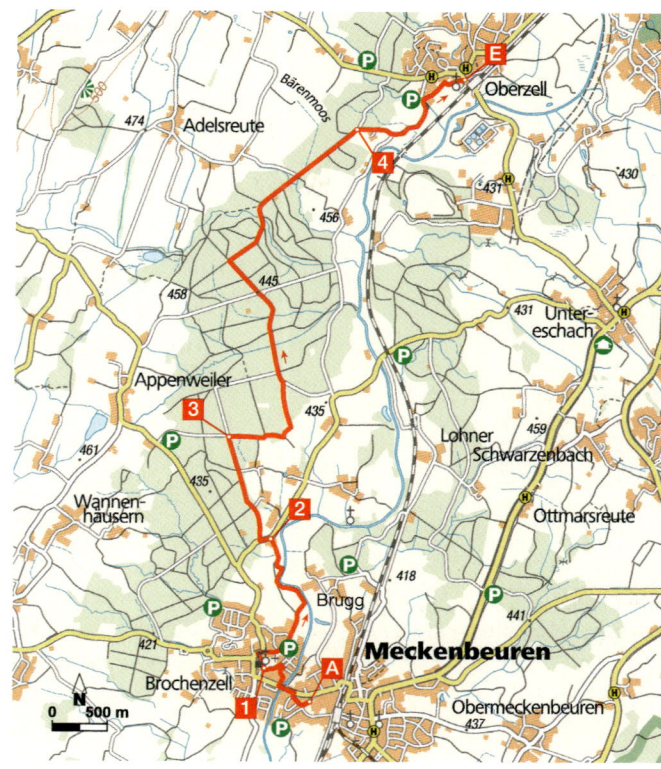

rechts in die Humpisstraße, deren Verlauf wir bis zum zentralen Dorfplatz mit dem sehenswerten Ensemble Kirche und ❶ **Humpisschloss** folgen. Wir gehen nördlich weiter in die Andreas-Hofer- und von dieser ab in die Eugen-Bolz-Straße (an den Schulen vorbei). Auf dieser bleiben wir geradeaus, am Sportplatz vorbei bis zum Ortsende, wo sie erst in einen Feld- und dann in einen Wiesenweg mündet.

Im Wald nach Oberzell Dieser Wiesenweg führt uns bis zur Schussen, der wir links auf windungsreichem Pfad folgen. Schließlich gelangen wir leicht links hoch zu einem ❷ **Gehöft** (Reuter) und kurz danach auf die Landstraße. Auf dieser laufen wir links die wenigen Meter bis zum gegenüberliegenden Weg in den Wald am Wegweiser Regler (Betonstraße). Ab hier beginnt die eingangs versprochene Geradlinigkeit unserer Tour. Strikt geradeaus geht es an den Weilern Regler und Holzbauer vorbei, dann an der nächsten ❸ **Kreuzung** rechts in den Langwiesweg. Dieser macht tatsächlich nach einigen Hundert Metern eine Kurve, nur um wiederum kilometerlang fast schnurgerade durch den Wald zu führen. Wir biegen nicht ab, bis wir zur Kreuzung im Adelsreuter Wald kommen, die rechts nach Klöcken/ Oberzell führt (weiterhin ein Teil des Jakobswegs). Wiederum bleiben wir sehr lange auf dem Hauptweg, bis dieser kurz vor ❹ **Oberklöcken** rechts aus dem Wald mit Blick ins freie Schussental hinausführt. Wir folgen dem Sträßchen links nach Oberzell, gehen dort rechts über das Schulgelände und anschließend erneut rechts zur alten Kirche (ein Blick ins Innere lohnt sich!) und von dort wiederum rechts zum Bahnhof.

64 Von Baitenhausen nach Breitenbach

In Annettes Vorgarten

Leicht   12,5 km   90 m   3 Std.

Tourencharakter
Abwechslungsreiche und gut beschilderte Strecke mit wenigen Anstiegen, hin und wieder kürzere Abschnitte auf Radwegen

Ausgangs-/Endpunkt
Baitenhausen Wallfahrtskirche

Anfahrt
Bus/Bahn: Baitenhausen wird von der Meersburger Stadtbuslinie 1 und dem Regionalbus 7382 Meersburg–Markdorf (Haltestelle Baitenhausen Kapelle) angefahren.
Auto: Südlich des Ortes geht die B 31, östlich die B 33 vorbei. Die nächsten größeren Bahnhöfe finden sich in Überlingen und Friedrichshafen, kleinere des Seehänsele (RB Radolfzell–Friedrichshafen) in Bermatingen und Markdorf.

Einkehr
Das Gasthaus in Baitenhausen ist nur sonntags geöffnet, in Ahausen und insbesondere in Meersburg finden sich Alternativen.

Karte
LGL F529 – Östlicher Bodensee: Friedrichshafen Ravensburg – Karte des Schwäbischen Albvereins 1:50000

Information
Abteilung Tourismus und Veranstaltungen, Kirchstraße 4, 88709 Meersburg, Tel. 07532/44 04 00, meersburg.de

Anders als die Stadt selbst ist das nördliche Hinterland der Stadt Meersburg noch frei von den großen Touristenströmen und bietet Gelegenheit für eine gemütliche Entdeckungstour.

Die Kirche im Dorf lassen … wollte Kaplan Johann Georg Roth nicht, und so verlegte er den Neubau (um 1700) der Wallfahrtskirche Baitenhausen vom Ort auf den Schloßbühl hinauf. Eine kluge Entscheidung, von hier aus ist sie weit sichtbar, wie auch umgekehrt die Aussicht in den Linzgau prächtig ist. Außen schlicht, kann die Kirche, ein Lieblingsobjekt der Konstanzer Fürstbischöfe, im Inneren eine schöne Rokokoausstattung vorweisen, darunter ein Fresko der nahen Stadt Meersburg. Das einstige Pilgerhaus gleich nebenan beherbergt heute das Gasthaus Grüner Berg (derzeit nur sonntags geöffnet). Von der Kirche steigen wir über die Treppe (Kirchweg) hinab ins Dorf, bis wir auf die Hauptstraße stoßen, an der wir rechts entlang bis zum Dorfausgang gelangen. Wir laufen noch einige wenige Meter auf dem Radweg, bis wir rechts abbiegen, an den großen Hallen vorbei. Wir halten uns an der nächsten größeren Kreuzung links und folgen dann der Linkskurve, vorbei an der markanten Birkenpflanzung. Von hier aus geht es stets geradeaus, bis wir wieder auf die Landstraße treffen. Mit dem Radweg kommen wir nach ❶ Ahausen.

Ahausen Das sehr alte Dorf ist bekannt für seine beiden Mühlen (Obere und Untere Mühle) und die von außen unscheinbare kleine Jakobskirche, die jedoch ein beträchtliches Alter aufzuweisen hat (sehenswerte Fresken im Inneren). Wir kommen vorbei an einem Landsupermarkt, wo man seinen Proviant auffrischen kann, an der Großkreuzung in der Ortsmitte (Kreisel) wenden wir uns rechts in Richtung Ittendorf; wieder nutzen wir den Radweg. In der Ferne sehen wir bereits das hochaufragende Ittendorfer Schloss und die Barockkirche des Dorfes, doch biegen wir vorher (Wanderwegweiser) rechts ab auf den Wald zu, unser nächstes Ziel ist Stehlinsweiler; hierauf ist bei den zahlreichen Beschilderungen zu achten. Im Wald biegen wir nach kurzer Zeit erst rechts, dann links und sofort wieder links ab (Markierung »Rotes Kreuz«). An der nächsten Y-Kreuzung halten wir uns rechts und treffen bald auf einen breiten Weg, der zu einer Großkreuzung führt – hier wählen wir den kleinsten Weg, den Wurzelpfad rechts ins Gebüsch. Er bringt uns schließlich auf gera-

dem Weg nach ❷ Stehlinsweiler, mitten durch das Gehöft. Hier dann kurz rechts
und danach links auf dem Teerweg weiter.

Breitenbach Dieser Teerweg führt bis neben das frei in der Landschaft liegende alte
❸ Gut Breitenbach mit seinen imposanten Höfen und der spätgotischen Dreifaltig-
keitskapelle – ein Abstecher lohnt sich. An der Kreuzung oberhalb wählen wir ansonsten den Weg rechts hoch in den Wald (auf den Sendemast zu), der uns bald
durch Weinberge und Obstplantagen Richtung Meersburg führt. Wir überqueren
die Straße und biegen anschließend
kurz darauf rechts ab, die Wanderwegweiser leiten uns zuverlässig am
Nordrand des Gewerbegebiets entlang, hier wartet unter anderem ein
großes ❹ Weinfass als Notunter-
kunft für Wanderer auf uns. Schließlich treffen wir auf die Straße kurz
vor ❺ Riedetsweiler, wir wechseln
die Seite und laufen rechts auf dem
Radweg um den Ort herum (man
kann auch durch den Ort abkürzen),
kurz darauf rechts ab und dann links
an den Plantagen hinab auf die schon
wieder sichtbare Wallfahrtskirche
Baitenhausen zu, über die Straße und
dann rechts und links wieder zum
Ausgangspunkt zurück.

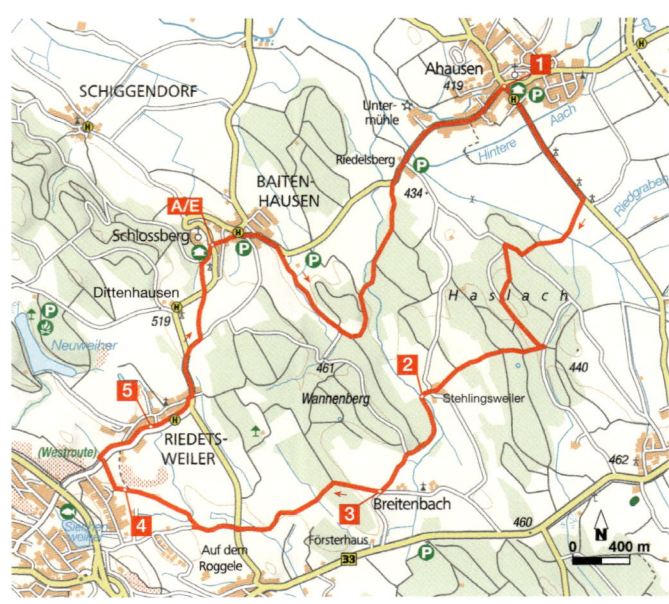

65

Von Stockach nach Hoppetenzell

Zu geheimnisvollen Höhlen

Mittel · 15 km · 140 m · 3 Std.

Tourencharakter
Einige deutliche Anstiege und
schwieriges Gelände um die Heidenhöhlen mit engen Felspfaden;
nach Niederschlag eher zu meiden,
festes Schuhwerk empfiehlt sich;
für Familien mit Wandererfahrung.

Ausgangs-/Endpunkt
Stockach Bahnhof

Anfahrt
Bus/Bahn: Stockach ist Endstation
der kurzen HZL-Regionalbahnstre-
cke Radolfzell–Stockach Seehäsle.
Auto: Die Stadt liegt zudem an der
Autobahn A 98, die hier ebenfalls
endet und in Richtung Lindau als
B 31n weiterführt.

Einkehr
Der Gasthof Grüner Baum in Hoppetenzell bietet eine schöne Einkehr auf halber Strecke. Ansonsten
zahlreiche Angebote in Stockach

Karte
LGL, Westlicher Bodensee: Höri
Bodanrück 1:35 000

Information
Touristinformation, Salmanns-
weilerstr. 1 (Kulturzentrum Altes
Forstamt), 78333 Stockach,
Tel. 07771/80 23 00,
stockach.de/tourismus

Das Tal der Stockacher Aach liegt seit der Stilllegung der örtlichen Bahnstrecke etwas vergessen, dabei gibt es hier einiges zu entdecken.

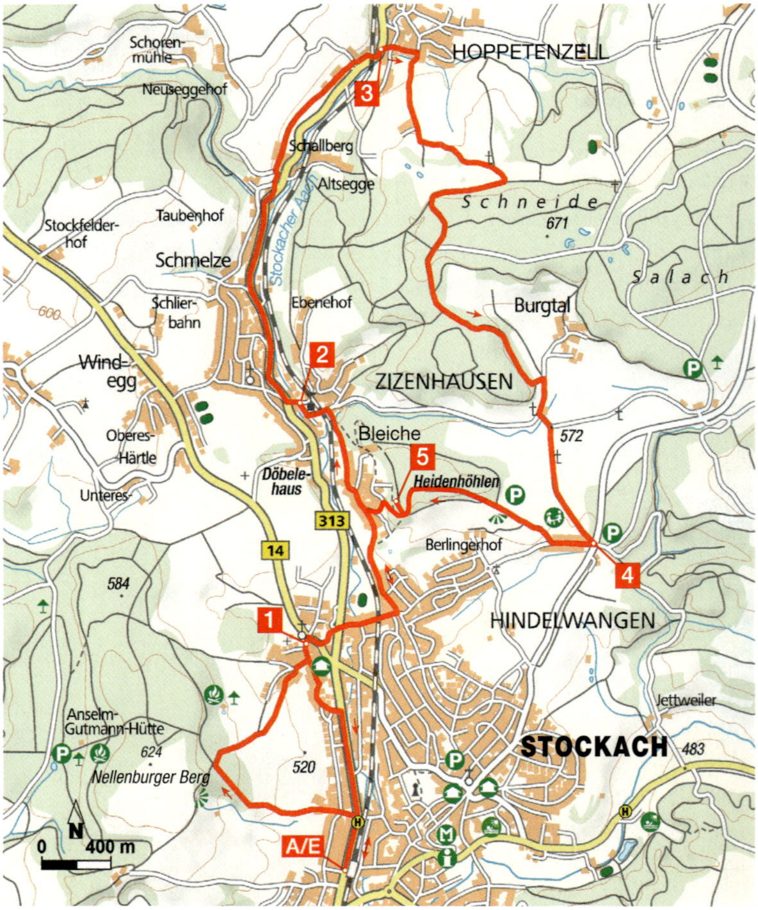

Von Stockach nach Hindelwangen Ausgangspunkt ist der Bahnhof Stockach, jetziger Endpunkt der früheren Strecke nach Meßkirch. Wir laufen an den Gleisen entlang über den Parkplatz des Supermarktes bis zur Straße und gehen nun links die Schienen entlang bis zum Straßenkreisel. Diesen queren wir vorsichtig (es gibt keine Zebrastreifen!) bis zur ansteigenden Straße gegenüber – dem Hinweisschild auf die Nellenburger Talstation, einen Biergarten, folgend. An dieser vorbei geht es stark ansteigend den Nellenburger Berg hoch in den Wald und dort bis zur Großkreuzung der Wanderwege im Hindelwanger Pfarrwald – wir wählen den Weg rechts, der uns wieder bergab und aus dem Wald hinausführt. In langem Bogen geht es nach Hindelwangen, wir orientieren uns am Kirchturm, zu dem wir über die Graf-Eberhard- und links über die Oberdorfstraße gelangen. Ein Blick in das ❶ **Gotteshaus**, eine frühere Wallfahrtskirche, lohnt sich. Nun kurz aufpassen: Von der Kirche geht es rechts zur Bushaltestelle gegenüber (nicht in die Straße Zum Eschle!) und gleich nach dieser links den kleinen Weg an der alten Mühle vorbei. Noch einmal müssen wir eine viel befahrene Straße hinüber in die Siedlung queren (Berlinger Straße). An der Kreuzung nach den Gleisen wenden wir uns links, nach den letzten Häusern führt ein schmaler Pfad nach Zizenhausen.

Zizenhausen Bis zum Ende des 18. Jahrhunderts bestand der Ort aus ein paar einzelnen Höfen, bis der Adlige Carl Anton von Krafft Zizenhausen erwarb und dort frühe Industrie ansiedelte. Den Spuren des folgenden Wachstums begegnen wir auf

Beherrscht Ort und Tal: Pfarrkirche Hoppetenzell

unserem Weg durch das Dorf. Wir kommen in der Bleichestraße an, laufen diese geradeaus, an der Zweigung links und unter der Bahn hindurch, darauf gleich rechts über den Spielplatz und Park auf das ❷ Schloss zu, das von Krafft sich errichten ließ, und das heute als Rathaus dient. Am Schloss links vorbei den Weg an der Aach entlang, nach der Brücke rechts an der Straße weiter. Am Ortsausgang stoßen wir schließlich auf die einstigen Industrieanlagen, die den Ort geprägt haben. Berühmt ist Zizenhausen auch für seine Biedermeier-Tonfiguren, die sogenann-

ten Zizenhausener Terrakotten, von denen einige im Rathaus ausgestellt und die vor allem bei Sammlern heiß begehrt sind. Eher weniger lieblich ist das nächste Stück unseres Weges auf dem Rad- und Fußweg, doch nehmen wir es als Zubringer nach Hoppetenzell in Kauf.

Hoppetenzell Der Ort mit dem etwas ungewöhnlichen Namen geht auf eine frühe Klostergründung im 8. Jahrhundert zurück, die allerdings nur kurz Bestand hatte. Angesichts der Lage des Dorfes kann man jedoch noch immer gut nachvollziehen, dass die Mönche hier einst stille Zurückgezogenheit gesucht hatten. Heute wird der Ort weithin von seiner Kirche überragt, wir biegen rechts über die Johanniterstraße ins Dorf ein, wo unter anderem der ❸ Landgasthof Grüner Baum zu einer Rast einlädt. Ansonsten halten wir uns leicht rechts weiterhin in der Johanniterstraße und biegen dann rechts ab zur früheren Mühle. Nun geht es wieder kräftig bergan am Dösenhof vorbei, kurz nach diesem links, um die große Kiesgrube zu umrunden. Dann rechts am Waldrand entlang und schließlich nach der Kurve links tiefer in den Wald hinein (Markierung des HTW 9, roter Balken). An der nächsten T-Kreuzung rechts und nun länger den Hauptweg geradeaus, an der nächstgrößeren Abzweigung halten wir uns links und bleiben auf dem Weg, der hinab- und aus dem Wald hinausführt. Auf der Wiese kurz vor dem Weiler Burgtal nehmen wir den Weg nach Weiher. In Weiher am Damwildgehege links auf dem Sträßchen zur ❹ **Berlinger Siedlung**; dort angekommen, durchqueren wir diese rechts vollständig und steigen nach den letzten Häusern den Hügel hoch.

Die geheimnisvollen Heidenhöhlen Ab dem Waldrand – mit schönem Blick auf Stockach – sehen wir nun regelmäßig die Beschilderung zu den Heidenhöhlen, wir folgen dem Weg zum Wasserhochbehälter, der gleichzeitig als Aussichtspunkt dient, anschließend weiter. Nicht das Holztreppchen hinab, sondern rechts geht es zu den ❺ **Heidenhöhlen**, den noch immer von zahlreichen Rätseln umgebenen Vertiefungen im weichen Sandstein, von denen weder der eigentliche Zweck noch das genaue Alter bekannt sind. Anders als die berühmteren, aber unzugänglichen und weitgehend zerstörten Goldbacher Heidenhöhlen bei Überlingen sind die Zizenhausener Höhlen zugänglich, wenn auch der Weg gerade bei und nach feuchter Witterung höchste Anforderungen stellt. Von dem Felshang gehen wir zurück zur Kreuzung am Holztreppchen, dieses hinab und dann rechts zum Anstieg nach Zizenhausen. Über die Andreas-Sohn-Straße kommen wir zurück auf unseren früheren Weg, dem wir nun links zurück nach Hindelwangen folgen. Dort vor der Kirche angelangt, gehen wir links geradeaus via Oberdorfstraße bis zum Supermarkt, dann weiter rechts die Straße entlang zurück zum Bahnhof – oder in die Innenstadt.

Links: Die ehemalige Wallfahrtskirche Hindelwangen

Mitte: Der Pfad nach Zizenhausen

Rechts: Das Innere der Kirche Hindelwangen

66

Von Stahringen auf die Ruine Homburg

Hinter der Schildmauer

Mittel   5,5 km   195 m   1,5 Std.

Tourencharakter

Anspruchsvolle Strecke; längerer Anstieg und Abstieg – Letzterer nur für geübte, schwindelfreie Wanderer; nach Niederschlägen zu meiden. Familien können als Abstieg den Hinweg nutzen.

Ausgangs-/Endpunkt

Stahringen Bahnhof

Anfahrt

Bus/Bahn: Stahringen ist ein Halt des Seehäsle (HZL Radolfzell–Stockach). **Auto:** Der Ort liegt auch an der B 34 sowie nahe der B 33 (der Verlängerung der A 81 Stuttgart–Singen).

Einkehr

In Stahringen gibt es derzeit keinen öffentlichen Gasthof (der ehemalige Gasthof Ochsen öffnet nur für Gruppen und Hausgäste)

Karte

LGL, Westlicher Bodensee: Höri Bodanrück 1:35 000

Information

Tourismus- und Stadtmarketing Radolfzell GmbH, Bahnhofsplatz 2, 78315 Radolfzell, Tel. 07732/815 00, radolfzell-tourismus.de

Kurz, aber knackig: Die über Stahringen thronende Homburg wachte einst über den westlichen Bodanrück, ihre Lage fordert auch heute dem Wanderer noch einiges ab.

Stahringen Vom Bahnhof aus wenden wir uns Richtung Dorfmitte ins Innere der kleinen Ortschaft, die einige Fachwerkbauten und Klosterhöfe aufzuweisen hat. Über die Straße Zum Böhlerberg kommen wir auf die Hauptstraße, folgen ihr kurz links bis zur Schloßhaldenstraße, die rechts ansteigend abzweigt. Ansteigend ist auch für die nächsten Kilometer das Stichwort. Nach der Homburghalle, unser Ziel ist bereits weit über uns sichtbar, biegen wir links in den kleinen Pfad zwischen den Pflanzungen ein; im Wald angekommen, dann erneut links und die Kurve hinauf. Immer bergan geht es weiter, bis es dann etwas flacher wird – wir bleiben hier für den Anstieg zur Ruine auf dem größeren Waldweg geradeaus. Dieser führt uns nun längere Zeit unterhalb des Burgbergs entlang. An der nächsten Kreuzung halten wir uns links, weiterhin sanft bergauf, bis

Früher unzugänglich, heute Aussichtspunkt: die Schildmauer der Homburg

wir schließlich auf dem Bergrücken am Waldrand ankommen. An der größeren Kreuzung am ❶ **Wegweiser** wählen wir erneut den Weg links.

Die Ruine Homburg An einem ❷ **Gehöft** vorbei geht es nun auf die einstigen und noch immer genutzten Wirtschaftsbauten der Homburg zu, durch die wir zur Ruine selbst gelangen – allerlei Getier wie Pferde, Kühe, Hunde, Hühner und Katzen begrüßt uns vor dem Erreichen der ersten Mauern. Wie uns der lange Aufstieg selbst gelehrt hat, war die ❸ **Homburg**, wohl im 12. Jahrhundert errichtet, von Osten kaum erstürmbar, von der flachen Hochebene dagegen umso leichter. Darum schützte man sich auf dieser Seite mit einer bis zu drei Meter dicken, hochaufragenden Schildmauer, deren Reste heute noch stattlich von der einstigen Aufgabe künden – dank einer Holztreppe können wir sie heute als Aussichtspunkt mit weitem Blick in den Hegau, zum Bodensee und in Richtung Stockach nutzen. Vor der Zerstörung geschützt hat sie die Homburg letztlich aber nicht; im Dreißigjährigen Krieg niedergebrannt, wurde die Burg dem Verfall preisgegeben. Ihre Überreste sind gleichwohl noch immer beachtlich.

Der Abstieg nach Stahringen … ist nicht ohne. Er beginnt als unscheinbarer Pfad direkt am Eingang zum Burggelände mit einem Treppchen (links, wenn man von der Ruine kommt). Der teils sehr schmale Weg führt durch Dornengestrüpp und gerade zu Beginn oft stark an der Abbruchkante entlang. In Serpentinen geht es auf diesem schmalen Steig hinab, bis dieser nach mehreren Windungen auf unseren früheren Weg trifft – nun geht es rechts auf bereits bekanntem Terrain zurück ins Dorf und zum Bahnhof.

Schwarzwald

Im Südschwarzwald ist es normal, dass sich Wanderer und Hinterwälder Rinder die Wege teilen (o. li.). Das Hüsli bei Rothaus hat durch die Serie »Die Schwarzwaldklinik« Weltruhm erlangt (u. li.). Die Enz ist der mächtigste Nebenfluss des Neckars (o. re.). An Wegrändern und auf Lichtungen fühlt sich der Adlerfarn wohl (u. re.).

67 Mettmatal und Schwedenfelsen

Von Rothaus nach Witznau

Mittel · 20 km · ↑160 m ↓670 m · 5.30–6.30 Std.

Tourencharakter
Ruhige Streckenwanderung über
Wald- und Forstwege; ab der
Mettmamündung schmaler Pfad,
der etwas Trittsicherheit erfordert.
Steiler Abstieg nach Witznau

Ausgangspunkt
Rothaus

Endpunkt
Witznau

Anfahrt
Auto: Von der B 34 zwischen
Waldshut und Tiengen Richtung
Grafenhausen abfahren und über
L 161 und L 157 bis Witznau;
Parkmöglichkeiten gibt es zwischen
der Schwarza und dem Waldrand.
Fahrt von Witznau mit dem Bus
nach Rothaus. **Bus/Bahn:** Es fah-
ren Busse ab Waldshut-Tiengen
und Grafenhausen zu den Halte-
stellen »Witznau« und »Rothaus«.

Einkehr
Auf der Strecke keine;
Gasthäuser in Rothaus

Karte
Karte des Schwarzwaldvereins
1:25 000, W258 Titisee-Neustadt

Information
Touristinformation Grafenhausen,
Tel. 07652/120 60,
hochschwarzwald.de

Das Mettmatal zählt zu den wenigen Tälern im Südschwarzwald, die bei der Erschließung durch Straßen außen vor blieben. Für die Begründer der großen Fernwan-
derwege im Schwarzwald mag dies einer der Gründe
gewesen sein, warum sie die Ostvariante des Mittelwegs
durch dieses Tal gelegt haben.

Nur nicht ablenken lassen Ein Grund, warum es nur wenige Wanderer
auf die Schlussetappe des Ost-Mittelwegs schaffen, lauert gleich am
Startpunkt in Rothaus: Hier lockt die gleichnamige Staatsbrauerei bzw.
der angeschlossene Brauereigasthof mit Biergarten.
Ebenfalls einen Abstecher lohnt das ❶ **Heimatmuseum Hüsli**. Es befindet sich im Eck zwischen der L 170 und der L 157 und ist aus der Fernseh-
serie »Die Schwarzwaldklinik« bekannt.
Spätestens dann aber sollte man sich auf den Weg machen und der Markierung des Mittelwegs – rote Raute mit weißem senkrechtem Strich –
hinunter nach Brünlisbach folgen. Mit der Brauerei im Rücken geht es
damit weg von den Straßen in die Ruhe des Mettmatals. Nachdem wir
die Trasse eines kleinen Skilifts gekreuzt haben, kommen wir in den Wald
und passieren als Nächstes die mit Moos und jungen Bäumen bewachsene ❷ **Brandlisberghütte**.
Gleich danach ist der Wegweiser »Brandsberg« erreicht. Hier folgen wir
kurz dem breiteren Weg, wechseln dann aber rechts auf einen schmalen
Pfad hinab zur ❸ **Schaffhauser Säge**.

Mettmaholzhütte und Mettmabecken Bei der Säge überqueren wir die
Mettma, und das Tal wird nun deutlich enger. Deshalb verläuft der Mittelweg auf dem nächsten Kilometer bis zum ❹ **Waldparkplatz Lanzen-
furt** auf der Kreisstraße; mit allzu viel Verkehr braucht man jedoch nicht
zu rechnen. Selbstversorger finden beim Parkplatz eine ummauerte Feu-
erstelle. Sehenswert ist außerdem eine Granit-Stele, in der die Entfernun-
gen zu den beiden Hälften der Doppelstadt Waldshut-Tiengen eingemeißelt sind. Bei der Stele verlassen wir die Kreisstraße und folgen dem
Mettmatalweg über die Klausenmühle zur Heidenmühle. Dort überqueren wir die K 6502 und sehen – sollte er nicht inzwischen weggeräumt
worden sein – den Trümmerhaufen einer alten Säge. Weiter geht es auf
Waldwegen zur ❺ **Mettmaholzhütte**, wo sich nach den ersten siebenein-

halb Kilometern der Wanderung eine erste längere Rast einzulegen lohnt. Frisches Quellwasser spendet der Heinrich-Geisert-Brunnen auf der Talseite der Hütte.

Gut erholt, zweigen wir bei der nächsten Weggabelung rechts ab und überqueren die Mettma. Der nächste Abschnitt führt uns um das Mettmabecken. Bis zur ❻ **Staumauer** steht damit die flachste Passage dieser Tour an. Von der Staumauer sind es dann noch vier Kilometer über Lochhäuser bis zur ❼ **Mettmamündung** in die Schlücht. Eigens für müde Wanderer wurde bei der Mündung eine Bushaltestelle an der L 157 eingerichtet – allzu viele Verbindungen gibt es jedoch nicht. Außerdem würde man dann einen der schönsten Abschnitte dieser Wanderung auslassen. Also bleiben wir dem Mittelweg treu und überqueren die Mettma.

Durchs Felsenland nach Witznau Damit ändert sich der Charakter der Tour. War man bisher auf überwiegend breiten Waldwegen unterwegs (und ging es immer nur bergab), so gewinnt man nun auf einem steilen Pfad rasch etliche Höhenmeter. Nach 400 Metern ist das Gröbste geschafft, und es lohnt sich, einen Abstecher zum ❽ **Schwedenfelsen** zu machen. Der Granitbrocken ist ein beliebter, wenn auch anspruchsvoller Kletterfelsen. Zum Glück führt unser Weg von oben auf den Felsen, sodass wir bald die Aussicht über das Schlüchttal und auf das gegenüberliegende Allmut genießen können. Wir finden: ein toller Platz für eine Rast!

Zurück auf dem Mittelweg, passieren wir mit der Tannholzwand und dem ❾ **Falkenstein** zwei weitere Kletterfelsen. Wenige Minuten später verlassen wir die Anhöhe, kreuzen die K 6594 und folgen dem steil abfallenden Mittelweg hinunter ins Tal der Schwarza. Sobald wir auf die Zufahrt zum Witznau-Stausee stoßen, ist es dann nur ein Steinwurf bis zum Ziel beim ehemaligen Gasthaus Witznau, wo wir stolz auf die Tagesleistung und eine gleichermaßen ruhige wie abwechslungsreiche Tour zurückblicken können.

Feuersalamander schützen sich mit leuchtenden Farbflecken vor Feinden.

68

Überraschende Weitblicke im Süden

Zum Wittenschwander Klosterweiher

Mittel   9 km   400 m   3 Std.

Tourencharakter
Mit mehreren fordernden Anstiegen garnierte Runde, wenig frequentiert und mit sehr schönen Ausblicken

Ausgangs-/Endpunkt
Parkplatz in der Rathausstraße von Wittenschwand

Anfahrt
Auto: Von der B 500 Waldshut–Tiengen–Titisee-Neustadt bei Häusern auf die L 149 Richtung St. Blasien abfahren und weiter über die L 150 Richtung Todtmoos bis zum Abzweig auf die K 6590 Richtung Dachsberg-Wittenschwand. **Bus/Bahn:** Es bestehen Busverbindungen ab Görwihl und St. Blasien-Busbahnhof zur Haltestelle »Wittenschwand/Rathaus«.

Einkehr
Landgasthof Klosterweiherhof, Mi–So ab 10 Uhr; klosterweiherhof.com

Karte
Karte des Schwarzwaldvereins 1:25 000, W258 Titisee-Neustadt

Information
Touristinfo Dachsberg, Tel. 07672/99 05 11, ferienwelt-suedschwarzwald.de

Wer nach Dachsberg fährt, wird sich vor Ort wundern: In der Gemeinde Dachsberg gibt es Urberg, Wittenschwand, Wolpadingen und Wilfingen – an einen Ortsteil Dachsberg hat während der Besiedlung des Hotzenwalds aber niemand gedacht. Nicht gedacht hätten wir auch, welch schöne Ausblicke die Runde über Urberg zum Klosterweiher bietet.

Vom Parkplatz in der Rathausstraße spazieren wir das kurze Stück hinunter bis zur Kreisstraße. Dort halten wir uns rechts, überqueren den Schmiedebach und zweigen im Bereich der Bushaltestelle »Wittenschwand/Wasenhof« links in den Arnoldslochweg ab. Damit folgen wir auf diesem ersten Stück der Wanderung der gelben Raute.
Unterhalb von Wittenschwand überqueren wir beim Arnoldsloch den Schmiedebach ein zweites Mal – allerdings mit dem Unterschied, dass er nunmehr Mühlebächle heißt.

Zum Bildsteinfelsen Nach gut zwei Kilometern erreichen wir über die Ortsverbindungsstraße ❶ Oberbildstein. Beim nächsten Wegweiser biegen wir scharf links ab und folgen weiter der gelben Raute Richtung Höll. Glich die Wanderung bisher einem Spaziergang, kommen wir auf den nächsten Metern bald ins Schwitzen – bis zu 24 Prozent beträgt die Steigung auf der Ortsstraße!
In Sichtweite von Höll ist das Schlimmste aber auch schon geschafft, und wir können rechts auf einen weniger steilen Pfad abzweigen. Einen knappen halben Kilometer weiter ist der ❷ Bildsteinfelsen erreicht. Außer einer schönen Aussicht über das Albtal und über Immeneich zu den weiter südlich gelegenen Bergrücken gibt es beim Bildsteinfelsen auch eine Info-Hütte mit Schautafeln über die Mineralien, die Lagerstätten und die Geschichte der Erzgruben bei Urberg. Von Bedeutung war hier insbesondere der Ruprecht-Erzgang, wo Silber und Blei gewonnen wurden.

Alpenpanorama und Klosterweiher Beim Aussichtsfelsen beschreibt der Wanderweg eine Linkskurve, ehe er beim Goldenhof in eine Straße übergeht, auf der wir nach Inner-Urberg kommen. In dem beschaulichen Dorf befindet sich die längste überdachte ❸ Tränke, die wir bisher im Schwarzwald entdeckt haben. Der Wanderweg führt direkt daran vorbei.

Beim Bildsteinfelsen öffnet sich die Sicht über das malerische Albtal.

Über die Straße Gass und den Scheiben-rainweg verlassen wir Inner-Urberg. Oberhalb des Ortes lohnt sich ein Abste-cher zur ❹ Panoramatafel Urberg.

Zurück auf dem Wanderweg, folgen wir der gelben Raute über Bengelbruck – dort links – bis nach Horbach. Oberhalb von Horbach treffen wir auf den Schluch-tensteig. Dieser führt uns über eine wei-tere Anhöhe mit ❺ Alpenpanorama zum ❻ Klosterweiherhof. Der Kloster-weiher wurde im 18. Jahrhundert als Fischweiher des Klosters in St. Blasien angelegt. Der idyllische Stausee gehört heute zum Klosterweiherhof.

Von dem Weiher sind es dann nur noch wenige Hundert Meter bis nach Witten-schwand, wo diese kurze und abwechs-lungsreiche Runde nahe einer ❼ Ka-pelle wieder am Parkplatz in der Rat-hausstraße endet.

69 Am Ittenschwander Horn

Aussichtsreiche Wanderung bei Schönau

Mittel | 12,5 km | 400 m | 3.45 Std.

Tourencharakter
Leichte Wanderung auf Forstwegen
und Pfaden, zu Beginn und am
Ende über die schwach befahrene
Ortsstraße

Ausgangs-/Endpunkt
Wanderparkplatz Tannenboden

Anfahrt
Auto: Von der B 317 Todtnau–
Schönau im Schwarzwald bei
Wembach abfahren und der
Beschilderung Richtung Hof
und Fröhnd folgen; der Parkplatz
befindet sich zwischen den beiden
Dörfern. **Bus/Bahn:** keine Anfahrt
möglich

Einkehr
Pension-Café Hirtenbrunnen,
Do/Fr ab 14 Uhr, Sa/So ab 12 Uhr,
hirtenbrunnen.de

Karte
Karte des Schwarzwaldvereins
1:25000, W257 Schönau

Information
Schwarzwaldregion Belchen
07673/91 81 30,
schwarzwaldregion-belchen.de

Verglichen mit dem nahen Belchen führt das Ittenschwander Horn ein ruhiges Dasein – entsprechend winzig ist auch der Wanderparkplatz beim Tannenboden. Dafür bietet der knapp 1000 Meter hohe Berg eine grandiose Sicht über das Trogtal der Wiese hinüber auf den Belchen.

Mit dem Höhenzug von Rohrenkopf, Wannenkopf und Herrenschwander Kopf im Rücken wandern wir vom Wanderparkplatz Tannenboden dem Wegweiser »Schiffboden« geradeaus folgend bergauf Richtung Wolfsacker. Auf diesem ersten Stück lohnt es sich, ab und zu innezuhalten und sich umzuschauen: Wie an einer Schnur reihen sich die Hügel jenseits der Wiese aneinander, und selbst der Feldberggipfel, der Seebuck und mit etwas Glück sogar das Herzogenhorn sind im Hintergrund bzw.

Oberhalb von Hof öffnet sich die Sicht zu den Aussichtsbergen im Südwesten.

im Nordosten zu erkennen. Zugleich erfreuen die saftig grünen Bergwiesen und Kuhweiden am Wegrand so manchen Wanderer.

Übrigens: Wer nur eine kurze Runde laufen will, der kann beim Wegweiser »Schiffboden« auch nach rechts abbiegen und über den Dachseckwald sowie dem Wegweiser »Unter dem Dachseckwald« folgend direkt zur Kammfichte wandern. Bei dieser Variante spart man sich rund 3,2 Kilometer Wegstrecke.

Hörnle und Hörnlebrunnen Nachdem wir den Quellbereich des Schwammbrunnenbachs passiert haben, folgen wir der gelben Raute an den Waldrand und steigen auf dem Schnapstannenweg hoch zum ❶ **Wolfsacker**. Hier können wir uns zufrieden auf die Schulter klopfen: Drei Kilometer der Strecke und ein Großteil der Höhenmeter dieser Runde sind geschafft!

Bei dem Wegkreuz wechseln wir rechts auf den mit einer blauen Raute markierten Weg in Richtung Zeiger. Die nächsten Schritte geht es noch kurz bergauf über das Hörnle, dann leicht bergab zum ❷ **Hörnlebrunnen**. Neben dem mit Moos bewachsenen Brünnlein bietet die rustikale Hörnlehütte Schutz vor einem unerwarteten Regenschauer. Für eine erste Rast ist es jedoch schöner, noch rund 400 Meter weiter bis zu einer ❸ **Bank** mit Blick über das Tal der Kleinen Wiese zu spazieren. Leider wird die Sicht durch mehrere Gehölze verdeckt. Da es noch einige schöne Aussichten auf der Runde gibt, schauen wir darüber hinweg und lassen stattdessen die angenehme Ruhe auf uns wirken.

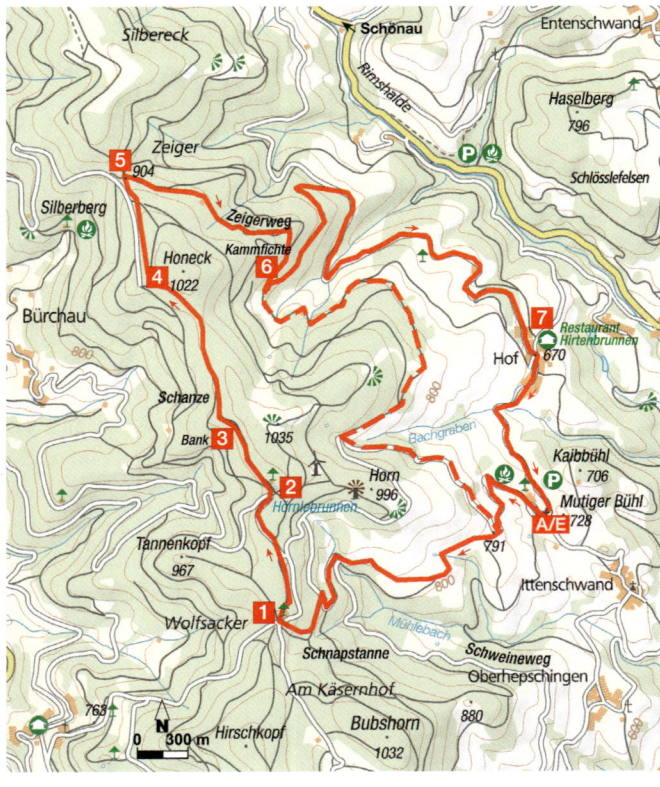

Bequeme, breite Wege verbinden die Passhöhe Zeiger mit Hof.

Direkt nach der Bank zweigt der Wanderweg links ab. Wir folgen der blauen Raute bis zum Bereich unterhalb vom ❹ **Honeck**. Wo sich der Weg in Sichtweite von einem Jägerhochsitz gabelt, halten wir uns erst links und folgen einem breiten Forstweg wenige Schritte bergab, um dann nach rechts auf einen schmalen Waldpfad zu wechseln. Neben der blauen Markierung hilft hier die lokale Beschilderung des Höhenwegs »Belchen–Zellerblauen«. Wenn wir alles richtig gemacht haben, erreichen wir nach zehn Minuten die Passhöhe ❺ **Zeiger**.

Seltene Krone Von der Passhöhe sind es nur zwei Kilometer bis zum Wanderparkplatz Hau, einem beliebten Ausgangspunkt für Touren auf den Belchen. Wir indes biegen hier scharf rechts ab und laufen zum Naturdenkmal ❻ **Kammfichte**. Vor Ort erklärt eine Tafel, dass die Äste zweiter und höherer Ordnung bei einer Kammfichte wie Lametta nach unten hängen. Im Vergleich zu den Plattenfichten, bei denen die Äste zweiter Ordnung eher horizontal wachsen, können Kammfichten schräg einfallendes Licht besser nutzen. Zugleich bieten sie weniger Auflagefläche, was ihnen in schneereichen Regionen wie dem borealen Nadelwald sowie an den Nordhängen des Schwarzwalds, wo sich der Schnee besser hält, einen Vorteil verschafft. Mit einem Alter von 110 Jahren und einem Stammumfang von mehr als 300 Zentimetern zählt die Kammfichte in der Gemeinde Fröhnd zu den mächtigsten und schönsten Exemplaren im Schwarzwald.

Landschaftspfleger auf vier Beinen – Rinder halten die Weiden offen.

Direkt bei der Kammfichte biegen wir scharf links ab und wechseln auf den Nebenwanderweg mit der gelben Raute. Wo dieser im Bereich Sägenboden den Wald verlässt, öffnet sich nach Norden die Sicht zum Belchen. Mit dem schönen Eindruck vom dritthöchsten Schwarzwaldgipfel geht es schließlich auf einer landwirtschaftlichen Straße über die Farnbodenhütte hinunter in das beschauliche Fröhnd-Hof.

Auch ohne Einkehr schön Vor dem Rückweg von Hof zum Tannenboden wollten wir selbst noch im ❼ **Café-Restaurant Hirtenbrunnen** einkehren. Das Hofgebäude wurde 1594 zu Beginn der Zweitbesiedlung des Schwarzwalds errichtet und mit einem tief herabragenden Walmdach aus Stroh versehen. Nachdem der Hirtenbrunnen bis in die 1930er-Jahre landwirtschaftlich genutzt wurde, erfolgte ab den 1950er-Jahren der Umbau zu einer Pension mit Café. Bei unserem ersten Besuch hatten wir noch den alten Wirt kennengelernt. Er empfing uns derart unwirsch, dass wir das Restaurant augenblicklich wieder verlassen hatten. Mittlerweile hat der Eigentümer gewechselt und unser zweiter Besuch verlief besser. Die Rückmeldungen anderer Gäste indes fallen bis dato sehr gemischt aus.

Anschließend trennen uns nur 1,2 Kilometer vom Ausgangspunkt, womit wir zum Abschluss der Wanderung nochmals die schöne Aussicht zu den umliegenden Bergen genießen können oder bereits die nächste Tour planen.

Die Kammfichte der Gemeinde Fröhnd ist als Naturdenkmal geschützt.

70

So weit die Füße tragen

Von Oberried auf den Toten Mann

● Schwer	19 km	850 m	6.15–7 Std.

Tourencharakter
Konditionell fordernde Runde über
Wege und Pfade durch Bannwälder,
im oberen Bereich über offene Weiden mit Blick zum Feldberg

Ausgangs-/Endpunkt
St. Wilhelm, Hohe Brücke

Anfahrt
Auto: Über die B 31 Freiburg/
Donaueschingen bis Kirchzarten
und über die L 126 Richtung Todtnau; die Hohe Brücke befindet sich
zwischen Oberried und dem Stein-
wasenpark. **Bus/Bahn:** Es fahren
einige Busse u. a. ab Freiburg-
Hbf. und Todtnau-Busbahnhof
zur Haltestelle »St. Wilhelm/Hohe
Brücke«.

Einkehr
Etwas abseits der Strecke
das Berggasthaus Erlenbacher
Hütte, Mi–So ab 11 Uhr;
erlenbacher-huette.de;
Gasthaus Zur Linde Napf im
St. Wilhelmer Tal, Mo, Do und
Fr ab 17 Uhr, Sa/So ab 11 Uhr, lin-
de-napf.de

Karte
Karte des Schwarzwaldvereins
1:25000, W257 Schönau

Information
Touristinformation Dreisamtal,
Tel. 07661/90 79 80,
dreisamtal.de

Mit einer Höhe von 1321 Metern zählt der Tote Mann zu den zehn höchsten Bergen im Schwarzwald. Durch seine Lage westlich vom Feldberg befindet sich der Berg außerdem in einem recht attraktiven Wandergebiet. Dennoch steuern nur wenige Ausflügler den Toten Mann an, weshalb uns auch auf dieser Runde kaum jemand begegnen wird.

Wer mit dem Bus anreist, läuft von der Haltestelle über die Hohe Brücke in die Feldbergstraße. Wenige Meter flussaufwärts vereinen sich der St. Wilhelmer Talbach und der kleinere Buselbach zur Brugga. Gleich danach ist der Wanderparkplatz entlang der Straße zu sehen. Ihm gegenüber führt ein Pfad bergauf in den Wald. Genauer gesagt ist es ein Altholz mit hohem Totholzanteil aus Tanne, Fichte, Buche und Bergahorn. Die gute Struktur des Bestands und die Lage an einem felsüberlagerten Steilhang mit offenen Felsbereichen reicht aus, dass dieser Bereich von mehreren Schutzgebieten überlagert wird. Der geschützte Waldbiotop ist

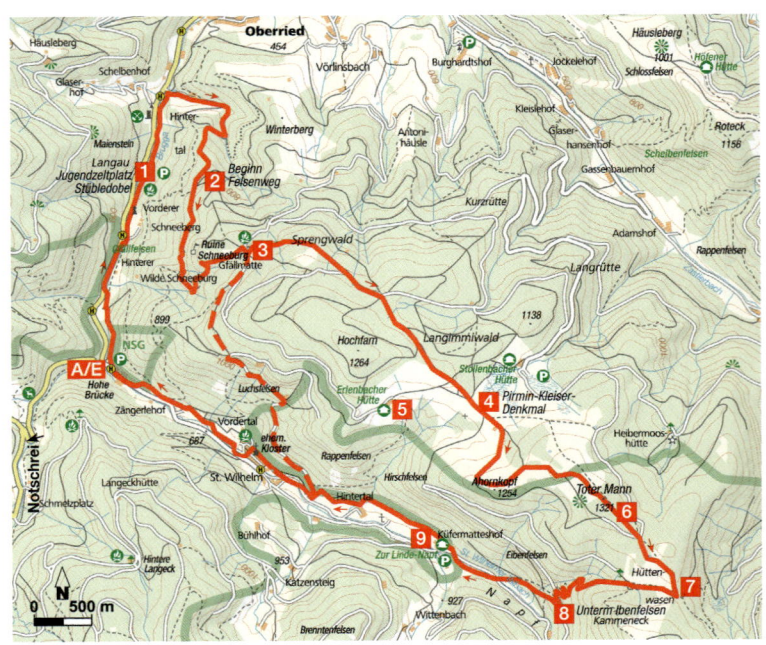

Teil des Naturschutzgebiets und Bannwalds Faulbach, des FFH-Gebiets Hochschwarzwald um den Feldberg und des Vogelschutzgebiets Südschwarzwald.

Wegführung gesucht Nach 200 Metern (ab der Brücke) biegen wir beim Wegweiser »Hohbruckmättle« links nach Oberried ab, sodass wir dem Lauf der Brugga talwärts folgen. Im Bereich eines Holzlagerplatzes schwenkt der Pfad vom Wald hinunter an den Bach, und die Sicht öffnet sich. Saftig grüne Wiesen im unteren Talbereich und der Gehölzstreifen entlang der Brugga versprechen einen entspannten und gemütlichen Auftakt des Wandertags.

Die ersten Meter der Tour führen durch das Tal der Brugga.

Dem Versprechen folgt die Ernüchterung: Auf der rechten, attraktiven Seite der Brugga fehlt ein ca. 500 Meter langes Wegstück. Haben es die Planer des Wanderwegs verschwitzt, oder konnten sie sich nicht durchsetzen? Wir wissen es nicht. Und es nützt auch nichts: Um auf dem offiziell beschilderten Wanderweg zu bleiben, müssen wir die Brugga überqueren und – bis eine neue Wegführung umgesetzt wird – das nächste Stück an der Landstraße laufen.

Steil hinauf zum Felsenweg Zwischen Hinterem und Vorderem Schneeberg (möglicherweise auch schon früher) wechselt der Wanderweg wieder auf die rechte, sichere Seite der Brugga. Weiter talwärts kommen wir auf dem Wilhelmitenpfad am ❶ **Jugendzeltplatz Stübledobel** der Gemeinde Oberried vorbei. Sobald wir einige Häuser und die Bushaltestelle »Oberried/Hintertal« (alternativer Ausgangspunkt)

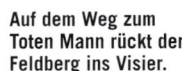

Auf dem Weg zum Toten Mann rückt der Feldberg ins Visier.

passiert haben, erreichen wir den Wegweiser »Zipfeldobel«. Hier verlassen wir das Tal und folgen der gelben Raute nach rechts zum Felsenweg. Damit ändert sich der Charakter dieser Wanderung grundlegend. Schön ist, dass der Weg direkt von der Straße wegführt und der Verkehrslärm hinter uns bald abebbt. Der Preis dafür ist eine Steigung, die uns ebenso bald den Schweiß auf die Stirn treibt.

Doch die Mühe ist es wert, denn nach 1,6 Kilometern führt uns die gelbe Raute (bitte alle anderen Wege ignorieren!) über den Zipfeldobelweg an den ❷ **Beginn des Felsenwegs.**

Kletterfelsen und die Gfällmatte Schon nach wenigen Schritten auf dem schmalen Pfad wird deutlich, dass dieser seinem Namen alle Ehre macht: Während sich der Pfad wildromantisch durch eine bewaldete Geröllhalde schlängelt, zweigen links immer wieder Trampelpfade ab. Sie alle enden nach wenigen Metern an steil aufragenden Felsen und dienen Kletterfreunden als Zugang. Ein Gerätebehälter mit Utensilien für die Unfallhilfe belegt, wie beliebt die schroffen »Räuberfelsen« sind. Nach einer Kehrtwende führt der Felsenweg auf die Ostseite der Kletterfelsen und weiter zur ❸ Gfällmatte. Auf dem Weg dorthin überqueren wir eine Lichtung mit dem Gfällmattenhof, der heute als Ferienhaus genutzt wird. Wenige Meter oberhalb des alten Bauernhofs wurde auf der Gfällmatte ein Wanderparkplatz angelegt. Mit dem Auto ist dieser über die Zufahrt zum Berggasthof Erlenbacher Hütte erreichbar. Ein kurzer Blick auf den Wegweiser bei der Gfällmatte lässt gemischte Gefühle aufkommen: Einerseits können wir uns über knapp 500 schon bewältigte Höhenmeter freuen – andererseits liegen bis zum höchsten Punkt der Wanderung noch mehr als 300 Höhenmeter vor uns.

Zum Toten Mann Der nächste Abschnitt führt von der Gfällmatte über einen zunächst breiten Waldweg und vorbei an einem unerwarteten Aussichtspunkt, dann am oberen Rand einer Weide hinauf zum ❹ Pirmin-Kleiser-Denkmal. Es erinnert an den Herder (Hüter) der ❺ Erlenbacher Hütte, der ganz in der Nähe des Gedenksteins während der Arbeit umkam. Bis zur Hütte sind es 600 Meter; leider befindet sie sich abseits unseres Wanderwegs, sodass die Einkehr mit zusätzlichen 1,2 Kilometern Strecke verbunden wäre.
Vom Denkmal sind es noch 1,6 Kilometer bis zum Toten Mann. Der Aufstieg führt über die aussichtsreiche Stollenbacher Weide, schwenkt oberhalb vom Weidestall Langimi nach rechts und nimmt bei der nächsten Weggabelung schließlich Kurs auf den Toten Mann. Nun ja, zumindest fast. Tatsächlich führt nur ein unscheinbarer, aber beschilderter Pfad auf den abgeflachten und zum Teil bewaldeten Gipfel des ❻ Toten Manns, während der Wanderweg mit der gelben Raute den Gipfel auf seiner Südseite passiert. Südöstlich vom Gipfel treffen beide Wege bei Ob der Hauseckhalde wieder aufeinander.

Abstieg zur Hohen Brücke Nach dem langen Aufstieg kommt, was kommen muss: ein ebenso langer Abstieg. Dieser führt auf dem ersten Kilometer von Ob der Hauseckhalde über eine als Viehweide genutzte Lichtung zum ❼ Hüttenwasen und, scharf rechts, zur Hüttenwasen-Schutzhütte.
Von dort geht es durch das steil abfallende Tal vom Hüttenwasenbächle durch den Wald zum Wegweiser ❽ Unterm Ibenfelsen. Ab dem Felsen können wir schließlich der gelben Raute weiter bergab folgen und über Napf, wo wir das ❾ Gasthaus Zur Linde Napf und die Kapelle Maria Königin passieren, und St. Wilhelm zurück zum Ausgangspunkt an der Hohen Brücke wandern.
Wer bei Gfällmatte in diese Wanderung eingestiegen ist, biegt dazwischen beim »Holzmacherhäusle« rechts ab. In diesem Fall tauscht man den Abschnitt an der Landstraße gegen einen abschließenden Aufstieg ein. Welche Variante besser ist, darf jeder für sich entscheiden.

Die Räuberfelsen sind auch für Kletterfreunde ein lohnendes Ziel.

71

Geniale Ingenieurskunst – damals und heute

Linachtalsperre bei Hammereisenbach

Leicht   11 km   350 m   3.30 Std.

Tourencharakter
Überwiegend ruhige Runde auf
Schotterwegen und Waldwegen mit
mehreren reizvollen Ausblicken;
bei Schneemangel auch im Winter
gut möglich

Ausgangs-/Endpunkt
Kohlbrücke

Anfahrt
Auto: Von der B 500 Triberg–
Titisee-Neustadt bei Furtwangen
auf die L 173 Richtung Vöhrenbach
abzweigen, ab Vöhrenbach weiter
über die L 172 Richtung Hammereisenbach und bei der Kohlbrücke
zur Linachtalsperre abbiegen.
Bus/Bahn: Es bestehen Busverbindungen ab Donaueschingen und
Vöhrenbach zur Haltestelle »Unter-
linach/Kohlbrücke«.

Einkehr
Unterwegs keine; einige Bänke ab
der Burgruine Neufürstenberg

Karte
Karte des Schwarzwaldvereins
1:25 000, W 248 Furtwangen

Information
Stadtverwaltung Vöhrenbach,
Tel. 07727/50 10,
voehrenbach.de

Seit Jahrhunderten ist die Arbeit der Menschen im Schwarzwald eng mit der Kraft des Wassers verbunden. Waren es früher Mühlen, Sägen und Hammerschmieden, welche die regenerative Energie direkt am Bach nutzten, prägen heute Talsperren vielerorts das Landschaftsbild. Ein echtes Unikat steht im Linachtal.

Von der Kohlbrücke sind es auf direktem Weg nur zweieinhalb Kilometer bis zur Talsperre. Bevor wir aber auf das Ingenieurskunstwerk zusteuern, folgen wir zunächst dem Bregtalweg bis zum Winterhof. Bei der Weggabelung halten wir uns rechts, wandern auf dem Schotterweg hoch in den Wald und wechseln beim Sandbruch auf den Schloßhaldenweg. Rund 500 Meter weiter ist mit der ❶ Burgruine Neufürstenberg das erste Ziel des Tages erreicht.

Es wird vermutet, dass die Burg zwischen 1275 und 1350 auf einer älteren Anlage errichtet wurde. Die exponierte Lage auf einem Felssporn ermöglichte es, die Verbindungsstraße zwischen dem Breisgau und der Baar zu sichern und den Transport und die Verarbeitung des Erzvorkommens im Eisenbachtal zu kontrollieren. Zugleich war es für Angreifer unmöglich, die nur von der Talseite her zugängliche Burg zu erstürmen. Das galt bis

Oberhalb vom Dobelhof laden Bänke
zur gemütlichen Rast ein.

zum Bauernkrieg von 1525 – dann kamen Aufständische, auch unter dem Namen »Klettgauer Haufen« bekannt, und brannten die Festung nieder.

Zur Linachtalsperre Direkt oberhalb der Burgruine beschreibt der Wanderweg eine Rechtskurve, und eine Bank lädt zu einer ersten Rast ein. Wenige Schritte weiter biegen wir beim ❷ Dobelhof scharf rechts ab, folgen dem mit Gras bewachsenen Pfad an den Waldrand und lassen uns, nachdem wir eine weitere Bank mit Sicht auf Hammereisenbach passiert haben, von der gelben Raute über die Obere Rütte zum Wegweiser ❸ Auf der Streiche leiten.

Hier haben wir den höchsten Punkt der Wanderung erreicht und können nun ohne größere Anstrengung über Gfäll und mit dem Wegweiser am ❹ Prinz-Eugen-Joachim-Weg hinunter zur ❺ Linachtalsperre wandern. Sobald der Wald die Sicht freigibt, wird deutlich, worin sich die 1925 fertiggestellte Staumauer von allen anderen

im Schwarzwald unterscheidet: Anstelle einer massiven Mauer wurden für die Linachtalsperre 13 halbkreisförmige Gewölbe zusammengesetzt. Damit benötigte man nur ein Fünftel an Material. Durchgesetzt hat sich dieser Bautyp dennoch nicht.

Nachdem wir die Staumauer überquert haben, steigen wir anschließend auf der anderen Seite über den Pfad hinunter zum Parkplatz und kehren entlang der Linach zum Wegweiser am ❹ Prinz-Eugen-Joachim-Weg zurück. Über den Wasserkraftlehrpfad geht es dann zurück zur Kohlbrücke und zum Wasserkraftwerk an der Linach.

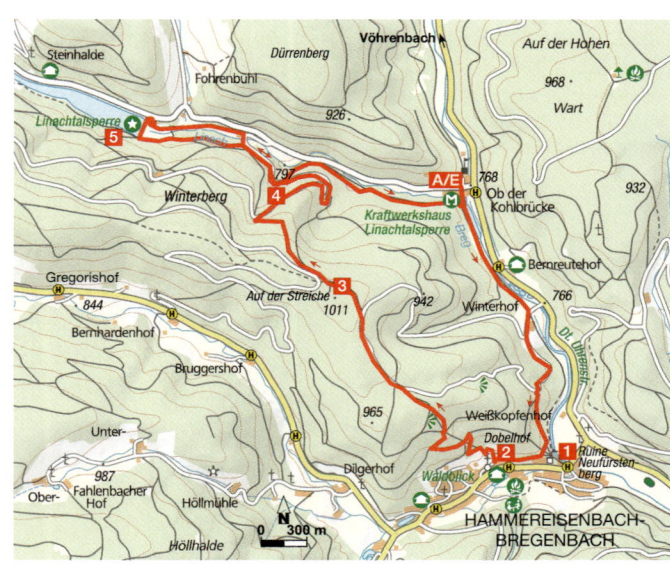

72

Durch das Moor am Blindensee

Bilderbuch-Runde bei Schonach

Leicht   12 km   320 m   3.30–4 Std.

Tourencharakter
Leichte Wanderung mit wenigen Steigungen zu Beginn und am Ende der Tour; auch im Winter bei niedriger Schneedecke und Frost reizvoll

Ausgangs-/Endpunkt
Haus des Gastes in Schonach

Anfahrt
Auto: Von der B 500 Titisee-Neustadt–Triberg in Triberg auf die L 109 Richtung Schonach und in Schonach über die Hauptstraße zur Touristinfo und zum Haus des Gastes fahren. **Bus/Bahn:** Es bestehen Busverbindungen ab Triberg und Schönwald zur Haltestelle »Schonach/Haus des Gastes«.

Einkehr
Etwas abseits der Strecke das Naturfreundehaus Küferhäusle (Sa/So ab 11 Uhr); am Blindensee schön platzierte Bänke

Karte
Karte des Schwarzwaldvereins 1:25000, W248 Furtwangen

Information
Ferienland im Schwarzwald GmbH, Tel. 07722/86 08 31, hochschwarzwald.de

Das 28 Hektar große Gebiet rund um den Blindensee zählt zu den ersten Moorgebieten, die im Mittleren Schwarzwald unter Naturschutz gestellt wurden. Seit 1960 kann sich hier die Natur ungestört entwickeln. Für Wanderer wurde ein Holzsteg durch das Moor angelegt, der herrliche Einblicke in diesen empfindlichen Lebensraum ermöglicht.

Um den Einstieg zu dieser schönen Runde zu erleichtern, haben wir den Ausgangspunkt in die Ortsmitte des Wintersportorts Schonach gelegt, sodass er sowohl mit dem Auto als auch mit öffentlichen Verkehrsmitteln gut

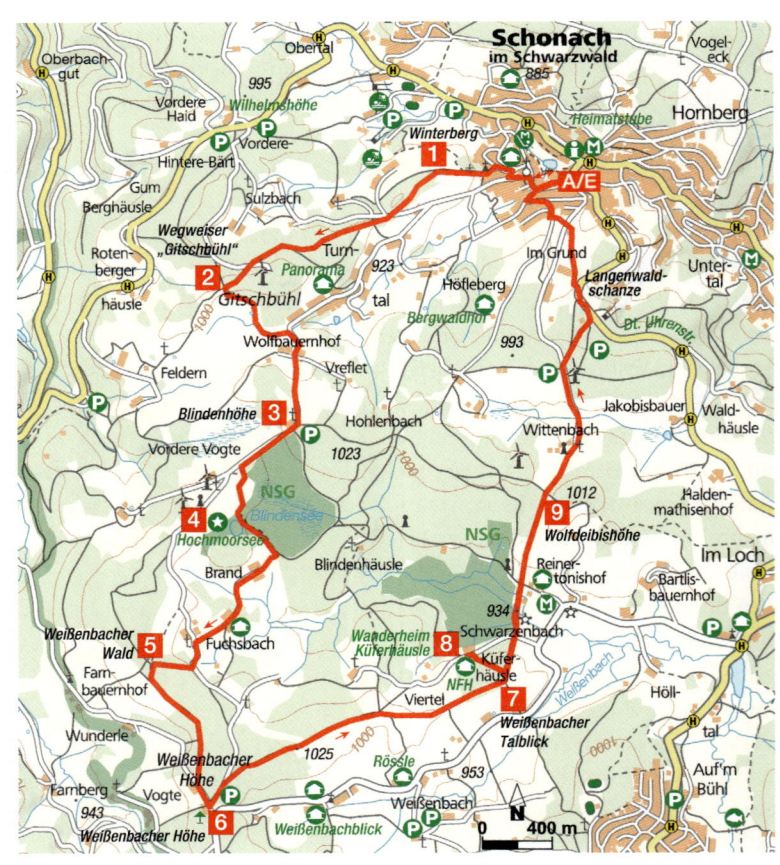

zu erreichen ist. Vom Parkplatz bzw. der Bushaltestelle beim Haus des Gastes sind es damit nur wenige Schritte bis zum Wegweiser bei der Sparkasse. Hier biegen wir erst rechts in die Hauptstraße, dann vor der Kirche links in die Turntalstraße und einen Katzensprung weiter wiederum rechts auf die Verbindung zum Friedhof ab. Wir befinden uns damit auf dem Ortenau-Baar-Weg, dessen blauer Raute wir bergan auf den im Sommer beweideten ❶ **Winterberg** folgen. Wo sich die Wanderwege am Waldrand gabeln, halten wir uns links, sodass wir auf dem Querweg den Gitschbühl passieren.

Alter Bekannter, neue Wegführung Nach 2,3 Kilometern (ab dem Haus des Gastes) kreuzt der Ortenauquerweg beim Wegweiser ❷ **»Gitschbühl«** den Westweg. Hier biegen wir links ab und wandern auf dem ältesten Fernwanderweg des Schwarzwalds über die ❸ **Blindenhöhe** zum ❹ **Blindensee**.
Wer den Westweg – oder zumindest die achte Etappe – vor 2010 abgelaufen ist und sich stur an der roten Raute orientiert hat, erlebt hier eine Überraschung: Früher verlief der Westweg in diesem Bereich auf der Straße, und der Blindensee blieb damit außen vor. Nachdem ein Bohlenweg angelegt wurde, änderte sich die Streckenführung, sodass wir heute in den Genuss dieser einzigartigen Naturlandschaft rund um den Blindensee kommen. Der Bohlenweg bewahrt uns dabei vor nassen Füßen und die empfindliche Moorvegetation vor Trittschäden. Im Bereich des Sees laden mehrere Bänke zu einer Rast ein.

Rückweg über die Weißenbacher Höhe Anschließend geht es auf dem Westweg über Brand und den ❺ **Weißenbacher Wald** zur ❻ **Weißenbacher Höhe**. Auf der Anhöhe trennen sich die Wege. Während der Westweg rechts zur Katharinenhöhe abzweigt, biegen wir links ab und wandern über »Ob dem Rössle« und den ❼ **Weißenbacher Talblick** zur ❾ **Wolfdeibishöhe**. Dazwischen lädt das ❽ **Wanderheim Küferhäusle** zu einer gemütlichen Einkehr ein, bevor es ab der Wolfdeibishöhe auf einem gelb beschilderten Nebenweg zurück nach Schonach geht, wo diese kurze und schöne Runde endet.

Um den Blindensee ranken sich mehrere Sagen.

73

Der große Unbekannte im Wolftal

Zum Burgbachwasserfall

Mittel   12,5 km   525 m   4–4.30 Std.

Tourencharakter
Fordernde Passagen hinauf zum Mittelweg und ab Zwieselberg, auf der Höhe dann bequem zu wandernder Pfad; Ausdauer auch im Abstieg von Vorteil

Ausgangs-/Endpunkt
Wanderparkplatz »Vor Burgbach«

Anfahrt
Auto: Von der B294 Hausach–Schiltach nahe Wolfach oder von der B28 Freudenstadt–Oppenau kommend nach Bad Rippoldsau-Schapbach abbiegen; der Parkplatz »Vor Burgbach« befindet sich direkt an der L96 zwischen Rippoldsau und Schapbach. **Bus/Bahn:** Es bestehen Busverbindungen von Wolfach und Freudenstadt zur Haltestelle »Bad Rippoldsau/Letztes Gstehr«.

Einkehr
Auf der Strecke keine, schöne Rastmöglichkeiten beim Startpunkt und beim Pavillon

Karte
Karte des Schwarzwaldvereins 1:25 000, W235 Freudenstadt

Information
Schwarzwald Tourismus Kinzigtal, Tel. 07834/238 00 90, schwarzwald-kinzigtal.info

Der Burgbachwasserfall zählt zu den Naturschauspielen im Schwarzwald, die uns lange Zeit »durch die Lappen gegangen« sind. Erst bei einer Art »Rasterfahndung« ist uns der 32 Meter hohe Wasserfall quasi ins Netz gegangen. Später wurde er außerdem durch die 2017 eröffnete Klösterle-Schleife erfasst.

Der Wanderparkplatz befindet sich direkt bei der Mündung des Burgbachs in die Wolf. Mit der Landstraße im Rücken überqueren wir die Wolf und laufen dem Burgbach entgegen. Oberhalb der wenigen Häuser im Burgbachtal wechseln wir von der Burgbachstraße scharf rechts auf einen rasch ansteigenden Pfad. Nachdem dieser auf einen breiten Wanderweg trifft, sind es nach links nur noch ein paar Schritte bis zum
❶ Burgbachwasserfall.

Weil dieser nur aus einer Fallstufe besteht, zählt der Wasserfall zu den höchsten in Deutschland. Im Schwarzwald hat einzig der Todtnauer Wasserfall eine höhere Kaskade. Gebildet wird der Burgbachwasserfall von widerstandsfähigen, verkieselten Arkosesandsteinen, die über leichter verwitternden Graniten liegen. Den schönsten Blick auf das Naturschauspiel findet man am Ende des Treppenwegs.

Blick über das untere Burgbachtal zum Bärleichkopf jenseits der Wolf

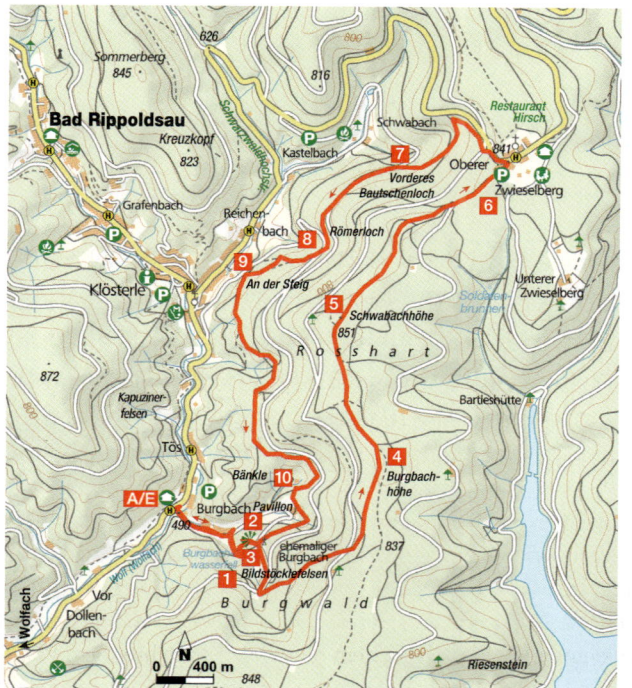

Spaziergang oder Wanderung? Nach dem Abstecher windet sich der Pfad entlang der Felsen hoch zum ❷ **Pavillon auf dem Burgbachfelsen**. Die Aussicht vom Pavillon wird vom Bärleichkopf jenseits der Wolf bestimmt. Die zwei Höhepunkte der Wanderung haben wir damit in der Tasche. Wem es nur um den Wasserfall und den Ausblick ging, der kann die Tour getrost beenden und in der Kategorie »Spaziergang« verbuchen. Alle anderen kehren vom Pavillon zurück auf den Wanderweg und folgen erst der gelben, dann der blauen Raute über den ❸ **Bildstöcklefelsen** (dort rechts) und »Schochs Platz« (jetzt links) bergauf zur ❹ **Burgbachhöhe**.
Oben angekommen, treffen wir auf den Mittelweg. Auf diesem angenehm zu laufenden Pfad geht es weiter über die Roßhardthöhe und die ❺ **Schwabachhöhe** nach ❻ **Zwieselberg**.

Ein Abstieg, der's in sich hat Am Ortsrand trennen sich die Wege wieder. Während der Mittelweg Kurs auf Freudenstadt nimmt, biegen wir links auf den Regionalwanderweg ab. Der Rückweg führt damit über den Parkplatz Am Zwieselberg, das ❼ **Vordere Bautschenloch** und das ❽ **Römerloch** überwiegend bergab. Leider ist dieser frei von Rastbänken. Erst nachdem wir beim Wegweiser ❾ **An der Steig** links abgebogen und der blauen Raute ansteigend durch den Wald zum ❸ **Bildstöcklefelsen** gefolgt sind, gönnt uns ein am Waldrand aufgestelltes ❿ **Bänkle** noch einmal eine ersehnte Rast.
Ab dem Wegweiser »Bildstockfelsen« können wir dann auf den bereits bekannten Wegen bzw. über den Burgbachwasserfall wieder zum Ausgangspunkt beim Wanderparkplatz an der Wolf absteigen.

Kaum einem Wasserfall kommen Wanderer so nahe wie dem Burgbachwasserfall.

74

Kurze Runde zu einem Bilderbuchsee

Zuflucht, Röschenschanze und Buhlbachsee

Leicht   7 km   230 m   2.30 Std.

Tourencharakter
Technisch einfache Runde auf zumeist Pfaden und (Wald-)Wegen,
im Bereich Schwarze Lache auch
über eine alte Straße

Ausgangs-/Endpunkt
Wanderparkplatz »Zuflucht«

Anfahrt
Auto: Von der B 500/28 Baden-
Baden–Freudenstadt zwischen
Kniebis und Schliffkopf nach
Zuflucht abbiegen; der Parkplatz
befindet sich direkt an der Land-
straße. **Bus/Bahn:** Es bestehen
Busverbindungen von Freudenstadt
und Mummelsee zur Haltestelle
»Zuflucht«.

Einkehr
Unterwegs keine; Natur- und
Sporthotel Zuflucht, Di–So ab
11 Uhr, hotel-zuflucht.de

Karte
Karte des Schwarzwaldvereins
1:25 000, W235 Freudenstadt

Information
Freudenstadt Tourismus,
Tel. 07441/86 47 30,
freudenstadt.de

Der Buhlbachsee wird gern als verträumt, abgelegen und idyllisch beschrieben. All dies trifft auch zu. So zählt der kleine Karsee zu den ruhigsten im Nordschwarzwald, und die Natur darf sich hier im Nationalpark frei entwickeln. Aus diesem Grund haben wir den schönen See auch in diesen Wanderführer mit aufgenommen.

Auf dem dunklen Wasser des Karsees reflektiert das Licht wie in einem Spiegel.

Los geht's am Wanderparkplatz »Zuflucht« bzw. bei der Bushaltestelle. Von der Anhöhe wandern wir zunächst auf dem Westweg Richtung Ruhestein und Schliffkopf und erreichen so nach gut 300 Metern die ❶ **Röschenschanze**. Mit dem Bau der sternförmigen Verteidigungsanlage wurde 1794 unter Leitung des Majors Jakob Rösch begonnen. Zweck der Anlage war, die Oppenauer Steige zu sperren und die Landesgrenze von Württemberg zu sichern. Das Unterfangen scheiterte allerdings, denn noch bevor die Röschenschanze fertiggestellt war, nahmen napoleonische Truppen die Wehranlage 1796 ein. Heute bietet die Schanze seltenen Pflanzen und Insekten einen geeigneten Lebensraum. So hat sich im Innern der Anlage ein Anmoor gebildet, auf dem Wollgräser und Schnabelseggen wachsen, während der alte Wassergraben von Libellen bewohnt wird.

Durchs Spaltbächletal Wo ein Pfad links zum Lift »Zuflucht I« abzweigt, halten wir uns rechts, sodass wir der roten Raute noch bis zur Schwarzen Lache folgen. Dort verlassen wir den Westweg und biegen rechts Richtung Buhlbacher Läger ab. Auf diesem Abschnitt kreuzen wir die B 500. Auf der anderen Seite der ältesten deutschen Panoramastraße steuert der Wanderweg direkt auf den Wald zu, sodass der Verkehrslärm schon bald wieder abebbt.

Ab dem Wegweiser ❷ »Buhlbacher Läger« geht es mit der gelben Raute über die Hahnenmisse und durch das enge Tal vom Spaltbächle. Bei der Orientierung hilft auch die Beschilderung des Seensteigs, dessen zweite Etappe ebenfalls durch das Spaltbächletal verläuft.

Malerischer Buhlbachsee Beim Wegweiser ❸ »Spaltbächle« biegen wir dann rechts ab und folgen dem Seensteig über den ❹ Abzweig Buhlbachsee bis zum Buhlbachsee. Lange Zeit führte ein bequem zu gehender Waldweg einmal um den gesamten See herum. Seit 2020 ist dieser mit Barrikaden versperrt. Ziel ist es, der Vogelwelt einen wichtigen Rückzugsraum zu schaffen. Für Besucher ist eine Aussichtsplattform am östlichen Ufer vorgesehen. Im Bereich des Auslaufs in den Buhlbach laden außerdem mehrere Bänke zu einer entspannten und gerne auch ausgiebigen Rast im Nationalpark ein.

Der Rückweg erfolgt anschließend ab dem Abzweig Buhlbachsee auf teils steilen Wurzelpfaden über die Seehalde zum ❺ Parkplatz Bärenteich an der Schwarzwaldhochstraße. Von dort sind es dann noch 400 Meter bis zu unserem Ausgangspunkt beim Wanderparkplatz »Zuflucht«.

**Wanderer im National-
park Schwarzwald**

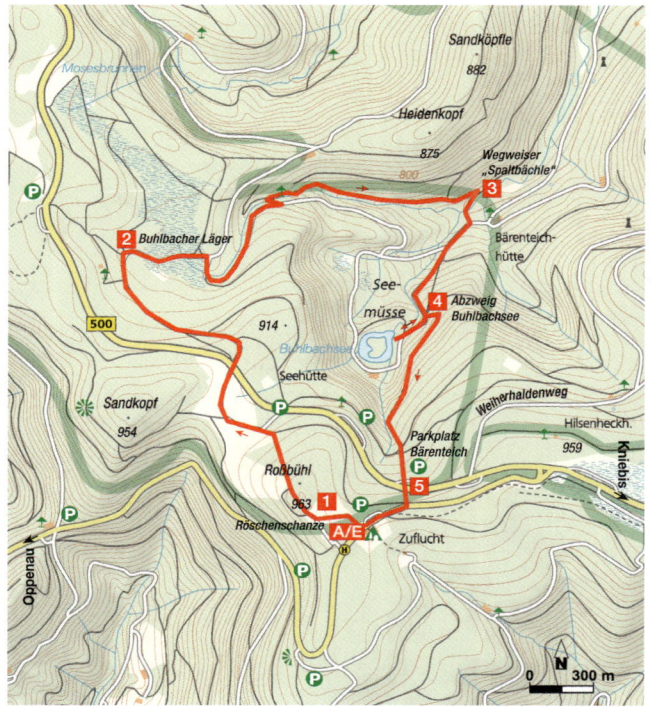

75

Auf dem Vier-Burgen-Weg

Ruinen bei Pfalzgrafenweiler

| Mittel | 14 km | 350 m | 4.30 Std. |

Tourencharakter
Die Abstiege von der Nördlinger Hütte und der Ruine Mantelberg erfordern Trittsicherheit; sonst bequem zu gehende Runde auf überwiegend breiten Wegen

Ausgangs-/Endpunkt
Parkplatz beim Busbahnhof in Pfalzgrafenweiler

Anfahrt
Auto: Von der B 28 Freudenstadt–Altensteig bei Pfalzgrafenweiler Richtung Ortsmitte abfahren und weiter über die Kreis- bzw. die Hauptstraße in die Burgstraße und zum Parkplatz beim Busbahnhof.
Bus/Bahn: Es bestehen Busverbindungen u. a. von Altensteig, Tumlingen und Kälberbronn zur Haltestelle »Pfalzgrafenweiler/Burgstr./ZOB«.

Einkehr
Gasthaus Adler, Do–Sa ab 15, So ab 10 Uhr, in Pfalzgrafenweiler

Karte
Karte des Schwarzwaldvereins 1:25 000, W236 Horb

Information
Gästeinformation Pfalzgrafenweiler, Tel. 07445/85 18 27, pfalzgrafenweiler.de

Historisch gesehen zählt die Umgebung von Pfalzgrafenweiler zu den bedeutendsten Gegenden im Kreis Freudenstadt. Zwischen dem Ortskern und der Waldach lassen sich vier mittelalterliche Burgen nachweisen. Warum sie errichtet wurden und zu welchem Zweck, ist hingegen ungewiss.

Vom Busbahnhof bzw. dem dahinter gelegenen Parkplatz gelangen wir über die Burgstraße (rechts) zum ❶ Rathaus von Pfalzgrafenweiler. Dort biegen wir erst rechts, dann links auf die Kronenstraße ab und laufen die 200 Meter mit der Markierung blaue Raute bis zum Wegweiser beim Abzweig in den Killweg. Die Orientierung fällt nun kinderleicht: Es geht immer der Beschilderung des Vier-Burgen-Wegs nach.

Zur Ruine Vörbach Wir verlassen den Ort auf dem Killweg, halten uns bei der katholischen Kirche links und erreichen damit auf dem Gehweg zwischen der Straße Am Schloßwald und einer Pferdekoppel sowie über die Siedlung Vörbach den Waldrand. 400 Meter weiter kommen wir zum Wegweiser »Schlosswald«. Zur ersten Burg, der ❷ Ruine Vörbach, sind

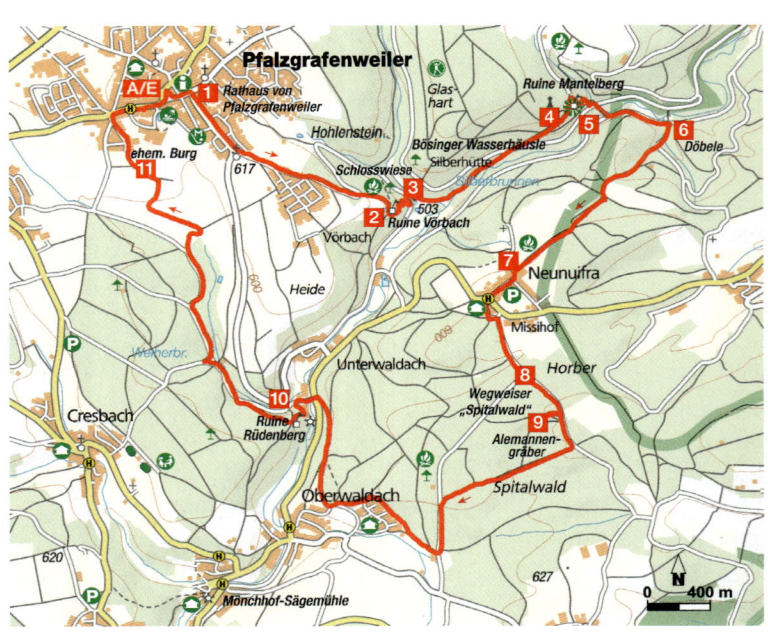

es nun noch 200 Meter durch den Wald. Die als Kammburg errichtete Verteidigungs-anlage gehörte zuerst den Pfalzgrafen von Tübingen, wechselte im Lauf der Ge-schichte aber mehrfach den Besitzer. 1906 errichtete der Schwarzwaldverein die Nördlinger Hütte auf einem Turmstumpf der Umfassungsmauer.

Über die Schlosswiese zur Ruine Mantelberg Auf der Rückseite der Nördlinger Hütte wechselt der Vier-Burgen-Weg links auf einen steil abfallenden Pfad, der uns über mehrere Serpentinen bergab auf den breiteren Vörbachweg bringt. Diesem fol-gen wir links einen guten Steinwurf (in diesem Fall ca. 70 m) weit, ehe wir rechts auf den nächsten Pfad hinunter zur ❸ Schlosswiese abzweigen.

Am oberen Rand der Wiese überqueren wir das Vorbächle und folgen dem Vier-Bur-gen-Weg zur zweiten Burg, der ❹ Ruine Mantelberg (auch: Mandelberg). Ihr hoch aufragender Bergfried ist das Motiv, das uns auf den Wegweisern der Runde beglei-tet. Die älteste urkundliche Erwähnung stammt aus dem Jahr 1287. Über eine sehr enge Außen- und drei innere Wendeltreppen lässt sich der Turm besteigen, von dem man dann einen schönen Blick auf die noch erhaltenen Festungsmauern sowie auf die waldreiche Umgebung genießt.

Bösinger Wasserhäusle und Alemannengräber Auf der Nordseite der Ruine Mantel-berg zweigt der Vier-Burgen-Weg rechts auf einen engen Pfad ab. Achtung: Dieser ist bei Nässe sehr rutschig und unbequem zu gehen! Alternativ kann man die Burg auch auf einem breiteren Weg südlich der Festungsmauer passieren.

Unterhalb der Ruine treffen dann Pfad und Weg wieder zusammen, und wir folgen der Beschilderung hin zum 1893 errichteten ❺ Bösinger Wasserhäusle. Nachdem wir beim Wasserhäusle zuerst die Waldach, dann den Triebwerkskanal überquert haben, führt uns der Vier-Burgen-Weg über ❻ Döbele, »Kohläcker« und den Orts-teil ❼ Neunuifra zum Wegweiser ❽ »Spitalwald«. 350 Meter weiter zweigt ein unscheinbarer Pfad in den Wald ab. Dieser endet nach 80 Metern bei zwei noch unscheinbareren, flachen Hügeln. Bei diesen soll es sich um zwei ❾ Alemannen-gräber handeln, die möglicherweise aus der Merowingerzeit (460–751) stammen.

Zur Ruine Rüdenberg Nach dem Abstecher kehren wir zum breiten Forstweg zurück. Bei der nächsten Möglichkeit geht es rechts ab auf einen schnurgeraden Forstweg und mit den bekannten Markierungen des Vier-Burgen-Wegs über das Fa-miliendorf Waldachtal zur ❿ Ruine Rüdenberg. Auf dem Weg dorthin überqueren wir erst die Kreisstraße, dann die Waldach. Die Reste der Festung sind im Wald zu finden, bis auf einen quadratischen, mit Moosen bewachsenen Turmstumpf ist allerdings nichts übriggeblieben. Ohne lange zu verweilen, können wir damit dem Themenweg über die Sandebene, die Wegweiser »Blöcherweg« und »Weiherbach« (bei beiden Wegweisern rechts halten) zurück nach Pfalzgrafenweiler folgen.

Kurz bevor wir wieder am Ausgangspunkt beim Parkplatz sind, passieren wir die letzte der vier Burgen – das heißt: den ehemaligen Standort derselben. Von der 1165 eroberten und zerstörten ⓫ Burg von Pfalzgrafenweiler zeugt nur ein Graben mit Wiesenhügel. Und stünde nicht ein Schild mit einer Krone darauf da, man könnte sie glatt übersehen.

76 Aufatmen im Tal der Teinach

Bad Teinach und Neubulach

Mittel   15,2 km   440 m   4.45 Std.

Tourencharakter
Mit kurzen, steilen Anstiegen versehene Tour über Wege und wenig befahrene Straßen; guter Orientierungssinn von Vorteil

Ausgangs-/Endpunkt
Freibad-Parkplatz in Bad Teinach

Anfahrt
Auto: Von der B 463 Pforzheim–Horb am Neckar zwischen Calw und Wildberg nach Bad Teinach abbiegen und über die L 347 bis zum Parkplatz an der Badstraße.
Bus/Bahn: Es bestehen Busverbindungen ab Calw und dem Bahnhof Bad Teinach/Neubulach zur Haltestelle »Bad Teinach/Edeka«.

Einkehr
In Neubulach und Bad Teinach

Karte
Karte des Schwarzwaldvereins 1:25000, W226 Pforzheim

Information
Teinachtal Touristik,
Tel. 07053/920 50 40,
teinachtal.de

Das Teinachtal ist auch als »Ferienglück hoch drei« bekannt. Gemeint sind damit das Heilbad und der Luftkurort Bad Teinach-Zavelstein, der heilklimatische Kurort Neubulach und der Ferienort Neuweiler. Sie alle profitieren von einer Landschaft mit tiefen Taleinschnitten und sonnigen Hochflächen. Zwei der Orte lernen wir auf dieser Runde kennen.

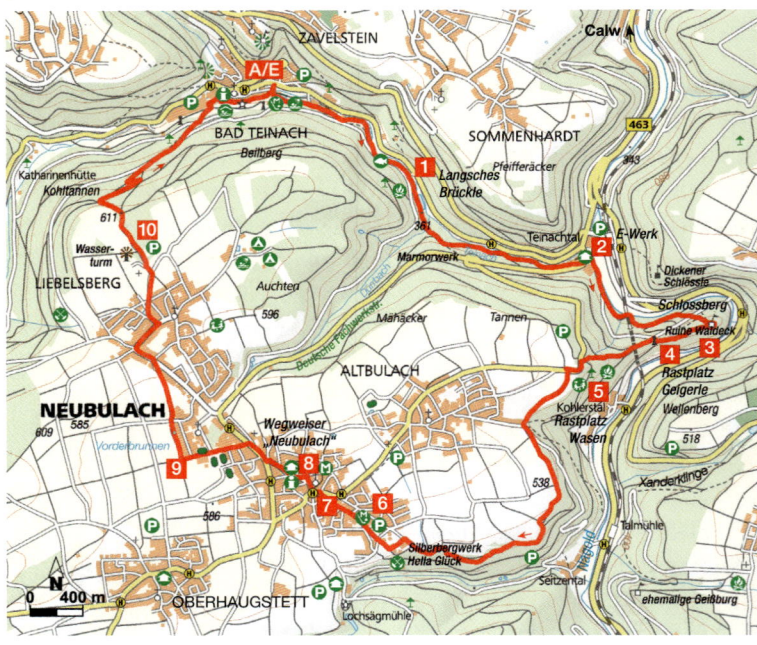

Los geht's am Freibad-Parkplatz in Teinach. Hier wechseln wir auf die rechte Seite der Teinach und wandern auf dem Teinachtalweg durch den Wald über das ❶ Langsche Brückle zum Bahnhof von Bad Teinach.
Sobald der Wanderweg in die Neubulacher Straße mündet, biegen wir erst links, dann gleich wieder rechts ab, sodass wir das ❷ E-Werk wenige Schritte oberhalb der Mündung der Teinach in die Nagold umrunden. Nachdem wir eine Eisenbahnbrücke unterquert haben, zweigen wir zur ❸ Ruine Waldeck ab. Die mächtigen Außenmauern und der Stumpf

des Bergfrieds vermitteln eine gute Vorstellung von der Größe der einst gefürchteten Burg. Wo früher geraubte Schätze gehortet wurden, befindet sich heute ein Grillplatz.

Nach Neubulach Auf der anderen Seite der Burg führt uns ein Waldpfad zum ❹ **Rastplatz Geigerle**. Von dort folgen wir der Beschilderung über den ❺ **Rastplatz Wasen** und die ❻ **Minigolfanlage** nach Neubulach.

Als wir die Tour begingen, war der Weg leider nicht durchgängig ausgewiesen. Im Zweifelsfall folgt man den Pfaden am Waldrand in einem weiten Bogen um Altbulach bis ans südliche Ende von Neubulach. Ab dem Minigolfplatz ist dann ein Abstecher zum Besucherbergwerk Hella Glück ausgewiesen.

Blick durch ein altes Mühlrad im Kurpark von Bad Teinach

Wir indes laufen über die Mühlsteige und (links ab) die Oberhaugstetter Straße bzw. die K 4304 bis zum Wegweiser ❼ »**Neubulach**«. Bis die Beschilderung ergänzt ist, verlassen wir also das offizielle Wanderwegenetz, überqueren die Kreisstraße und spazieren durch die kleine, aber sehenswerte Altstadt hinauf zum ❽ **Marktplatz**.

Kurzes Glück am Ostweg Ab dort geht es über die Obere Torstraße und die Calwer Straße bis zur Landstraße. Um wieder auf einen vernünftigen Wanderweg zu kommen, müssen wir diese überqueren.

Achtung: Diese alten Stufen führen in eine Sackgasse.

Auf der anderen Seite biegen wir links in die Friedrich-Duss-Straße. Nachdem wir Fußball- und Tennisplätze sowie eine Pferdeklinik passiert haben, laufen wir geradeaus weiter auf einen Grasweg. Wo dieser in einen asphaltierten Weg endet, biegen wir rechts ab.

Sobald wir eine schwarz-rote Raute am Wegrand entdecken, können wir uns glücklich schätzen, denn damit befinden wir uns nun auf dem ❾ **Ostweg**, dem wir ohne weitere knifflige Stellen über den ❿ **Wasserturm** auf dem Liebelsberg bis zurück zum Ausgangspunkt am Freibad-Parkplatz im tief eingeschnittenen Teinachtal folgen können.

77 Aussichtstour zum Lautenfelsen

Romantische Tälerwanderung bei Gernsbach

Mittel   12,5 km   540 m   4–4.30 Std.

Tourencharakter
Technisch einfache Runde über meist breite Wege; der Abschnitt oberhalb der Illertkapelle bzw. zwischen Steintal und Im Haselbrunnen erfordert etwas Kondition am Berg.

Ausgangs-/Endpunkt
Parkplatz am Kurpark von Gernsbach

Anfahrt
Auto: Von der B 462 Freudenstadt–Rastatt bei Gernsbach auf die L 78 bzw. die Hördener Straße abfahren und weiter über die Igelbachstraße bis zum Kurpark. **Bus/Bahn:** Es bestehen Bahn- und Busverbindungen ab Freudenstadt, Karlsruhe und Baden-Baden zur Haltestelle »Gernsbach-Mitte«.

Einkehr
Unterwegs keine, schöne Rastmöglichkeit

Karte
Karte des Schwarzwaldvereins 1:25000, W225 Baden-Baden

Information
Touristinfo Gernsbach, Tel. 07224/644 44, gernsbach.de

Die Runde ab Gernsbach führt durch das idyllische Igelbachtal und das steil ansteigende Lautenbachtal ins Naturschutzgebiet Lautenfelsen. Es gilt als landschaftlich besonders reizvoller Bereich des Murgtals und als bedeutender Lebensraum für spezialisierte Tiere und Pflanzen. Für Wanderer ist es einfach nur schön.

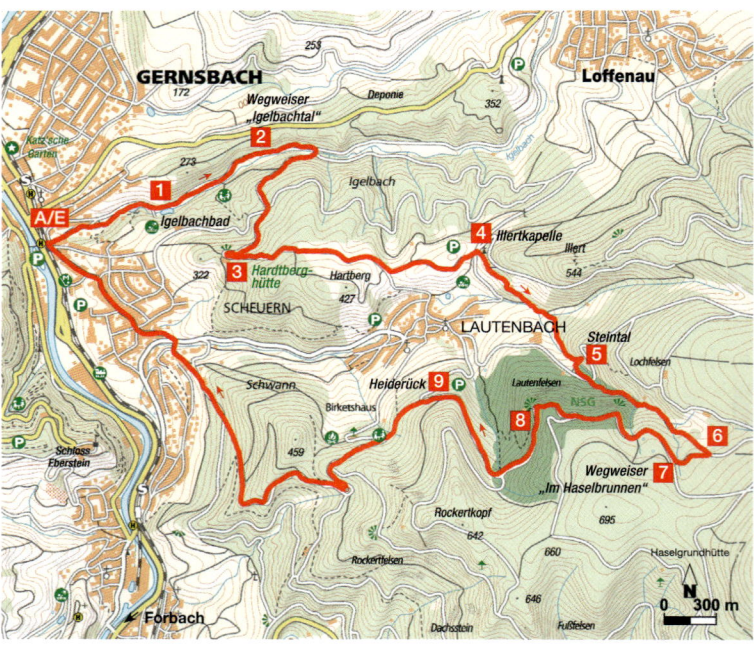

Der Ausgangspunkt am Parkplatz am unteren Ende des Kurparks liegt 300 Meter von der S-Bahn-Haltestelle »Gernsbach-Mitte« entfernt. Vom Parkplatz geht es über die Hildastraße und auf den Wegen durch den Kurpark bis zum **❶ Igelbachbad** und weiter über die wenig befahrene Straße und mit dem Wegweiser »Galgenbergweg« durchs Igelbachtal.

Zur Illertkapelle Beim **❷ Wegweiser »Igelbachtal«** biegen wir rechts ab und folgen den wenigen gelben Wegmarkierungen über die Käferplatte zur **❸ Hardtberghütte**. Vor der Schutzhütte biegen wir links ab. Nachdem wir den Hardtberg passiert haben, geht der Schotterweg in eine landwirtschaftliche Straße über. Links und rechts des Wegs erfreuen uns nun offene Wiesen und Streuobstbestände. Beim Wegkreuz Heiderain sind es dann noch 500 Meter bis zur ❹ Illertkapelle. Doch Obacht: Ehe wir die Kapelle erreichen, kommen wir an einem Modellflugzeug-Gelände vorbei – zur eigenen Sicherheit sollte man die Einflugschneise bitte zügig passieren! Die Gelübdekapelle selbst besticht durch einen unüblich großzügigen Außenbereich.

Zum Lautenfelsen Bei der Kapelle treffen sich sechs Wanderwege. Der für uns richtige ist ein leicht zu übersehender Pfad, der uns rechts der Kapelle an den Waldrand zum Wegweiser »Über

der Illertkapelle« bringt. Zur Orientierung hilft hier das Rosensymbol der »Gernsbacher Runde«, der wir nun durch den Wald über ❺ **Steintal** und durch das wildromantische Lautenbachtal (beim Abzweig zum Wasserhochbehälter den rechten Weg wählen) bis zum höchsten Punkt der Wanderung ❻ **unterhalb des Vogelhartskopfs** folgen.

Sobald wir auf der Anhöhe auf einen breiteren Weg stoßen, biegen wir rechts ab, sodass wir 200 Meter weiter zum Wegweiser ❼ **»Im Haselbrunnen«** kommen und nach einem weiteren Kilometer den ❽ **Lautenfelsen** erreichen. Dieser wird von

Der Zugang zur Illertkapelle wurde liebevoll gestaltet.

Der Lochfelsen gibt einen Vorgeschmack auf die Aussicht beim Lautenfelsen.

einem 300 Millionen Jahre alten Granitbuckel gebildet. Sein prägnantes Aussehen hat der Felsen der Wollsackverwitterung zu verdanken, bei der durch ein Wechselspiel von chemischen und physikalischen Prozessen an den Kanten gerundete Gesteinsblöcke entstehen. Der Aufstieg auf den Großen Lautenfelsen wird mit einem herrlichen Panorama über das untere Murgtal belohnt. Nach dem Abstecher auf den Felsen geht es mit der gelben Raute über ❾ **Heiderück**, den Birketsgrund, Rehackerbrunnen und das Brandeck zurück zum Kurpark-Parkplatz in Gernsbach.

Pfalz

Die bekannteste der Pfälzer Burgen, der Trifels, ist Blickfang hoch über Annweiler (o. li.). Wasserbüffel werden als Landschaftspfleger im Blümelstal eingesetzt (u. li.). Der Mollenkopf ist Orientierungspunkt auf dem Weg nach Neidenfels (o. re.). Immer wieder durch die Weinberge geht es auf den Touren in der Rheinebene (u. re.).

78 Von Kapsweiher nach Kandel

Die wechselvolle Geschichte eines Grenzwaldes

Mittel   19,3 km   23 m   4.30 Std

Tourencharakter
Lange Streckenwanderung ohne
Höhenunterschiede auf Forstwirt-
schafts- und Waldwegen

Ausgangspunkt
Kapsweiher, Haltepunkt Regionalbahn

Endpunkt
Kandel, Bahnhof

Anfahrt
Auto: Auf der A65 bis Kandel-
Mitte, dann auf der L427 bis
Kapsweiher. **Bus/Bahn:** Mit der
Regionalbahn von Karlsruhe
oder Neustadt an der Weinstraße
nach Kandel, dann weiter nach
Kapsweiher

Einkehr
Kapsweiher, NFH Bienwald, Kandel

Karte
»Wandern in der Südpfalz«,
Wanderkarte des Pfälzerwald-
Vereins, 1:50 000

Information
Südpfalz Tourismus Kandel,
Georg-Todt-Straße 2a, 76870 Kandel, Tel. 07275/61 99 45,
suedpfalz-tourismus-kandel.de

Der Bienwald ist einer der großen Niederungswälder in Deutschland. Seit dem Jahr 2004 gibt es dort ein Natur-schutz-Großprojekt. In den letzten Jahren wurden vorrangig die Themen Stillgewässer und Biotopvernetzung sowie Wegenetz und Gewässerrandstreifen vorangebracht. Als ökologische Landschaftspfleger sind im Bienwald Thüringer Ziegen, Schafe und auch Esel im Einsatz.

Der Haltepunkt Kapsweiher der Stichbahn Winden–Weißenburg/Wissembourg befindet sich etwas außerhalb des Ortes. Dort lässt sich das Auto parken; die Rückfahrt kann dann mit der Regionalbahn von Kandel über Winden erfolgen.

Auf langen Geraden Wir überschreiten die Schienen und gehen zuerst durch offene Landschaft in südöstliche Richtung. Beim Sportplatz des Fußballvereins Kapsweiher erreichen wir die Waldgrenze. Von dort ist es fast genau ein Kilometer, bis der Weg nach links abbiegt (Markierung ab

**Der Rastplatz an der Steignerhütte
wird nach der langen Wegstrecke
gerne angenommen.**

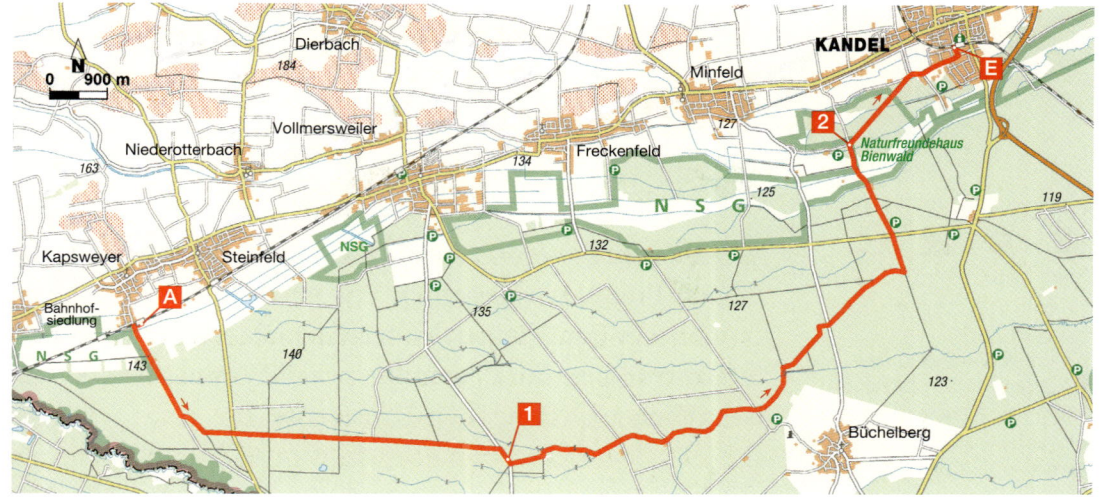

Kapsweiher: grüner Balken). Nach weiteren 350 Metern zweigt wieder nach links der sogenannte Kapuzinerweg ab. Dieser führt jetzt auf 4,7 Kilometer Länge geradeaus, ist vollkommen gerade und ohne Höhenunterschiede. Wir erreichen die Kreisstraße 23 und gehen 250 Meter nach rechts. Jetzt sind wir am ersten Etappenziel, dem ❶ Weißen Kreuz. Das Weiße Kreuz wurde erstmals 1840 errichtet. Die Ersterrichtung geht auf eine Begebenheit aus dem Jahr 1838 zurück. Wilderer trachteten dem örtlichen Förster nach dem Leben. Auf sein anhaltendes Bitten wurde er aber verschont; aus Dankbarkeit schnitt er ein Kreuz in einen Eichenbaum. Sein Nachfolger ließ diesen Baum acht Jahre später fällen und errichtete das erste Weiße Kreuz. Dieses wurde in den Folgejahrzehnten fünfmal erneuert, das letzte Mal im Jahr 2015.

Aschbach und Saugraben Ab dem Weißen Kreuz ändert sich der Tourencharakter vollkommen; statt auf langen Geraden geht es jetzt auf vielen

Es ist ein Orientierungspunkt und eine Landmarke – das Weiße Kreuz im Mittleren Bienwald.

Kurven und auf schmalen Pfaden entlang des Aschbachs und später des Saugrabens. Die Markierung grüner Balken führt uns schließlich zur Steignerhütte. An dieser kleinen Schutzhütte aus Holz achten wir auf den Wegweiser, der den Weg zum ❷ Naturfreundehaus Bienwald, unserem nächsten Etappenpunkt anzeigt; Öffnungszeiten täglich außer Dienstag, 10 bis 22 Uhr. Vom Naturfreundehaus gehen wir den markierten Weg Richtung Kandel. Am Bienwaldstadion vorbei erreichen wir bald den örtlichen Bahnhof.

Über Dierbach nach Kapellen

Durch Südpfälzer Kulturlandschaft

Leicht   12,2 km   147 m   3 Std.

Tourencharakter
Einfache Wanderung auf meist befestigten landwirtschaftlichen Wegen

Ausgangspunkt
Winden

Endpunkt
Kapellen-Drusweiler

Anfahrt
Auto: Auf der A 65 bis Kandel-Nord, dann weiter über Kandel-Minderslachen nach Winden, Parkplätze am Bahnhof. **Bus/Bahn:** Mit der Regionalbahn von Neustadt/Weinstraße oder Karlsruhe nach Winden

Einkehr
Winden, Dierbach, Kapellen-Drusweiler

Karte
Topographische Karte 1:25 000, Blatt 6914 »Schaidt«

Information
Verbandsgemeindeverwaltung, Gartenstraße 8, 76870 Kandel, Tel. 07275/96 00, vg-kandel.de

Obst, Spargel, Wein – die Südpfalz ist mit landwirtschaftlichen Produkten gesegnet. Wir gehen direkt durch die Weinberge zum kleinen Winzerdorf Dierbach. Immer den Pfälzerwald im Blick, beenden wir die Wanderung im beschaulichen Ort Kapellen-Drusweiler.

Von diesem Rastplatz sind es nur noch wenige Meter hinunter nach Dierbach.

Winden ist für die Südpfalz ein wichtiger Bahnknotenpunkt mit Stichbahnen nach Weißenburg/Wissembourg und nach Bad Bergzabern. Wer über etwas Zeit verfügt, geht auf der Hauptstraße zur Ortsmitte. Dort steht das schmucke historische Fachwerk-Rathaus, und gleich daneben befindet sich die ehemalige Wachstube des Nachtwächters.

Durch reiche Kulturlandschaft Am Bahnhof in Winden halten wir uns links, gehen am Spielplatz vorbei und nehmen die nächste Abbiegung

wieder nach links. Durch Obst- und Gemüsekulturen führt der Weg, der dann einmal kurz nach links und gleich wieder nach rechts schwenkt – erst durch einen Hohlweg, bald darauf wieder nach rechts (Wegweiser Richtung Dierbach). Der Blick des Wanderers fällt auf die Vogesen und den Pfälzerwald. Unsere Route führt abwechselnd über befestigte und unbefestigte Wirtschaftswege. Nachdem sich bisher ausschließlich Getreide- und Gemüsekulturen abwechselten, erscheinen jetzt die ersten Rebstöcke. Ein schöner Rastplatz ist die an einer Wegkreuzung erhöht stehende Holzbank; von dort lässt sich in der Ferne die Madenburg ausmachen. Nach Südwesten zeigen sich tief im Rebenmeer die ersten Häuser von ❶ Dierbach. Über einen kurzen, aber steilen Abstieg erreichen wir das beschauliche Dorf.

Wechselvolle Geschichte Dierbach wurde bereits im Jahr 1084 urkundlich erwähnt. Von den Jahren 1219 bis 1303 musste Dierbach die Kaisergruft in Speyer mit Kerzen beliefern; die im heutigen Wappen von Dierbach abgebildete Kerze nimmt darauf Bezug. Im Jahr 1605 lebten 45 Familien mit 205 Personen im Ort. Um 1660 begann der Zuzug von Glaubensflüchtlingen aus der Schweiz, Frankreich und Flandern. 1793 wird Dierbach in die Französische Republik aufgenommen. 1816 gehört der Ort kurze Zeit zu Österreich, danach zum Königreich Bayern.

Weiter nach Westen Wir gehen auf der Hauptstraße ein kurzes Stück durch den Ort und biegen bei der Weinstube Geiger nach rechts ab. Der Weg steigt jetzt kurze Zeit an. Es geht kurz nach links und dann wieder nach rechts und wir erreichen den Weg, den wir bis zur Abzweigung nach Dierbach benutzt hatten. Wir nähern uns dem Pfälzerwald und können dort Einzelheiten wie den Stäffelsturm oder die Burg Landeck erkennen. Bald wird die ❷ Landesstraße 544 überquert; wir folgen dem Weg durch weitere Rebenhänge bis zur Kreisstraße 16. Dort lädt eine Sitzgruppe zur Rast ein. Wir wandern weiter auf unserem Weg und orientieren uns an der nächsten Abzweigung nach rechts. Ab jetzt geht es bergab zur Oberen Hauptstraße in Kapellen-Drusweiler. An verschiedenen Weinlokalen vorbei erreichen wir die örtliche Kirche. Von dort sind es dann nur noch wenige Meter bis zum Bahnhaltepunkt.

Zollstock und Hohenberg

Im Land der Staufer

Leicht · 9,6 km · 562 m · 2.45 Std.

Tourencharakter
Rundwanderung zum »hohen Berg« über Annweiler mit einem steilen Anstieg. Großartige Fernsichten über die Höhen des Pfälzerwalds

Ausgangs-/Endpunkt
Trifels, Wanderparkplatz Ahlmühle

Anfahrt
Auto: Von Landau auf der Bundesstraße 10 bis Annweiler. Abfahrt nach dem zweiten Tunnel; dann den Hinweisschildern Richtung Trifels folgen. **Bus/Bahn:** Mit der Regionalbahn von Neustadt/Weinstraße oder Karlsruhe über Landau nach Annweiler am Trifels

Einkehr
Annweiler am Trifels, Burg Trifels

Karte
»Östlicher Wasgau mit Bad Bergzabern«, Wanderkarte des Pfälzerwald-Vereins, 1:25 000

Information
Büro für Tourismus Annweiler am Trifels, Meßplatz 1, 76855 Annweiler am Trifels, Tel 06346/22 00, vg-annweiler.de

Rechte Seite: Beliebter Rastplatz beim Abstieg vom Hohenberg ist das Baurebrünnel.

Die Burg Trifels gehört neben dem Teufelstisch zu den Besuchermagneten in der Südpfalz. Entsprechend viel ist vor allem an den Wochenenden hier los. Wir gehen auf einer weniger bekannten Route auf den Hohenberg. Dort befindet man sich oberhalb des Trifels und genießt einen besonders guten Blick auf die Burgengruppe.

Im Bereich der Burg Trifels gibt es verschiedene Wanderparkplätze. Von Annweiler kommend erreichen wir zuerst den Windhof und kurz danach in einer Kurve den Parkplatz Ahlmühle. Dort gibt es ausreichend Parkmöglichkeiten; die Parkplätze unterhalb der Burg Trifels sind kostenpflichtig.

Auf den »hohen Berg« Am Wanderparkplatz treffen sich verschiedene Wege. Wir gehen zur Straße und erkennen einen nach rechts abgehenden

Der 20 Meter hohe Bergfried der Ruine Scharfenberg (auch Münz genannt) ragt aus dem Herbstnebel.

Weg. Dieser ist mit der Markierung schwarzer Punkt in weißem Feld versehen. Der Weg führt um den Föhrlenberg herum zur Wegspinne Zollstock. Dort befindet sich eine kleine Schutzhütte. Die Wegkreuzung ist schnell erreicht; von hier geht es nun aber richtig aufwärts. 200 Höhenmeter gilt es auf kurze Distanz zu überwinden. Zuerst an der Ostseite des Berges entlang geht es schließlich in Kehren auf den Gipfel. Der dort befindliche ❶ **Hohenbergturm**, ein kleiner Aussichtspodest mit neun Metern Höhe, ist leider eingefallen. Andererseits öffnet sich an dieser Stelle eine große Lichtung nach Nordwesten: Die Stadt Annweiler, das Queichtal, der gegenüberliegende Große Adelberg sowie am Horizont der Almersberg schaffen ein beeindruckendes Panorama. Wir gehen geradeaus weiter; ein breiter Forstweg verjüngt sich zu einem schmaleren Wanderweg. Dieser führt zu unserem ersten Ziel, dem Aussichtspunkt auf die Burgengruppe Trifels. Dort gibt es eine Rampe für Gleitschirmflieger sowie verschiedene Holzbänke zum Ausruhen. Auf der gegenüberliegenden Talseite ist die Burg Trifels zu sehen, links davon die Burgreste der Ruine Anebos und weiter im Süden erkennt man den Bergfried der Ruine Scharfenberg.

Baurebrünnel und Zollstock Direkt am Aussichtspunkt finden wir den Weg, der uns jetzt wieder bergab führt. Am malerischen Baurebrünnel vorbei führt der Weg jetzt nach Norden. Wir erreichen dann einen Umkehrpunkt. Hier ändert sich die Markierung. Ein Kastaniensymbol zeigt uns den Weg zurück zum Zollstock. Dort nehmen wir allerdings nicht denselben Weg zurück. Stattdessen folgen wir der Kastanienmarkierung weiter bis zur nächsten Wegverzweigung. Hier biegen wir nach Westen ab und erreichen bald wieder unseren Ausgangspunkt.

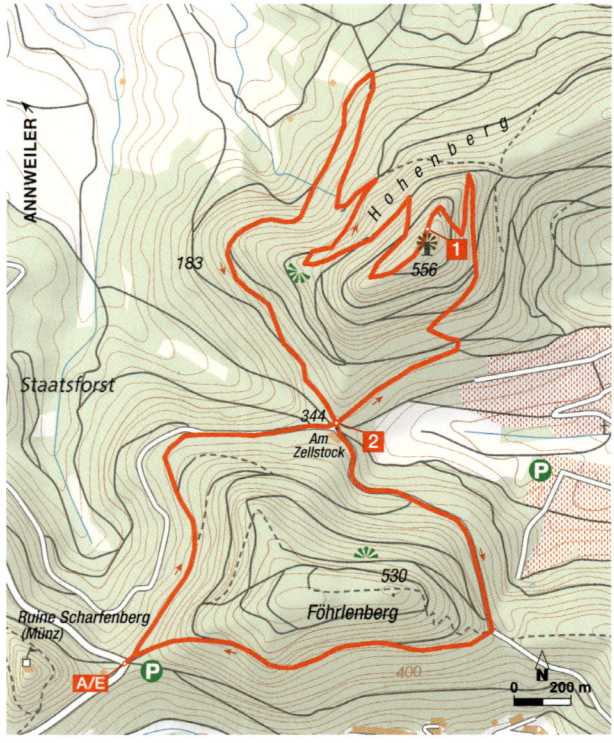

81 Zu den Buchholzfelsen

Trifels, Anebos und Scharfenberg

Mittel   17,8 km   800 m   4.55 Std

Tourencharakter
Markante Buntsandsteinfelsen sowie besondere Burgenblicke zeich-
nen diese Wanderung im Bereich
Annweiler aus.

Ausgangs-/Endpunkt
Spirkelbach, Wanderparkplatz

Anfahrt
Auto: Von Landau über die Bundesstraße 10 bis Wilgartswiesen; von
dort nach Spirkelbach. **Bus/Bahn:**
Mit der Regionalbahn von Neu-
stadt/Weinstraße oder Karlsruhe
über Landau nach Annweiler am
Trifels: von dort mit dem Bus nach
Spirkelbach

Einkehr
Wernersberg

Karte
»Östlicher Wasgau mit Bad
Bergzabern«, Wanderkarte des
Pfälzerwald-Vereins, 1:25 000

Information
Büro für Tourismus Annweiler
am Trifels, Meßplatz 1,
76855 Annweiler am Trifels,
Tel 06346/22 00,
vg-annweiler.de

Die ehemalige Reichsburg Trifels spielt im Konzert der Pfälzer Burgen eine besondere Rolle. Nach der Zerstörung durch Blitzschlag zu Beginn des 17. Jahrhunderts wurde sie im 20. Jahrhundert in idealisierter Form wiederaufgebaut. Das heutige Aussehen hat mit dem Ursprungszustand nur wenig gemein. Der Trifels ist aber auf vielen Wanderrouten in der Südpfalz eine schnell zu identifizierende Landmarke. Auf dieser Wanderung werden wir ihn mehrfach zu Gesicht bekommen.

Der Wanderparkplatz in Spirkelbach befindet sich direkt beim örtlichen Friedhof; dieser wiederum liegt am Ortsausgang Richtung Lug. Wir gehen Richtung Ortsmitte; an der Kreuzung biegen wir nach links in die Hauptstraße ein und folgen dieser. Aus der Hauptstraße wird bald die Talstraße. Diese führt uns aus dem kleinen Ort heraus. Am Ende der Bebauung geht dann nach rechts ein Weg mit der Markierung roter Punkt ab.

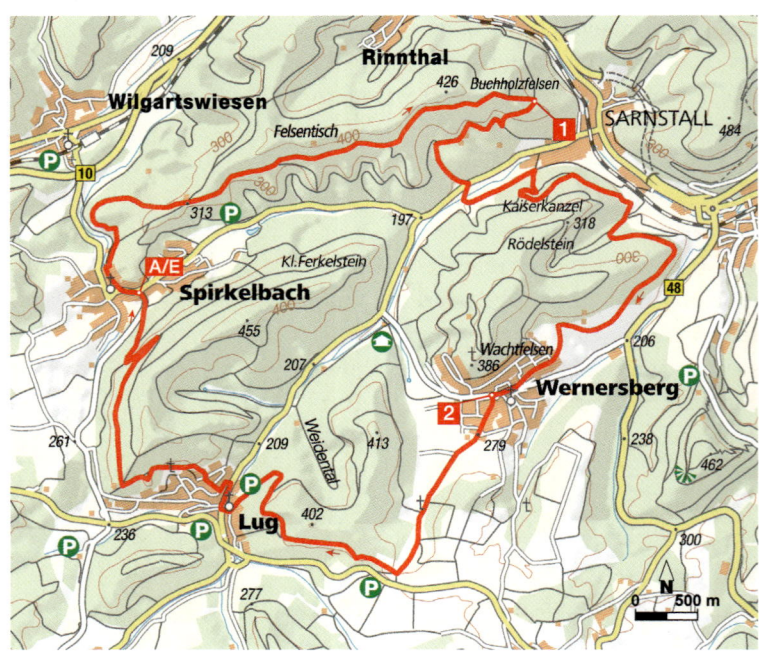

Kletterparadies Buchholzfelsen Auf einem angenehm zu begehenden Waldweg und durch bezaubernden Waldbestand führt uns eine lange Gerade direkt zu den ❶ Buchholzfelsen. Bei diesen Felsen handelt es sich um ein mehrstufiges Massiv, wobei die Wandhöhen bis zu 35 Meter erreichen. Über Sandsteinstufen erreichen wir den Aussichtspunkt, an dem auch eine Sitzgelegenheit vorhanden ist. Diese wird gerne angenommen, ist doch der Ausblick auf die drei Annweilerer Burgen von dieser Stelle aus einzigartig. Wir schauen von unserem Aussichtspunkt nach unten und erkennen die Gleise der Bahnlinie Landau–Pirmasens; in Halbdistanz ist ein Teil der Stadt Annweiler zu sehen. Dahinter erhebt sich der Trifels, der zur Rechten von den Bergkuppen mit den Burgruinen Anebos und Scharfenberg – unter den Einheimischen auch »Münz« genannt – flankiert wird. Hinter dem Trifels

Unser Wanderweg führt direkt unter den überhängenden Buchholzfelsen hindurch.

dominiert das beeindruckende Massiv des Hohenbergs. Nach rechts fällt der Blick dann weit über die Höhen des Pfälzerwaldes. Besonders ansprechend ist der Ausblick im Herbst, wenn die Laubfärbung eingesetzt hat. Aber auch im Sommer lassen sich durch die verschiedenen Grüntöne der Wälder Rückschlüsse auf die Baumarten ziehen.

Die Wanderwege im Pfälzerwald sind durchgehend gut ausgeschildert.

Zweiter Trifelsblick Unterhalb der Felsen stoßen wir auf die Abzweigung nach Rinnthal. Wir gehen aber in östlicher Richtung. Der Weg ist stellenweise schwer begehbar. Nach ca. 500 Metern führt nach links ein

Weg nach Sarnstall. Wir behalten unsere Richtung aber bei; nach einem kurzen Anstieg wird der Weg dann besser. Es geht hinunter zu einer Lichtung; dort folgen wir dem Weg, der ins Tal führt. Die Straße wird überquert und es geht zur anderen Talseite. Weiter dann Richtung Annweiler. Der Weg verzweigt sich; nach links geht es mit der Markierung weiß-blau direkt in die Stadt; wir folgen aber der Markierung grün-blau. Der Weg biegt in Höhe der Gemarkung Galgenberg nach Südwesten ab. Kurz vor Erreichen von Wernersberg erreichen wir freie Flur. Auf der linken Seite sehen wir erneut die drei Annweiler Burgen, diesmal aus einem anderen Blickwinkel. In ❷ **Wernersberg** gehen wir auf der Hauptstraße an der Kirche vorbei; nach einer Kurve achten wir auf den Abzweig zur Kapellenstraße. Dieser folgen wir aus dem Ort hinaus. Bald erreichen wir wieder unbebautes Gelände. Ein Blick zurück auf Wernersberg lässt uns oberhalb des Ortes die Wachtfelsen erkennen.

Weiter nach Lug Wir behalten die Markierung grün-blau bei; in Gehrichtung erkennen wir die nächste Buntsandsteinformation, die Geiersteine. Wir umrunden diese unterhalb derselben an der Nahtstelle von Feld und Wald und treten in den Wald hinein. Der folgende Streckenabschnitt führt uns wieder über Waldboden in die Ortschaft Lug. Die Ortsgemeinde gehört zur Verbandsgemeinde Hauenstein. Wir gehen

Der Dingentalturm (unten links) und der Vordere Hornstein (unten rechts) sind beliebte Kletterziele im Pfälzerwald.

die wenigen Schritte bis zur Hauptstraße und folgen dieser nach rechts. Nach links über die Gartenstraße und dann nach rechts durch die Straße »Im Maisfeld« erreichen wir die Luger Hütte des Pfälzerwald-Vereins. Diese Hütte ist nicht bewirtschaftet; im Außenbereich gibt es aber Rastmöglichkeiten. Erneut geht es in den Wald hinein; nächstes Etappenziel ist der Friedrichsfels, das Wahrzeichen des Ortes, der von den Einheimischen auch als »Luger Fritz« bezeichnet wird. Ein längerer Wanderabschnitt führt uns durch ein Waldgebiet dann zurück nach Spirkelbach. Den Ort erreichen wir schließlich genau an unserem Ausgangspunkt, dem Wanderparkplatz beim Friedhof.

Ein Abstecher zu den Trifelsburgen Auf unserer Wanderung hatten wir mehrfach eine Fernsicht auf die Trifelsburgen. Der Trifels war im Mittelalter das Zentrum der Machtentfaltung des Reiches und der Herrschergeschlechter der Staufer und Salier. Zu verschiedenen Zeiten wurden die Reichskleinodien, also Reichskrone, Reichskreuz und Reichsschwert auf der Burg Trifels verwahrt. Heute werden auf der Burg Repliken ausgestellt; die Originale befinden sich in Wien. Geschichte machte der Trifels, als der gefangen genommene englische König Richard I., genannt Löwenherz, für eine kurze Zeit auf der Burg inhaftiert war. Wer die Burg Trifels noch aus der Nähe erleben will, fährt am besten über Lug und Wernersberg zur Bundesstraße 48. Von dort ist am Ortseingang Annweiler der Weg zu den Burgen ausgeschildert. Die Burg Trifels ist von März bis Oktober täglich von 10 bis 18 Uhr geöffnet. Der Parkplatz unterhalb der Burg ist kostenpflichtig; der Anstieg zur Burg dauert etwa 15 Minuten. Es wird Eintritt beim Zugang zur Burg verlangt; weitere Informationen zu Führungen und Sonderausstellungen findet man unter reichsburg-trifels.de.

Weit reicht der Blick von den Buchholzfelsen zum Dreigestirn Trifels, Anebos und Scharfenberg.

82

Über den Eselskopf zur Hohen List

Fernblicke zu den Vogesen

Leicht 11,1 km 384 m 3.05 Std.

Tourencharakter
Einfache Wanderung mit gelegentlichen An- und Abstiegen

Ausgangs-/Endpunkt
Wanderparkplatz an der L 478

Anfahrt
Auto: Auf der Bundesstraße 10 bis Hinterweidenthal, dann über die L 485 über Langmühle und Glashütte Richtung Eppenbrunn. An der Verzweigung vor Eppenbrunn dann nach links auf der L 478 noch zwei Kilometer bis zum Wanderparkplatz. **Bus/Bahn:** Von Pirmasens gelangt man bis nach Eppenbrunn; die Tour kann auch dort begonnen werden.

Einkehr
Wanderheim Hohe List, ansonsten Eppenbrunn

Karte
»Westlicher Wasgau mit Dahn«, Wanderkarte des Pfälzerwald-Vereins, 1:25 000

Information
Verbandsgemeindeverwaltung Pirmasens-Land, Bahnhofstraße 19, 66953 Pirmasens, Tel. 06331/87 20, urlaubsregion-pirmasens.land

Der südliche Bereich des Pfälzerwaldes ist eine Gegend, die man gerne als strukturschwach bezeichnet. In der Tat ist sie wenig besiedelt, und rauchende Industrie-Schornsteine wird man hier nicht finden. Wanderpfade durch herrlichsten Pfälzerwald gibt es aber genügend!

Die Tour lässt sich auch in Eppenbrunn beginnen; beim Bürgerhaus kann das Auto geparkt werden. Über die Talstraße und die Weiherstraße geht es aus dem Ort hinaus. Bei der Klinik nach rechts und gleich wieder links. Die Altschlossstraße wird gleich wieder nach links verlassen; der Weg geht oberhalb des Mühlweihers entlang bis zum Wanderparkplatz am Stüdenbach. Dem grün-blau markierten Wanderweg folgen wir jetzt bergan Richtung Hohe List.

Zum Hinteren Geißkopf Am Wanderparkplatz an der Landesstraße 478 (Rettungspunkt 6811-218) nehmen wir die Markierung grünes Kreuz auf. Auf breiten Forstwegen geht es Richtung Süden; der Weg führt durch

den abwechslungsreichen Mischwald der Gewanne Husareneck und Eichelsfirst. Der Weg zeigt sich wellenförmig mit kurzen An- und Abstiegen. An einer ❶ **Weg-gabelung** (Rettungspunkt 6911-459) geht unser Wanderweg nach Norden ab. Die Markierung ist ab sofort der rote Punkt. Die durchschrittenen Gewanne heißen jetzt Sprungberg und Hinterer Geißkopf. Im Gewann Klosterbrückel fällt der Weg kurzzeitig steil ab; wir achten jetzt auf die Markierung grün-blauer Balken. Diese führt uns parallel zur Landesstraße 478 wieder bergauf.

In tiefstem Wald befindet sich die einzige Örtlichkeit auf dieser Wanderung – das Wanderheim Hohe List.

Wanderheim mit Übernachtungsmöglichkeit Der Weg führt jetzt ansteigend rechts der Landesstraße; nach einem kurzen Anstieg wird diese erreicht und folgt dieser noch einige Hundert Meter parallel. Schließlich wird die Straße überquert. Auf den ersten Metern noch in der Nähe zu dieser verlaufend, wird der Abstand zur Straße mit jedem Meter größer. Der Weg steigt über federnden Waldboden leicht an; im Gewann Eselskopf genießen wir dann an einem Aussichtspunkt den Fernblick über den südlichen Pfälzerwald bis weit zu den Vogesen. Bald wird eine kleine Lichtung erreicht; dort steht das ehemalige ❷ **Forsthaus Hohe List.** Das Forstgebäude wurde im Jahr 1832, als die Pfalz zum Königreich Bayern gehörte, erbaut. Danach war es knapp eineinhalb Jahrhunderte das Dienstgebäude verschiedener Förster. Anfang der 1970er-Jahre wurde das Anwesen zu einem Gasthaus umgebaut. Für die nächsten 40 Jahre zeigte sich die Ortsgruppe Ludwigswinkel des Pfälzerwald-Vereins dafür verantwortlich. Es stand anschließend einige Jahre leer, bis sich eine neu gegründete Ortsgruppe des Anwesens annahm. Seit dem Jahr 2016 kann dort wieder gespeist und auch übernachtet werden; die Öffnungszeiten: Sa 11–18 Uhr, So 9–18 Uhr; Mi 11–18 Uhr (Mai bis Oktober); weitere Infos unter hohelist.de. Vom Wanderheim gelangen wir mit der Markierung grünes Kreuz zurück zum Wanderparkplatz.

83

Holländerklotz und Jagdfelsen

Im Quellgebiet der Wieslauter

Schwer   17,8 km   836 m   5.50 Std

Tourencharakter
Körperlich anspruchsvolle Tour
durch ein Schutzgebiet der
Wieslauter. Begehung auf eigene
Gefahr!

Ausgangs-/Endpunkt
Wanderparkplatz Luitpoldstein bei
Hermersbergerhof

Anfahrt
Auto: Von Landau auf der Bundesstraße 10 nach Wilgartswiesen.
Von dort weiter auf der Kreisstraße
56 zum Hermersbergerhof. Von
dort noch einen Kilometer weiter
zum Wanderparkplatz Luitpoldstein. **Bus/Bahn:** Mit der Regionalbahn von Landau nach Hauenstein,
von dort mit dem Anruflinientaxi
nach Hermersbergerhof (keine Verbindung am Wochenende)

Einkehr
Hermersbergerhof, Gräfensteinhütte

Karte
»Vom Johanniskreuz bis
Pirmasens«, Wanderkarte des
Pfälzerwald-Vereins, 1:25 000

Information
Verbandsgemeinde Hauenstein,
Schuhmeile 1, 76846 Hauenstein, Tel. 06392/92 33 380,
hauenstein.de

Mit der Einrichtung von Urwaldzonen sollen im Biosphären-reservat Pfälzerwald-Nordvogesen die natürliche Entwicklung und der Schutz von Flora und Fauna verwirklicht werden. Dies bedeutet, dass ein Teilstück dieser Wanderung durch ein Gebiet führt, in dem umgestürzte Bäume nicht beseitigt und abgerutschte Wege nicht erneuert werden.

Unser Ausgangspunkt ist der Luitpoldstein in der Nähe von Hermersbergerhof. Dieser Ritterstein wurde anlässlich des 90. Geburtstags von Prinzregent Luitpold von Bayern im Jahr 1911 errichtet. Die Pfalz gehörte damals schon fast ein Jahrhundert lang zum Königreich Bayern. Unser erstes Wanderziel ist rasch ausgemacht: der Luitpoldturm, der sich in gerade einmal 500 Metern Entfernung von unserem Wanderparkplatz befindet. Der Weg steigt etwas an, dann befinden wir uns schon auf über 600 Metern Höhe auf dem Weißenberg. Die Aussichtsplattform des Turms befindet sich in knapp 30 Metern Höhe. Die Fernsicht weit über den Pfälzerwald ist aufgrund von Lage und Höhe des Turmes einzigartig.

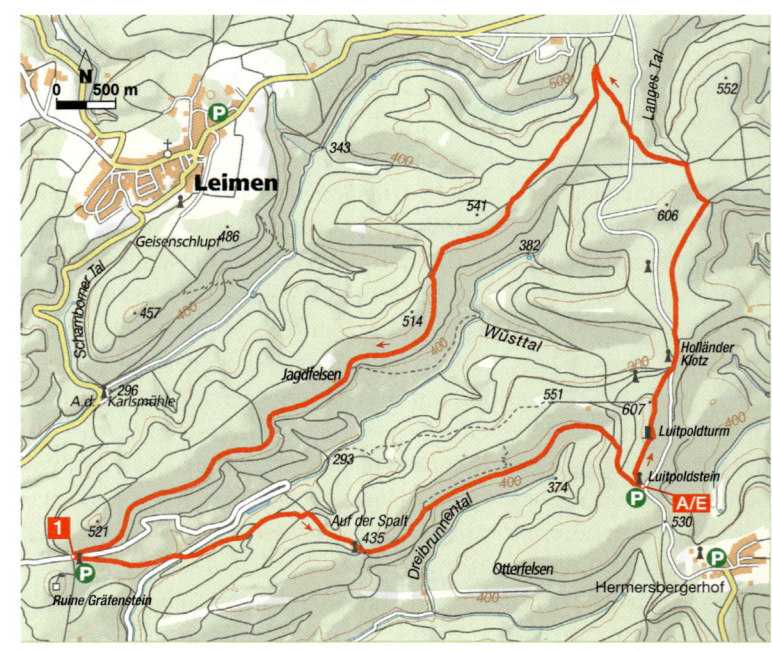

Vom Holländerklotz zu den Jagdfelsen Wir gehen vom Luitpoldturm in nördliche Richtung; dabei achten wir auf den schmalen Weg, der sich vom Hauptweg gleich hinter dem Turm nach rechts entfernt. Dieser Weg ist mit dem blauen Kreuz bzw. dem blau-roten Balken gekennzeichnet.

Der Weg fällt ab und wir erreichen den Wegpunkt und den Ritterstein Holländerklotz in nur noch 550 Metern Höhe. Weiter geht es mit dem blauen Kreuz als Wegbegleiter nach Norden. An einer Wegverzweigung verlässt uns nach rechts ein Wanderweg (mit der Markierung blaurot), nach einem weiteren Stück Wegs nehmen wir von rechts einen Wanderweg mit der Markierung gelber Balken auf. Dieser begleitet uns bis zur nächsten Wegspinne. Dort befindet sich für uns der Umkehrpunkt.

Statt weiter nach Norden geht es jetzt nach Südwesten. Begleitet werden wir dabei von dem Wegzeichen grünes Kreuz. Bald treffen wir auf den Pfälzerwaldpfad (Markierung weißes Blatt auf grünem Grund). Diesem folgen wir ein Stück, achten aber auf die Abzweigung, die mit unserer Markierung (grünes Kreuz) nach links abgeht. Dieser Weg verläuft parallel zum Pfälzerwaldpfad, ist für mich aber um einiges schöner. Auf dem schmalen Weg erreichen wir bald die Jagdfelsen. Weiter geht es auf dem abfallenden Weg, bis schließlich der Parkplatz bei der Burgruine ❶ **Gräfenstein** erreicht ist. Hinauf zur Burgruine ist es noch ein kurzer steiler Anstieg. Ebenfalls nicht in unmittelbarer Nähe, sondern weitere Wanderminuten entfernt befindet sich die Gräfensteinhütte des Pfälzerwald-Vereins.

Der Holländerklotz ist Ritterstein und Wegmarkierung zugleich.

Durch geschütztes Gebiet An der Burgruine Gräfenstein beginnt der schwierigste Teil dieser Wanderung. Zuerst geht es noch bequem bergab bis ins Tal des Wartenbachs (ausgeschildert ab Parkplatz). Mit der Markierung blau-weißer Balken folgt dann der lange Schlussanstieg zurück zu unserem Ausgangspunkt am Luitpoldstein. Wir befinden uns ab Talboden im Quellgebiet der Wieslauter. Dieses Gebiet umfasst 2400 Hektar und gehört zu der Kernzone des Biosphärenreservats Pfälzerwald-Nordvogesen. Das bedeutet, dass in diesem Gebiet keine Pflegemaßnahmen im Wald durchgeführt werden dürfen – der Wald wird sich also selbst überlassen. Der Wanderer merkt dies, wenn er den ersten mächtigen Baum erreicht hat, der den Weg versperrt. Und es sind bestimmt ein Dutzend Bäume, die bis zum Ziel noch im Weg liegen. Dieser steigt dabei an; nicht immer kann ein umgestürzter Baum umgangen werden. Allzu oft muss man darüberklettern. Beim Eintritt in das Quellgebiet wird der Wanderer auf Hinweistafeln überdies darüber aufgeklärt, dass der Aufenthalt in diesem Gebiet auf eigene Gefahr geschieht. Man sollte sich also im Klaren sein, auf was man sich einlässt. Im Winter sowie bei starkem Sturm sollte das Gebiet überhaupt nicht betreten werden. Es ist ein langer, schweißtreibender Anstieg zurück zum Ausgangspunkt. Kurz vor Erreichen des Parkplatzes am Luitpoldstein gehen wir durch eine Holzbarriere; dort zeigt ein Hinweisschild an, dass wir die Kernzone des Biosphärenreservats verlassen haben.

84

Durch den Heltersberger Wald

Boote am Clausensee

Leicht · 10,8 km · 576 m · 3.10 Std.

Tourencharakter
Einfache Rundwanderung durch die Wälder bei Heltersberg

Ausgangs-/Endpunkt
Heltersberg

Anfahrt
Auto: Über die Bundesstraße 48 nach Johanniskreuz; von dort über die Landesstraße 499 nach Heltersberg. **Bus/Bahn:** Mit der Regionalbahn von Kaiserslautern oder Pirmasens nach Waldfischbach; von dort weiter mit dem Bus nach Heltersberg

Einkehr
Heltersberg, Clausensee, Hundsweiher Sägemühle

Karte
»Vom Johanniskreuz nach Pirmasens«, Wanderkarte des Pfälzerwald-Vereins, 1:25000

Information
Tourist Information Waldfischbach-Burgalben, Friedhofstraße 3, 67714 Waldfischbach-Burgalben, Tel. 06333/92 51 60, vgwaldfischbach-burgalben.de

Der Ort Heltersberg liegt am östlichen Rand des Westrichs. Der Westrich ist eine geografische Bezeichnung für ein Gebiet zwischen Kusel, Kaiserslautern, Zweibrücken, Teilen des südlichen Saarlands und des westlichen Lothringen. Die Bezeichnung kam im Mittelalter auf und war der Begriff für das »Land im Westen«.

Der beste Ausgangspunkt für diese Tour ist das Naturfreundehaus Heltersberg. Es gibt dort ausreichend Parkplätze, man ist gleich im Wald und kann nach Abschluss der Tour dort noch einkehren. Das Haus ist Mittwoch bis Sonntag sowie an Feiertagen von 11 Uhr bis 19 Uhr geöffnet. Heltersberg selbst gehört zur Verbandsgemeinde Waldfischbach-Burgalben und zählt etwa 2000 Einwohner.

Zum Hermesbrunnen Vor dem Naturfreundehaus stehend, achten wir auf den Weg, der links vom Haus in den Wald hineinführt. Nach einem kurzen Abstieg erreichen wir eine Lichtung; weiter geht es steil hinunter ins Tal des Hundsbächel (teilweise über Treppenstufen). Im Talboden angekommen, nehmen wir den Weg nach rechts. Wenn man nach links geht, so kommt man dann auf den Pfälzerwaldpfad; dieser ist neben dem Pfälzer Weinsteig und dem Pfälzer Höhenweg ein Fernwanderweg mit

Ausgangs- und Endpunkt dieser Tour ist das Naturfreundehaus Heltersberg.

142 Kilometer Länge. Wir wählen den etwas unbekannteren Weg rechts. Dieser biegt, nachdem wir uns eben nach rechts orientiert haben, gleich wieder nach links. Durch ein kleines Tal steigt er an.

Der Weg führt am Reitersköpfchen entlang und trifft auf den eben erwähnten Waldpfad. Diesem folgen wir ein kurzes Stück bis zur Wegspinne am Rettungspunkt 6712-912. Mit dem Wanderzeichen gelbes Kreuz fällt unser Weg jetzt zum ❶ Hermersbrunnen ab. Neben der plätschernden Quelle des Hermersbächels lädt eine Sitzgruppe zur Rast ein.

Weiter zum Clausensee Wir gehen weiter bergab, achten auf unsere Markierung gelbes Kreuz. Unser Weg geht nämlich nach etwa 300 Metern rechts ab; der Hauptweg geht mit der Markie-

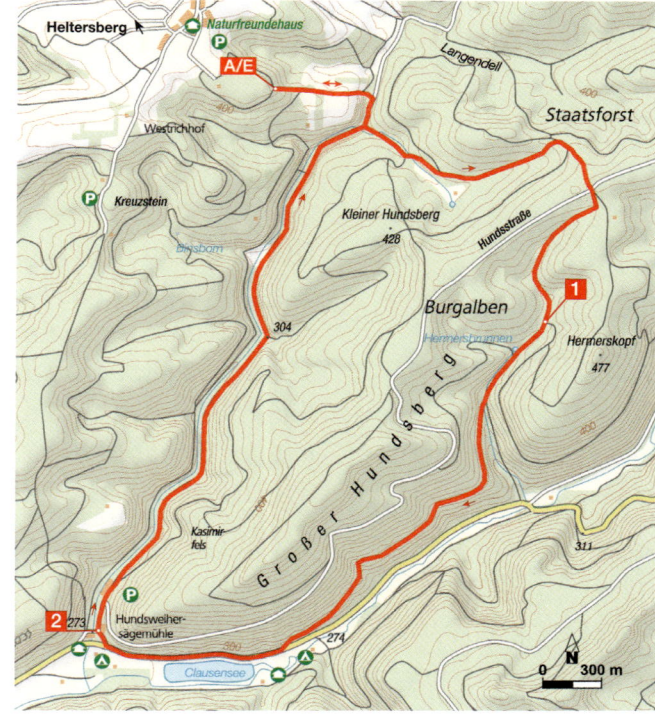

rung blauer Punkt geradeaus weiter. Entlang des Großen Hundsbergs erreichen wir auf einem breiten und weiter abfallenden Weg das Schwarzbachtal sowie den Clausensee. Der Clausensee ist ein Badesee; dort gibt es eine Gaststätte mit Biergarten, Tret- und Ruderbootverleih, Liegewiesen und Kinderspielplätzen. Für den Zugang ist Eintritt zu entrichten. Der Biergarten ist in den Monaten März bis Oktober geöffnet (Di.–So.; Mo. Ruhetag).

Durch das Hundsbächeltal Vom Clausensee müssen wir nach Westen ein Stück an der Straße entlanggehen. Nach etwa 750 Metern haben wir dann aber auch schon die ❷ Hundsweiher Sägemühle erreicht. Unser Weg biegt jetzt nach Norden ins Hundsbächeltal ein. Für die hier häufige Verwendung des Wortes »Hund« in geografischen Bezeichnungen gibt es mehrere Deutungen. Zum einen wird damit der Begriff Hun(d)s in Verbindung gebracht; dieser Begriff aus dem Althochdeutschen bedeutet so viel wie »höher gelegen«. Auch die Einteilung der fränkischen Gaue in Hundertschaften lässt sich in Gewannnamen wie Hundheim, Hundsdorf oder Hundsstraße ableiten. Eher profan ist die Deutung, dass es sich dabei um ein Beiwort für ein Schimpfwort gehandelt hat. Östlich von unserem Weg durch das Tal des Hundsbächels lag im Übrigen diese Hundsstraße, die um den Großen Hundsberg herumführte. Sie war eine alte Römerstraße und stellte die Verbindung zwischen dem Rheintal und dem Bliesgau her. Mit Bliesgau wird das Gebiet zwischen Saarbrücken, Zweibrücken und Saargemünd bezeichnet. Wir erreichen wieder den Abzweig am Reitersköpfchen und nehmen das schon bekannte letzte Teilstück der Wanderung bis zum Naturfreundehaus in Angriff.

85

Von Weidenthal nach Neidenfels

Heidenkopf und Pflasterberg

Mittel   12,2 km   786 m   3.45 Std.

Tourencharakter
Streckenwanderung in der Mitte
des nördlichen Pfälzerwaldes auf
Wald- und Forstwegen

Ausgangspunkt
Weidenthal

Endpunkt
Neidenfels

Anfahrt
Auto: Von Neustadt/Weinstraße
auf der B 39 nach Weidenthal.
Bus/Bahn: Mit der Regionalbahn
von Neustadt/Weinstraße oder
Kaiserslautern nach Weidenthal

Einkehr
Weidenthal, Neidenfels

Karte
»Mittel- und Unterhaardt mit
Bad Dürkheim und Leiningerland«,
Wanderkarte des Pfälzerwald-
Vereins, 1:25 000

Information
Tourist-Information Lambrecht
(Pfalz), Sommerbergstraße 3,
67466 Lambrecht (Pfalz),
Tel. 06325/18 11 10,
vg-lambrecht.de

Die Strecke durch das Tal des Hochspeyerbachs war schon im Mittelalter eine wichtige Verbindungsroute. Entsprechend wurde diese durch Burgen wie Frankenstein, Lichtenstein, Neidenfels oder die Wolfsburg gesichert. Auf dieser Wanderung steigen wir aus dem Tal zu einem Bergkamm; diesem folgen wir, bevor uns ein langer Abstieg nach Neidenfels zurückführt.

Weidenthal ist eine Ortsgemeinde der Verbandsgemeinde Lambrecht (Pfalz) und zählt knapp 2000 Einwohner. Der Ort verfügt über einen S-Bahn-Haltepunkt an der Bahnstrecke Kaiserslautern–Neustadt/Weinstraße. Dort gibt es auch einen kleinen Parkplatz; dieser ist während der Woche aber meist von Pendlern belegt. Direkt am Haltepunkt gehen wir die steile Sensentalstraße bergauf; die wenigen Häuser hat man schnell hinter sich gelassen.

Zum Heidenkopf Auf unserem Weg führt uns zuerst die Markierung weiß-grüner Balken. Oberhalb des Ortes wandern wir parallel zur Bahn-

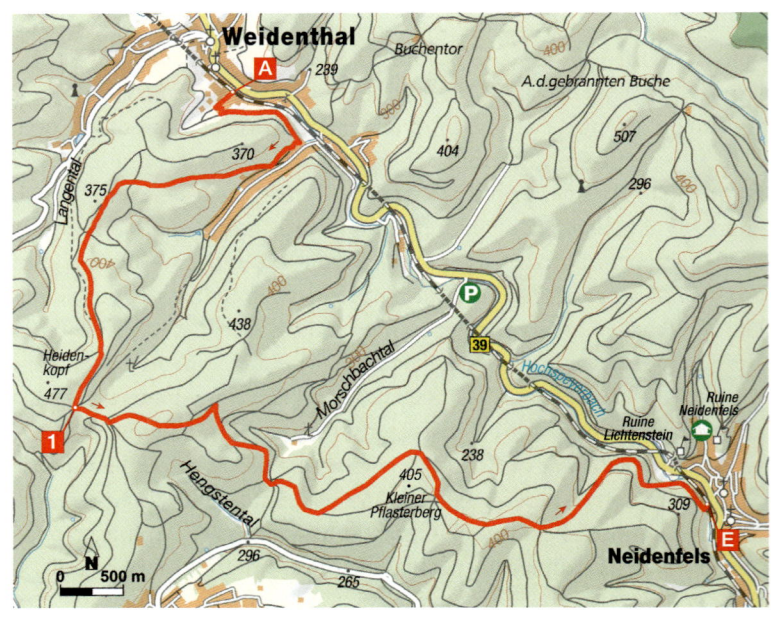

An den Esthaler Bänken befindet sich eine kleine Schutzhütte.

linie. Anschließend biegt der Weg nach Südosten hinunter zu den Häusern der Weißenbachstraße. Noch vor Erreichen der Häuser achten wir auf den Weg, der nach rechts Richtung Wald wieder steil ansteigt; dieser ist mit einem grünen Kreuz markiert. Bald ist der Anstieg geschafft und der Weg biegt jetzt in südlicher Richtung ab. Kurze Zeit später trifft von rechts ein Wanderweg mit der Markierung blauer Balken auf unseren Weg. Der vereinigte Weg trennt sich kurz danach wieder; der weiße Punkt geleitet uns nun bis zur Schutzhütte am Heidenkopf. Die kleine Unterstandshütte mit Sitzgelegenheiten ist auch als ❶ Esthaler Bänke bekannt.

Zum Kleinen Pflasterberg An der Schutzhütte ändern wir die Gehrichtung erneut. Nun wandern wir nach Osten. Unsere Markierung bleibt vorläufig der weiße Punkt. Bald ist der Mollenkopf (507 m) erreicht; dort befinden sich eine Sitzgruppe und ein Sandsteindenkmal. Über die Brunnendell geht es hinunter zur Wegspinne Taubenplatz. Noch einmal durch dichten Wald wandern wir um den Kleinen Pflasterberg herum. Bald befinden wir uns über dem Tal des Hochspeyerbachs. In Gehrichtung können wir schon den Ort Neidenfels mit der mächtigen Papierfabrik erkennen. Nach dem letzten steilen Abstieg unterqueren wir die Bahnlinie und befinden uns an der Durchgangsstraße des Ortes. Nach rechts geht es zum Bahnhaltepunkt in Neidenfels; nach links geht, wer sich noch die Burgruine anschauen möchte.

Burgruine Neidenfels Der Weg zur Burg führt an der protestantischen Kirche vorbei, dann durch die Dorfstraße. Ein kurzer steiler Anstieg lässt uns zur Burgruine gelangen. Die Burg wurde um 1330 als Ersatz für die nahe Burg Lichtenstein erbaut; diese war bereits 1281 zerstört worden. Grund für den Bau beider Burgen war die Sicherung des Verbindungsweges Neustadt–Kaiserslautern. Die Burg Neidenfels wurde schließlich im Pfälzischen Erbfolgekrieg zerstört. Sehenswert sind die Reste des Treppenturms, die zur Hälfte erhalten sind.

86

Am Isenachweiher

Großartige Wanderung zum Sauhäuschen

Mittel	8,1 km	466 m	3.05 Std.

Tourencharakter
Schmale Wanderwege wechseln sich mit breiten Forstwegen ab.

Ausgangs-/Endpunkt
Forsthaus Isenach

Anfahrt
Auto: Von Bad Dürkheim auf der Bundesstraße 37 Richtung Kaiserslautern; von Kaiserslautern auf der A 6 bis Alsenborn, von dort über die Bundesstraße 48 nach Hochspeyer; dann über die B 37 nach Frankenstein und weiter zum Forsthaus Isenach. **Bus/Bahn:** Keine Anfahrmöglichkeit mit öffentlichen Verkehrsmitteln

Einkehr
Forsthaus Isenach

Karte
»Grünstadt und Stumpfwald mit Leiningerland«, Wanderkarte des Pfälzerwald-Vereins, 1:25 000

Information
Tourist Information Bad Dürkheim, Kurbrunnenstr. 14, 67098 Bad Dürkheim, Tel. 06322/93 51 40, bad-duerkheim.com

Das ehemalige Forsthaus Isenach – auch als Hütte am Isenachweiher bezeichnet – ist ein beliebtes Ausflugsziel. Wie so oft bei beliebten Hütten trifft man einige hundert Meter weiter kaum noch jemanden. Entlang der Isenach und durch dichten Wald kommen wir zum Sauhäuschen. Ein langer Abstieg bringt uns zurück zum Ausgangspunkt.

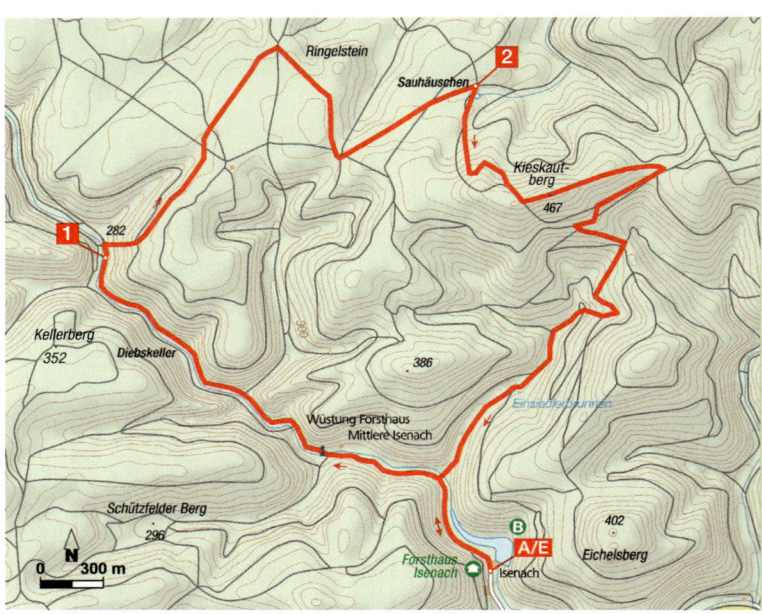

Am Forsthaus Isenach wird dem Wanderer ein großer Parkplatz zur Verfügung gestellt. Die Hütte selbst ist geöffnet von Dienstag bis Sonntag von 11 bis 19 Uhr (April bis Oktober, Info unter forsthaus-isenach.de). Die Isenach entspringt einige Kilometer weiter in nordwestlicher Richtung; bei Bad Dürkheim tritt sie aus dem Pfälzerwald heraus und fließt schließlich bei Frankenthal in den Rhein. Es wird vermutet, dass die erste Hälfte des Gewässernamens Bezug auf die Eisenerzvorkommen in der Region nimmt.

Ritterstein und Sauhäuschen Wir passieren das Forsthaus auf dessen linker Seite; dem Isenachweiher folgen wir noch bis zu dessen Ende. Kurz darauf erreichen wir eine Wegspinne (Rettungspunkt 6514-639). Hier geht unser Weg (markiert mit blau-weißem Balken) nach Westen ab. Am Ritterstein »Matternshütte« halten wir kurz inne. Der in den Fels geschlagene Text lautet: »Hier stand das Forsthaus Mittlere Isenach Matternshuette«. Mattern war der Name eines Bewohners, bevor aus der Hütte ein Forsthaus wurde. Noch vor Ende des 19. Jahrhunderts wurde das Haus wieder abgerissen. Wir folgen dem Weg weiter bergauf, immer parallel zum Lauf der Isenach. Im Gewann Lattereck überqueren wir dann die Isenach auf einer kleinen ❶ Holzbrücke (wird durch Markierung angezeigt).

Ab hier wechselt unser Wanderzeichen zum grün-roten Balken (alternativ dem »N« für Naturfreunde). Ein naturbelassener Weg steigt an; wir folgen ihm durch das Gewann Entenpfuhl bis zu einer Wegspinne mit Sitzgruppe (an dieser Stelle kommt von rechts der Weg mit der Markierung blau-rot). Hier folgen wir dem Wegweiser Richtung ❷ Sauhäuschen. Diese kleine Schutzhütte mit einigen Holzbänken befindet sich einige Meter unterhalb des Weges.

Wieder bergab Ab dem Sauhäuschen geht es mit der Markierung roter Punkt weiter. Der Weg steigt wieder an und durch herrlichen Baumbestand, an Farnen vorbei, und auf mit Kiefernzapfen übersäten Waldwegen erreichen wir die Anhöhe Kieskautberg. Wir folgen dem Weg über die Kuppe; an wenigen Stellen öffnet sich der Wald, der Blick schweift weit über den Pfälzerwald bis zum Horizont. Auf abfallendem Weg erreichen wir dann den Orientierungspunkt Dackenheimer Wald. Dort nehmen wir den weißen Punkt als Zugangsweg (breiter Forstweg) zum Wanderweg mit der Markierung grünes Kreuz. Ein schmaler Forstweg bringt uns weiter hinunter ins Tal; die letzten Meter zur Hütte am Isenachweiher sind dann identisch mit dem Hinweg.

Hier ruht man sich nach der Wanderung gerne aus – der Isenachweiher.

87

Nordpfälzer Weihertour

Zum Stumpfwaldgericht

| Mittel | 13,5 km | 440 m | 3.45 Std. |

Tourencharakter
Überwiegend Feld- und Waldwege, im Bereich der Bebauung auch kurze asphaltierte Abschnitte; einfache Wanderung mit mäßigen Steigungen

Ausgangs-/Endpunkt
Parkplatz bei der Retzberghütte

Anfahrt
Auto: Auf der A 6 bis Enkenbach-Alsenborn, weiter auf der B 48 bis Enkenbach, auf L 395 und L 394 nach Neuhemsbach, danach auf die Beschilderung zur Retzberghütte achten. **Bus/Bahn:** Mit der Regionalbahn von Kaiserslautern nach Enkenbach-Alsenborn, von dort mit dem Bus nach Neuhemsbach. Die Tour kann auch dort begonnen werden.

Einkehr
Retzberghütte, Neuhemsbach

Karte
»Grünstadt und Stumpfwald mit Leiningerland«, Wanderkarte des Pfälzerwald-Vereins, 1:25 000

Information
Verbandsgemeindeverwaltung Eisenberg, Hauptstraße 86, 67304 Eisenberg, Tel. 06351/40 74 40, vg-eisenberg.de

Besonders idyllisch im Wald gelegen ist der Retzbergweiher.

Drei bezaubernde Weiher, am Nordrand des Pfälzerwaldes gelegen, sind die Ziele dieser Rundwanderung; weiterer Etappenpunkt ist eine mittelalterliche Richtstätte. Über den kleinen Ort Neuhemsbach geht es zurück zur Retzberghütte.

Ausgangspunkt für unsere Tour ist der Wanderparkplatz an der Retzberghütte, dort gibt es genügend Parkmöglichkeiten. Die Hütte ist geöffnet von Mittwoch bis Sonntag, jeweils ab 11.30 Uhr.

Richtstätte im Wald Vom Wanderparkplatz gehen wir nach links an der Hütte und dem Retzbergweiher vorbei und nehmen den Weg, der bergab führt. Wir erreichen den Steigerweiher, den wir dann in Gehrichtung auf der linken Seite passieren. Dort nehmen wir die Markierung grün-blau auf. An- und Abstiege wechseln sich jetzt ab. Bald wird der Hauptwanderweg mit der Markierung weißes Kreuz erreicht. Dieser ist Teil des Fernwanderwegs E8. Wir folgen dem Weg Richtung Süden und erreichen schließlich das ❶ Stumpfwaldgericht.

Idyllischer Billesweiher Vom Stumpfwaldgericht folgen wir der Markierung grün-blau. Der Weg führt steil abwärts, bis schließlich das dritte Gewässer auf unserer Tour, der ❷ Billesweiher, erreicht ist, Sitzbänke laden zur Rast ein. Wir überqueren eine kleine Brücke und überschreiten

die Landesstraße 394. Beim dortigen Rettungspunkt 6413-188 gehen wir ein kurzes Stück in den Wald hinein, orientieren uns dann aber nach links. Der Weg führt etwas oberhalb der Straße Richtung Alsenborn und biegt dann bald nach rechts ab. Der Weg mit der Markierung grün-blau führt uns im Halbkreis weiter durch den Galgenwald. Beim Rettungspunkt 6413-202 hat die Markierung ihren Dienst getan; wir gehen jetzt nach Norden. Wir folgen dem Weg immer geradeaus; nachdem wir

eine Kuppe erreicht haben, beschreibt der Weg einen leichten Schwenk nach rechts. Kurz darauf erkennen wir etwas unter uns die ersten Häuser von ❸ Neuhemsbach. In der dortigen Alsenborner Straße gehen wir nach rechts und biegen dann nach links in die Straße Schlossberg ein. Der Weg führt an der protestantischen Kirche aus dem Jahr 1739 vorbei; die Straße führt uns erst durch ein Waldstück und dann durch freies Feld bis zum Waldrand. Am Waldrand entlang und dann ansteigend erreichen wir den Fernwanderweg E8. Diesem folgen wir nach Norden. Durch abfallendes Gelände sind wir bald wieder an unserem Ausgangspunkt, dem Wanderparkplatz. Jetzt lohnen sich die 300 Meter bis zur Retzberghütte noch einmal, um einzukehren und um die schöne Aussicht auf den Retzbergweiher zu genießen.

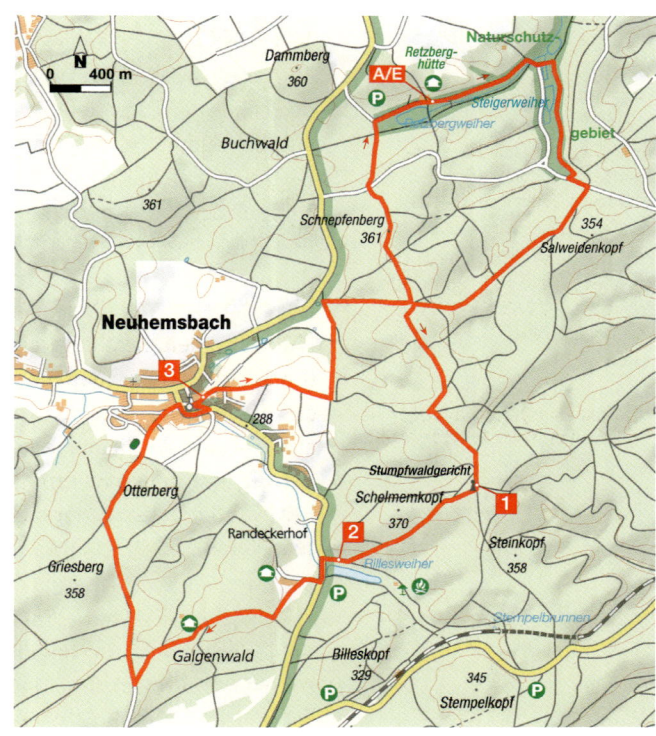

88 Panoramablicke über dem Glantal

Startpunkt Hirsauer Kapelle

Mittel · 13,4 km · 832 m · 4 Std.

Tourencharakter
Auf Feld-, Wald und Wiesenwegen geht es mit zahlreichen An- und Abstiegen durch das Nordpfälzer Bergland. Ein kurzes Stück des Weges führt durch eine ausgesetzte Geröllhalde, an der Vorsicht geboten ist.

Ausgangs-/Endpunkt
Hirsauer Kapelle, Offenbach-Hundheim

Anfahrt
Auto: Von Kaiserslautern über die B 270 nach Lauterecken, von dort auf der B 420 nach Offenbach-Hundheim. **Bus/Bahn:** Von Kaiserslautern mit der Regionalbahn bis Lauterecken-Grumbach oder nach Altenglan; von dort mit Anruflinientaxi oder Bus nach Offenbach-Hundheim

Einkehr
Offenbach, Pfälzerwald-Hütte im Taufenbachtal

Karte
»Pfälzer Bergland und Westpfälzische Moorniederung«, Wanderkarte des Pfälzerwald-Vereins, 1:25 000

Information
Verbandsgemeindeverwaltung Lauterecken, Schulstraße 6a, 67742 Lauterecken, Tel. 06382/79 10, vg-lw.de

Diese Tour führt uns in das als Wanderregion wenig bekannte Pfälzer Bergland. Entsprechend ruhig geht es auf der meist über Feldwege führenden Wanderung zu. Auf den zahlreichen An- und Abstiegen ergeben sich immer neue Ausblicke auf die sanfte Hügellandschaft.

Zur Hirsauer Kapelle gehört ein kleiner Friedhof; die Kapelle selbst ist von einer alten Ringmauer umgeben. Der Zugang erfolgt durch ein halbkreisförmiges Steinportal. Die Pfarrkirche war im Mittelalter das Zentrum eines weitverzweigten Kirchspiels. Die ältesten Teile der Kapelle entstammen dem 12. Jahrhundert. Neben der Tür zur Kapelle hängt eine Informationstafel; dort lässt sich nachlesen, bei welchen Personen in Hundheim der Schlüssel zur Kapelle erhältlich ist.

Über den Kirchberg Auf dem kleinen Parkplatz direkt an der Hirsauer Kapelle kann man sein Auto abstellen. Falls alles belegt sein sollte, lässt sich beim wenige Meter entfernten Sportplatz parken. Der Weg steigt über den Kirchberg gleich an; man erreicht kurz darauf schon freies Feld; nach einer Links-rechts-Kombination geht es auf Wirtschaftswegen weiter nach Süden. Nach Norden fällt der Blick zurück auf Offenbach, deren Kirchtürme deutlich zu erkennen sind. Weit sieht man über Hügel und Kuppen des Nordpfälzer Berglands. Ackerflächen, Obstbäume, Feldraine und vereinzelte Waldinseln schaffen ein idyllisches Ambiente. Als Wandermarkierung hatten wir an der Kapelle den weiß-schwarzen Balken erkannt; durch die hügelige Landschaft folgen wir ihm, bis von rechts der Wanderweg mit der Markierung gelber Balken unseren Weg kreuzt. Wir folgen dieser Wegmarkierung nach links (Hinweisschild »Hinzweiler«). Der Weg fällt ab, und schon bald befinden wir uns oberhalb des genannten Ortes. Wir durchschreiten die ruhige Gemeinde ❶ **Hinzweiler** und biegen in die Straße Mühlberg ein.

Ins Taufenbachtal Die Bebauung endet bald, der stetig ansteigende Weg führt jetzt durch den Wald. Auf der geschotterten Zugangsstraße erreichen wir schließlich die Pfälzerwald-Hütte Im Taufenbachtal. Die Hütte ist normalerweise nur an Sonn- und Feiertagen geöffnet. Falls geschlossen, bietet sich trotzdem die Rastmöglichkeit am nahen Weiher an. Wir folgen dem weiterhin ansteigenden Weg. An einer Holzbank erkennen wir dann eine Abzweigung. Ab hier folgen wir der Markierung schwarzer Punkt in weißem Feld. Der Weg ist jetzt schmal und manchmal auch sehr schmal; Trittsicherheit wird auf diesem Streckenabschnitt vorausgesetzt. Der Weg führt an herrlichen Edelkastanienbäumen und Eichen vorbei weiter aufwärts. Eine kleine Geröllhalde wird durchschritten und schließlich errei-chen wir den Endpunkt des Anstiegs am Orientierungspunkt ❶ Steinchen.

Hinab nach Aschbach und Hundheim

Am Punkt Steinchen, einem freiliegen-den Felsen, ergibt sich jetzt der Blick auf das tief im Tal liegende Hinzweiler. Weiter fällt der Blick nach Norden über das Pfälzer Bergland. Der Weg wird wieder etwas breiter; im Verlauf des Abstiegs kommen wir an einer Schutz-hütte vorbei. Der Weg führt dann aus dem Wald wieder auf die freie Flur hi-naus und dann weiter etwas oberhalb (westlich) des kleinen Ortes Aschbach vorbei. Kurz darauf überqueren wir die Landesstraße 368 und erreichen im Verlauf des wei-teren Abstiegs einen Bauernhof. Wir folgen dem Weg geradeaus, der uns über den Mühlberg direkt ins Zentrum von Offenbach führt. Nach Erreichen der Hauptstraße und nach Überschreiten der Glan erreichen wir die Talstraße, der wir bis zur Ab-zweigung Hirsauer Straße folgen. Dort sind wir dann auf dem bereits bekannten Weg zur Hirsauer Kapelle.

Neben der Hütte im Taufenbachtal liegt dieser entzückende Weiher.

Taunus

Wilde Landschaft (o. li.).
Verlockende Heidelbeer-
sträucher säumen den Weg
(u. li.). Der Fernmeldeturm
auf dem Feldberg (o. re.).
Frankfurter Grüne Soße
ist ein typisches Frühlings-
gericht (u. re.).

89

Taunus-Rundwanderweg Wiesbaden

Traumhafte Tour zum Hausberg Wiesbadens

Leicht   13 km   267 m   3.30 Std.

Tourencharakter
Aussichtsreiche, leichte und familientaugliche Rundtour zum Neroberg bei Wiesbaden

Ausgangs-/Endpunkt
Marktplatz von Wiesbaden

Anfahrt
Auto: A66 Richtung Wiesbaden bis Abfahrt Mainzer Straße und weiter Richtung Zentrum und Marktplatz.
Bus/Bahn: Mit Buslinie 4 vom Hauptbahnhof Wiesbaden bis zur Haltestelle »Dernsches Gelände«.

Einkehr
Gaststätte »Der Turm« auf dem Neroberg

Karte
Kompass 1:50000, Nr. 840 Östlicher Taunus

Information
wiesbaden.de, Nerobergbahn: es-we-verkehr.de

Im Herzen von Wiesbaden beginnt die herrliche Tour über Sonnenberg und Neroberg. Die Mühen des Aufstiegs werden mit einer faszinierenden Sicht auf Wiesbaden belohnt. Müde Wanderer haben die Möglichkeit, bequem mit der Nerobergbahn hinabzugondeln.

Der Marktplatz in Wiesbaden ist Startpunkt für diese Tour. Vorbei an der Tourist-Information gelangt man zur Herrnmühlgasse. Wir wählen den rechten Abzweig in die Burgstraße und gelangen über die Wilhelmstraße zum Theater von Wiesbaden. Von Weitem sehen wir schon das Kurhaus und begeben uns direkt in den ❶ Kurpark, der im Stil eines englischen

Landschaftsgartens angelegt wurde. Neben schönen Plätzen zum Verweilen befinden sich hier auch ein Weiher und ein Biergarten.

Zur Burgruine Sonnenberg Immer geradeaus weiter erreichen wir eine Statue und das Denkmal für den Schriftsteller Gustav Freytag, der in Wiesbaden seine letzten Lebensjahre verbrachte. An der nächsten Kreuzung biegen wir rechts ab und laufen rechts am Salzbach entlang. Schon bald sehen wir eine große Wiese, wo wir rechts aufwärts an den Tennisplätzen vorbeiwandern und die Parkstraße erreichen. Nach der Straßenüberquerung geht es wieder geradeaus.
Nach nur wenigen Höhenmetern gabelt sich der Weg, und wir erreichen die sehenswerte ❷ Burgruine Sonnenberg. Um 1200 wurde die Burg von den Grafen von Nassau errichtet. Im heute noch erhaltenen Turm befindet sich ein kleines Burgmuseum, das über die Geschichte der Burg Sonnenberg informiert.

Zum Schützenhaus Hinter der Burg führt die Route nun weiter bis zu einem Scheideweg. Rechts geht es weiter bis zur nächsten Wegkreuzung, an der wir links bis zur Straße weitergehen. Nach der Überquerung halten wir uns links bis zur Bushaltestelle und wandern direkt von dort auf dem Weg bis zum Wiesenrand. Hier machen wir eine Pause, bevor wir uns weiter bergauf mühen. Aus dem Wald heraus gelangen wir zur Dudenstraße, biegen hier nach rechts und vor den Teichen dann links in den Wald ein, wo wir am Bach entlang zum Schützenhaus kommen.

Auf dem Neroberg An der nächsten Wegkreuzung führt die Tour links auf einer asphaltierten Straße weiter. An der zweiten Wegkreuzung halten wir uns erneut links und erreichen bald das Schild »Bahnholz 5«. Dort geht es rechts auf einem Waldweg weiter bis zum Wegkreuz Schutzhütte, wo wir den zweiten Weg von links wählen. Über den Kanzelbuchenweg ist die Gabelung bei der Tierischen Sprunggrube nun nicht mehr weit. Hier nehmen wir den Weg nach rechts und folgen diesem bis zum ❸ Neroberg. Am Klettergarten geht es nun leicht rechts abwärts zum Neroberg-Tempel. Dieser wurde 1851 von Philipp Hoffmann erschaffen. Von hier aus kann man wunderschöne Ausblicke auf Wiesbaden genießen. In direkter Nähe befindet sich zudem die Russische Kirche mit ihren fünf vergoldeten Zwiebelkuppen, die kaum zu übersehen sind. 1847–1855 wurde die Grabkirche für die Ehefrau und das Kind Herzog Adolfs errichtet.

Rückweg nach Wiesbaden Direkt an den Schienen der Nerobergbahn entlang führt uns der Weg abwärts bis zur Bahnbrücke. Unter dieser hindurch gelangen wir zur Straße Nerotal bis zum Ende des Parkplatzes. Danach streifen wir durch den etwa einen Kilometer langen Nerotal-Park, wo wir dem ersten linken Hauptweg folgen. Am Ende des Parks erwartet uns wieder die Straße Nerotal sowie die nachfolgende Taunusstraße. Rechts über die Saalgasse nehmen wir nach wenigen Metern die Treppen, die uns zum Kochbrunnenplatz bringen. Über den Kranzplatz und die Langgasse erreichen wir links die Marktstraße, queren anschließend den Schloßplatz und passieren die neugotische Marktkirche (ursprünglich als Nassauer Landesdom erbaut) und gelangen so in Kürze wieder zum Marktplatz.

90 Rundwanderung Rettershof

Weitblick vom Atzelturm

Leicht   13 km   360 m   4 Std.

Tourencharakter
Leichte Rundwanderung mit Aussicht auf gut markierten Wegen

Ausgangs-/Endpunkt
Parkplatz Landsgraben am Rettershof in Kelkheim

Anfahrt
Auto: Über die B 455 zum Rettershof zwischen Fischbach und Schneidhain.
Bus/Bahn: Mit der Bahn bis Königstein und weiter mit dem Bus Linie 57 mit Umsteigen an der Haltestelle »Bischof-Kaller-Straße« in den Bus 263 bis Haltestelle Fischbach-Rettershof

Einkehr
Unterwegs mehrere Einkehrmöglichkeiten; am Rettershof: Gasthaus Zum Fröhlichen Landmann

Karte
Kompass 1:50 000, Nr. 840 Östlicher Taunus

Information
kelkheim.de

Der Wanderweg führt über kleine Pfade, gemütliche Waldwege und Streuobstwiesen. Straff bergauf geht es auf den Atzelberg, wo der Wanderer mit einem schönen Blick auf das Rhein-Main-Gebiet belohnt wird. Mehrere Einkehrmöglichkeiten sorgen zudem unterwegs für Entspannung.

Der Atzelturm mit seiner offenen Aussichtsplattform

Der Parkplatz Landsgraben am Rettershof dient als Ausgangspunkt. Am Café-Restaurant »Zum Fröhlichen Landmann« können wir noch einmal einen kurzen Stopp einlegen und uns mit einem Kaffee auf die Tour einstimmen. Ab jetzt ist die Wegmarkierung R9 richtungsweisend. Über den kleinen Liebespfad geht es auf der markierten Route weiter, leitet uns ein breiter Waldweg bis zur familiär geführten ❶ **Reitanlage Ruppertshain**. Dort laufen wir rechts und bergauf am Waldrand weiter. Die nachfolgende Straße von Ruppertshain nach Königstein wird überquert.

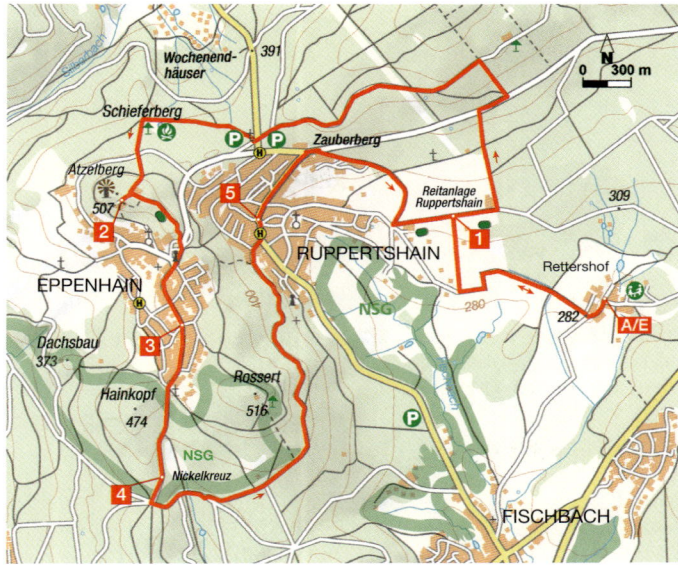

Über den Atzelberg Dann folgt eine Etappe, die etwas Mühe kostet. Steil aufwärts erreichen wir mit der Markierung den Viktoriaweg. Hier gehen wir links weiter, bis wir zu zwei Parkplätzen kommen, wo wir die Straße nach Schloßborn überqueren. Am Fuß des Atzelbergs angekommen, halten wir uns rechts. Der erst sanft ansteigende Weg führt dann nach einem halben Kilometer links straff bergan auf den ❷ **Atzelberg**, wo sich ein 30,39 Meter hoher Aussichtsturm befand. Aufgrund von großen Brandschäden wurde der Aussichtsturm inzwischen entfernt. Ein Neubau befindet sich in Planung.
Zwischen dem ehemaligen Aussichtsturm und dem 98 Meter hohen Fernmeldeturm führt dann unser markierter Weg hinunter nach ❸ **Eppenhain**. Am Friedhof vorbei ist das Kriegerdenkmal bald erreicht. Über die Rossertstraße geht es dann zum ❹ **Nickelkreuz**.

Abstecher zum »Zauberberg« Nun führt die Strecke auf einem schönen Weg durch das Naturschutzgebiet. Wir treffen auf einen asphaltierten Weg, dem wir links folgen und auf dem wir an der Heimlichen Wiese vorbei links nach ❺ **Ruppertshain** kommen. Wer Zeit hat, kann gern einen Abstecher zum »Zauberberg« unternehmen. Das Gebäude der ehemaligen Lungenklinik befindet sich am Südhang; heute sind hier Wohnungen, Ateliers und Praxen untergebracht. Neben dem Felsenkeller, der für Veranstaltungen genutzt wird, gibt es auch ein Café, in dem sich herrlich brunchen lässt.
Zurück auf der ursprünglichen Route laufen wir auf der Robert-Koch-Straße bis zum Haus Nr. 48 und danach links in die Wiesenstraße. Nachdem wir Ruppertshain verlassen haben, streifen wir den Sportplatz und folgen dem Weg Am Sportplatz, bis wir uns links haltend durch Streuobstwiesen und Felder weiterwandern, wo sich schöne Ausblicke auf Fischbach darbieten. Nach kurzer Zeit sind wir nun wieder am Parkplatz Landsgraben am Rettershof angekommen.

91

Am Drei-Burgen-Weg

Von Burg zu Burg und quer durch einen Zoo

| Schwer | 11 km | 535 m | 4 Std. |

Tourencharakter
Kulturell-historische Rundtour mit einigen Auf- und Abstiegen und vielen Aussichtsmöglichkeiten

Ausgangs-/Endpunkt
Burg Königstein

Anfahrt
Auto: Über B 8 oder B 455 zum Königsteiner Kreisel, dort in die Frankfurter Straße, weiter in die Hauptstraße und Richtung Burg.
Bus/Bahn: Mit der S-Bahn von Frankfurt-Hbf. bis Bahnhof Königstein, von dort ca. 500 m zu Fuß zur Burg.

Einkehr
Burg-Restaurant Königstein; Restaurant Die Grüne Gans in Kronberg im Taunus

Karte
Kompass 1:50 000, Nr. 840 Östlicher Taunus

Information
burgkronberg.de

Kaum einer kann sich dem Zauber dieser drei Burgen entziehen: Die romantische Burgruine Königstein, die schlichte Schönheit der Burgruine Falkenstein mit ihren wunderbaren Fernblicken oder die geheimnisvolle Burg in Kronberg betören alle Besucher.

Die Burgruine Königstein, Wahrzeichen dieser hessischen Stadt, ist der Startpunkt unserer Tour. Schon von Weitem kann man ihre Mauern erblicken. Die Burg gehört zu den größten und bedeutendsten Burgruinen in Deutschland. Die ältesten Mauerreste, die bei Ausgrabungen gefunden wurden, stammen aus dem 10. bzw. 11. Jahrhundert. Zu Beginn des 14. Jahrhunderts war es Aufgabe der Burg, die Handelsstraße zwischen Frankfurt und Köln zu bewachen. Die im Lauf der Zeit ausgebaute Burg wurde Ende des 18. Jahrhunderts stark beschädigt. Neben dem Burgturm

Eine schöne Aussicht bietet die Burgruine Falkenstein.

kann heute noch eine Vielzahl von Kellern das ganze Jahr über besichtigt werden. Außerdem bietet sich von der Ruine eine weite grandiose Aussicht.

Weiter Blick über Königstein Von hier aus geht es mit der Markierung über den Burgweg in die Altstadt mit ihren schönen Fachwerkhäusern. Über den Kapuziner- platz und die Georg-Pingler-Straße ist das Kurbad Königstein schnell erreicht. Durch Adelheidstraße und Graf-Stolberg-Straße gelangen wir zum Burghain Fal- kenstein mit dem Aussichtstempel ❶ **Hildablick**, von dem wir eine fantastische

Aussicht auf Königstein haben. Weiter durch den Burghain wandernd können wir die Stille im Wald genießen und die anmutigen Felsgruppierungen eingehend betrachten.

Zur Burg Falkenstein Am Dettweiler Tempel verweilen wir kurz und bestaunen den Blick über die Frankfurter Region, die quasi zu unseren Füßen liegt. Etwa 200 Meter weiter ist noch der Turmstumpf der Burg Nürings sichtbar; diese Höhenburg wurde im 11. Jahrhundert von den Herren Nürings erbaut. Unweit davon befindet sich die ❷ Burg Falkenstein, die besichtigt werden kann. Um 1100 wurde die Burg ebenfalls von den Grafen von Nürings errichtet. Später war sie im Besitz der Herren von Münzenberg und der Herren von Bolanden-Falkenstein. Auch nachfolgend gab es immer wieder Besitzerwechsel. Besucher sind heute noch beeindruckt – zu spektakulär sind die Ausblicke von ihr. Die Burg Falkenstein wurde im letzten Gedichtband des Dichters Stefan George (1868–1933) verewigt; das Gedicht »Burg Falkenstein« widmete er seinem Freund Ernst Morwitz.

Viktoriatempel und Burg Kronberg An der Christkönigskirche vorbei geht es über den Debusweg zum Hotel und bis zur Martin-Luther-Kirche. Über den Platz am Schwarzen Häuschen, vorbei am Friedhof in Falkenstein, führt der Arbeiterweg zum alten jüdischen Friedhof in Kronberg. Die Antoniuskapelle und der Viktoriatempel sind die nächsten markanten Punkte, die wir auf dem markierten Weg erreichen. Gerade der Viktoriatempel ist ein lauschiges Plätzchen, das zum Innehalten einlädt.

Über die Viktoriastraße, den Fresenius-weg und den Burgweg kommen wir zur Königsteiner Straße und über die Höll-gasse zur ❸ **Burg Kronberg**. Hier kön-nen wir die Gelegenheit nutzen und das Museum besuchen. Besonders ein-drucksvoll ist die nachgebaute Rüstung von Hartmuth VI. von Kronberg aus dem 14. Jahrhundert. Außerdem kann eine mittelalterliche Küche mit Brunnen und alten Gerätschaften innerhalb einer Führung besichtigt werden.

Vom Opel-Zoo nach Königstein Die Obere Höllgasse führt uns nun zur Eichenstraße, bevor wir auf dem Philosophenweg direkt durch den ❹ **Opel-Zoo** bis zum ❺ **Königsteiner Kreisel** wandern, von wo aus wir schnell den Kapuzinerplatz und im Weiteren den Kurpark erreichen. Hier faszinieren nicht nur die schönen alten Bäume und die blühenden Pflanzen, sondern auch die Villa Borgnis. Bis 1923 war das Gebäude noch im Besitz der Familie Borgnis, seit 1927 dient es als Kurhaus. In ihm befindet sich nicht nur das Standesamt, sondern auch ein beliebtes Restaurant. Vom Kurpark sind es nur noch wenige Meter bis zu unserem Ausgangspunkt, der Burgruine Königstein.

Die Burg Falkenstein wurde Mitte des 14. Jahrhunderts errichtet.

Die Burg Königstein ist das Wahrzeichen der hessischen Stadt Königstein.

92

Am Mühlenwanderweg

Entlang des idyllischen Urselbachs

Mittel	14 km	31 m	3 Std.

Tourencharakter
Interessante lange Wanderung
ohne große Höhenunterschiede

Ausgangspunkt
U-Bahn-Station (U3) Hohemark in
Oberursel

Endpunkt
Campingplatz Sandelmühle in
Frankfurt am Main

Anfahrt
Auto: Von Frankfurt am Main über
A661 und B455 bis Oberursel-
Hohemark; zurück mit der U3.
Bus/Bahn: Mit der U3 von Frank-
furt bis Oberursel-Hohemark.

Einkehr
Gasthaus Speisekammer in
Heddernheim/Frankfurt am Main

Karte
Kompass 1:50 000, Nr. 840 Östlicher Taunus

Information
taunus.info

Eine schöne Wanderung ist die Tour auf dem Mühlenwan-
derweg. Auch wenn kaum noch Mühlen zu entdecken
sind, bietet er tolle Naturerlebnisse entlang des Wassers.
Mehrere Infotafeln informieren zudem über den Nutzen
der Wasserkraft.

Der etwa 15 Kilometer lange Wanderweg startet an der U-Bahn-Station
Hohemark (U3) am Taunus-Informationszentrum an der Grenze zum
Stadtwald von Oberursel. Dieser mit einem Mühlrad markierte Wanderweg bietet – auch wenn kaum noch Mühlen zu sehen bzw. zu finden sind
– schöne Aussichten und weist kaum Steigungen auf. Der Urselbach
schien schon seit dem 15. Jahrhundert für Mühlen geeignet – 1448 werden 13 Mühlen genannt: vier Walkmühlen, zwei Ölmühlen, zwei Mahl-
mühlen, drei Schleifmühlen und zwei Lohmühlen.

Durch Oberursel Von der U-Bahn-Station wandern wir am Urselbach und
später am Mühlgraben entlang bis zum ❶ **Parkplatz Bleiche** in der Alt-

stadt von Oberursel. Über Kopfsteinpflaster geht es nun zum Marktplatz, wo sich das Vortaunusmuseum in einem alten Fachwerkhaus befindet; es informiert über die Industriegeschichte Oberursels, darunter auch über die Nutzung des Urselbachs. Außerdem präsentiert es Dauerausstellungen zur Entwicklung des Seifenkisten-Sports und zum Maler Hans Thoma, der in Oberursel lebte. Neben dem Museum steht das Historische Rathaus, das 1479 auf den Resten der Stadttore erbaut wurde. Geziert wird es von einer Sonnenuhr und der barocken Nachbildung des Stadtwappens aus dem 15. bzw. 18. Jahrhundert.

Idylle im Rushmore-Park Über die Weidengasse gelangen wir zur Hospitalkirche St. Barbara von 1728. Über dem Eingang sowie auch im Inneren der Kirche ist die Patronin des kleinen Gotteshauses zu sehen. Der Hochaltar von St. Barbara ist wunderschön anzusehen: Ihn zieren Engel von Andreas Donett sowie der hl. Rochus mit seiner Pestwunde und der hl. Josef von dem aus Frankfurt stammenden Künstler Johann Bernhard Schwarzenberger.
Weiter geht es über die Korfstraße vorbei am Schäferbrunnen zum Rushmore-Park mit seinem kleinen Teich, in dessen Wasser sich die schöne Christuskirche spiegelt. Neben Enten und Reihern lassen sich hier auch Boulespieler entdecken. Viele Bänke laden zum Verweilen ein. Für Liebhaber von Büchern gibt es hier eine kleine nostalgische Telefonzelle, die als öffentlicher Bücherschrank genutzt wird. Hinter dem Gelände des TC laufen wir links ein Stück auf der Aumühlenstraße weiter und dann rechts in die Wiesenaustraße. An deren Ende geht's ein Stück nach rechts und dann wieder links über die L3015.

Historische Krebsmühle Wir laufen am Bahndamm entlang bis kurz vor dem ❷ **Stierstädter Bahnhof**. Nach Überquerung der Schienen führt die Strecke nach ❸ **Weißkirchen** und dort in den Zimmersmühlenweg. Anschließend wird ganz Weißkirchen durchquert, bis die ❹ **Krebsmühle** erreicht ist. Seit dem Mittelalter hat die Krebsmühle eine wechselvolle Geschichte. Die einstige Getreidemühle hatte unter mehreren Besitzern und Plünderungen zu leiden. Heute befinden sich auf dem historischen Gelände Läden und ein Restaurant und es werden zahlreiche Veranstaltungen durchgeführt.

Nach Niederursel Nach einer Weile weiter auf dem markierten Mühlenweg wandernd kommen wir nach ❺ Niederursel. Da der Ort am Urselbach liegt, siedelten sich hier einst viele Mühlen an, von denen heute allerdings nicht mehr viel sichtbar ist. Insgesamt waren hier einmal 34 Mühlen aktiv; heute werden sie als Betriebsstätten oder Wohnungen genutzt.
Wir verlassen nun vorerst den Urselbach, und kurzzeitig wird der Mühlbach zu unserem Begleiter. Über die Spielgasse, die Straße Alt-Niederursel und die Seibertgasse erreichen wir aber bald wieder den Urselbach, queren diesen und kommen in die Wiesenau. Weiter geht es auf dem markierten Weg nach Heddernheim und zur Nidda. Entlang des Flusses gelangen wir alsbald zum Campingplatz Sandelmühle, wo nicht nur der Urselbach in die Nidda mündet, sondern auch unsere Wanderung endet und wir mit der U-Bahn zurück nach Oberursel fahren können.

93

Am Wanderweg Heiligenwald

Lauschige Plätzchen

Mittel   8 km   176 m   2 Std.

Tourencharakter
Meist unmarkierte hügelige Wanderung durch Wald und Tal

Ausgangs-/Endpunkt
Parkpkatz P1 in Bad Camberg

Anfahrt
Auto: A 3 oder B 8 nach Camberg, dort über die Bahnhofstraße in die Jahnstraße und zum Parkplatz. **Bus/Bahn:** Vom Bahnhof Bad Camberg ca. 500 m zu Fuß in die Ortsmitte.

Einkehr
In Bad Camberg: Schützenhaus; Kurhausrestaurant

Karte
Kompass 1:50 000, Nr. 840 Östlicher Taunus

Information
bad-camberg.de

Der aussichtsreiche Wanderweg führt zum Wahrzeichen von Bad Camberg und zur Kreuzkapelle mit herrlicher Aussicht. Über die Schwickershäuser Kirche und auf dem gemütlichen Naturlehrpfad geht es durchs Dornbachtal.

Vom Parkplatz P1 in der Jahnstraße in Bad Camberg folgen wir dem Wegweiser »Zur Altstadt«. Nachdem die Straße gequert ist, wenden wir uns nach rechts und laufen nach wenigen Metern links in die Altstadt mit einer Vielzahl an Fachwerkhäusern aus dem 16. Jahrhundert, die mit Wappen, Neidköpfen, Blumen und Früchten verziert sind. Aber auch Lebensbäume haben die Zimmerer häufig integriert als Zeichen von Fruchtbarkeit, Glück und Gesundheit. Neben dem ältesten Haus von 1380 ist auch das Tiefenbach-Haus von 1592 sehr interessant. An der Fassade können Blumen, Masken und der Wappenträger bewundert werden. Eine grimmige Maske mit Blick auf den Marktplatz fällt dem aufmerksamen Beobachter besonders auf: Diese soll angeblich das Böse und Geister abhalten und das Haus vor Unwetter schützen.

Im Kneipp-Kurpark Über Kopfsteinpflaster gelangen wir geradeaus zum schönen Marktplatz mit Brunnen; mehrere Cafés laden zur Einkehr ein. Wir laufen durch das ❶ **Obertor**, das Wahrzeichen Bad Cambergs. Der Obertorturm mit Hohenfeldkapelle ist ein Teil der ehemaligen Stadtbefestigung; der Hauptturm ist im originalen Zustand und Teil des Stadtmuseums. In den verschiedenen Etagen können Ausstellungsstücke zur Stadtgeschichte bewundert werden. Von der ehemaligen Türmerwohnung aus hat man einen wundervollen Blick über die Altstadt.

Rechts neben dem Tor führt unser Weg dann durch den Kneipp-Kurpark. Neben dem Kneipp-Kräutergarten und den Wasserspielen entdeckt man hier auch Kunstobjekte, und hölzerne Liegen laden zum Verweilen ein. Über die hübsch angelegten Wege gelangen wir weiter geradeaus gehend recht zügig zum Stadtrand.

Zur Kreuzkapelle Nach Überquerung einer kleinen Straße laufen wir über bequeme Pfade durch Alleen. Links verläuft die Kapellenstraße, die dann auch gequert wird. Nach wenigen Minuten erreichen wir, jetzt rechts von der Straße wandernd, den Wegweiser zum Schützenhaus mit seinem Biergarten; bei gutem Wetter kann man sogar den Bogenschützen vom Weg aus zusehen. Links am Schützenhaus vorbei führt unser Weg an Feldern weiter, bis wir, uns erst rechts, dann links haltend die ❷ **Kreuzkapelle** erreichen. Hier kann man einen kurzen Stopp einlegen und die Kirche umrunden. Die Kreuzkapelle ist ein Wahrzeichen von Bad Camberg, aber auch für den Goldenen Grund von Bedeutung, einen Naturraum in Taunus und nördlichstem Teil der Idsteiner Senke. Die Ursprungskapelle wurde 1682 erbaut und später erweitert. Hier bietet sich dem Betrachter ein fantastischer Ausblick über den Goldenen Grund, und auch die Gipfel des Hochtaunus sind bei gutem Wetter sichtbar.

Wallfahrtskirche und Mariengrotte Vor dem Tor der Kreuzkapelle führt unser Weg rechts zur nächsten Kirche weiter. Über entspannte Wege geht es dann wieder abwärts. Wir passieren die Schwickershäuser Kirche, die ❸ **Wallfahrtskirche St. Georg**. Der heilige Georg ist seit dem Jahr 1526 Schutzpatron dieser Kirche; er gehört zu den bekanntesten Heiligen und starb während der Christenverfolgung. Die Kirche zeichnet sich durch einen schlichten Bau aus. Der rechteckige Kirchenraum beinhaltet Rundbogenfester, eine Sakristei wie auch einen Vorbau.

Wir wandern weiter ins Dombachtal und zur ❹ **Mariengrotte**, die als Wallfahrtsort gilt. Sie wurde der Lourdes-Grotte nachgeahmt und im Jahr 1934 geweiht. Ein besonderes Erlebnis ist die im Mai hier stattfindende Lichterprozession.

Auf dem Naturlehrpfad Nachdem wir die Mariengrotte umgangen haben, führt uns ein Naturlehrpfad durchs Dombachtal, auf dem wir viel Interessantes über die hiesige Vegetation lernen. Rechts begleitet uns für lange Zeit der Dombach.

Kurz vor dem Ort ❺ **Erbach** erreichen wir auf einem Feldweg ein Firmengelände und schließlich die Neugasse mit Spielplatz und Halfpipe. Über die Weil- und die Erlenbachstraße geht es bis zur Limburger Straße, der wir nun bis ins Zentrum von Bad Camberg folgen, bevor wir auf dem letzten Stück wie auf dem Hinweg wieder den Parkplatz P1 erreichen.

94

Von Seelenberg nach Treisberg

Entspannte Wanderung zum Pferdskopf

Leicht   10 km   170 m   2.30 Std.

Tourencharakter
Kurze, aber schöne Wanderung auf guten ebenen Wegen

Ausgangs-/Endpunkt
Wanderparkplatz Teufelslai bei Schmitten-Seelenberg

Anfahrt
Auto: Von Königstein auf der B 8 durch Niederreifenberg, dann links nach Seelenberg und dort in Richtung Schmitten; auf der linken Seite befindet sich der Parkplatz.
Bus/Bahn: Mit der Taunusbahn bis zum Bahnhof Neu-Anspach, weiter mit dem Bus nach Seelenberg und zu Fuß zum Wanderparkplatz.

Einkehr
Gasthaus Taunushöhe in Schmitten

Karte
Kompass 1:50 000, Nr. 840 Östlicher Taunus

Information
schmitten.de

Die kleine Gemeinde Seelenberg liegt bezaubernd auf einer Hochscholle im Hochtaunus. Auf einem gemütlichen Weg geht es bis Treisberg – mit einem Abstecher zum hölzernen Turm auf dem Pferdskopf, von dem sich herrliche Ausblicke bieten.

Die Gemeinde Seelenberg, ein Ortsteil von Schmitten, gehört mit zu den am höchsten im Taunus gelegenen Orten. Die erste Erwähnung von Seelenberg bzw. seiner Kapelle als Sellerberg bzw. Selderberg war im Jahr 1272. Um 1441 war Gottfried von Eppstein der Besitzer der Gemeinde Treisberg und der Kapelle zu Seelenberg. Der Ort verfügt heute noch über ein eindrucksvolles Wappen: Eine rote Kapelle, ein goldener Hahn und ein goldenes Kreuz sollen an die Wallfahrtskapelle Selderberg erinnern.

Zum Pferdskopf Vom Parkplatz Teufelslai in Schmitten-Seelenberg geht es zunächst zum Islandpferdehof Akazienhof; die Besitzer bieten neben Reitunterricht auch Ausritte in den Taunus an. Vor dem Hof geht es

Entspannt am Wald entlang nach Treisberg

rechts auf den Finsterthalerweg; ab jetzt begleitet uns die Markierung mit dem blauen Schmetterling. Der gemütliche Weg führt an zwei Hütten vorbei, die Schutz bei schlechtem Wetter bieten.

An der Abzweigung Richtung Pferdskopf machen wir einen kurzen Abstecher zum hölzernen Aussichtsturm ❶ **Pferdskopf**, den wir erklimmen. Mit seinen 34 Metern Höhe bietet er einen schönen Rundblick auf den Taunus und den Großen Feldberg. Bei gutem Wetter kann man sogar den Pfälzerwald sowie den Donnersberg erkennen.

Historisches in Treisberg Auf dem bekannten Weg zurückwandernd biegen wir am Abzweig nach links und erreichen alsbald den kleinen Ort ❷ **Treisberg**, den kleinsten Ortsteil von Schmitten (aber trotzdem einen Besuch wert). In der Ortsmitte befindet sich die Alte Schule; ursprünglich sollte sie 1846 als Rathaus genutzt werden, was allerdings nicht umgesetzt wurde. Später diente das Gebäude als Einklassenschule, in der 3–15 Kinder unterrichtet wurden. Das Fachwerkhaus, heute unter Denkmalschutz, wurde für eine Lehrerwohnung und einen Klassenraum im ersten Stock ausgerichtet. Anschließend lädt das Gasthaus Taunushöhe zur Einkehr – auch hier kann man neben leckeren Wildgerichten den schönen Ausblick auf den Taunus genießen.

Anschließend treten wir den Rückweg nach Seelenberg auf dem schon bekannten Hinweg an, erneut dem kleinen blauen Schmetterling bis zum Parkplatz Teufelslai folgend.

95 Historisch interessante Wanderung am Limes

Römer im Taunus

Mittel   12 km   385 m   3.30 Std.

Tourencharakter
Mittelschwere, teils schattige, historisch interessante Rundwanderung auf Waldwegen entlang des Limes

Ausgangs-/Endpunkt
Bahnhof Saalburg

Anfahrt
Auto: A 5 bis Abfahrt Friedberg und L 3041 bis Lochmühle/Saalburg.
Bus/Bahn: S 5 nach Friedrichsdorf, dann mit der Taunusbahn zum Bahnhof Saalburg.

Einkehr
Landgasthof Saalburg in Bad Homburg vor der Höhe; Restaurant Adler im Freilichtmuseum Hessenpark in Neu-Anspach; Gasthof Zum Engel in Wehrheim

Karte
Kompass 1:50 000, Nr. 840 Östlicher Taunus

Information
naturpark-taunus.de

Auf den Spuren der Römer geht es vom Freizeitpark Lochmühle am Limes entlang zum wiederaufgebauten Römerkastell Saalburg und zum Freilichtmuseum Hessenpark – eine wunderbare Tour für wissbegierige Wanderer.

Der kleine Bahnhof Saalburg in der Nähe des Freizeitparks Lochmühle ist unser Startpunkt. Die heiteren Geräusche des Freizeitparks begleiten uns nur noch wenige Minuten. Von hier laufen wir zur L 3041, wo wir die Straßenseite wechseln. Auf der anderen Seite nehmen wir einen Feldweg, der rechts in den Wald führt und dem wir folgen, bis wir ihn bei der zweiten Abzweigung nach rechts verlassen. Bald treffen wir auf einen Waldweg, den wir überqueren; von nun an wandern wir links am Limes, dem ehemaligen römischen Grenzwall, entlang.
Es geht leicht aufwärts in Richtung der B 456. Hier gilt es nun bei der Überquerung Vorsicht walten zu lassen, denn der Verkehr ist sehr massiv. Nach nur wenigen Metern links entlang führt ein kleiner Weg links zum ❶ **Römerkastell Saalburg**. Das wiederaufgebaute Kastell mit seinem Museum und dem Park eignet sich für eine längere Pause.

Auf den Spuren römischer Soldaten Ursprünglich war die Saalburg zu Zeiten der Römer ein Kastell mit Lagerdorf an der direkten Grenze des Römischen Reichs und diente der Überwachung. Direkt vor dem Haupttor des Kastells befindet sich der Bereich des früheren Dorfs. Hier können konservierte Mauerreste vom Badegebäude, Gästehaus, Keller und Brunnen der Wohnhäuser angesehen werden, ebenso verschiedene Gebäude aus Holz und Stein. Rekonstruierte Backöfen sowie archäologische Funde verdeutlichen anschaulich das Leben der damaligen Soldaten. Insgesamt waren im Kastell ca. 600 Mann, Fußsoldaten und Reiter, stationiert. Im Principia, dem zentralen Staatsgebäude, können eine große Halle und der Innenhof bewundert werden. Zu Zeiten der Römer waren hier die Amtsräume, Schreibstuben und Waffenkammern. In der Dauerausstellung zur Urgeschichte werden archäologische Funde aus Stein-, Bronze- und Eisenzeit und dem frühen Mittelalter sowie informative Texte und Grafiken präsentiert.

Entlang des Grenzwalls zum Weißen Stein Nach einer Besichtigung wandern wir in westlicher Richtung weiter, biegen an der zweiten Wegkreuzung links ab und wenden uns bei der nächsten Möglichkeit erneut nach links. Ein schmaler Weg führt uns bergauf, bis wir an der zweiten Kreuzung rechts weiterwandern. Im Schatten der Bäume trifft man auf eine Kreuzung, wo wir die rechte Abzweigung nehmen. An der nächsten linken Abbiegung geht es weiter aufwärts entlang des ehemaligen römischen Grenzwalls. Schon bald ist der Weiße Stein, eine ca. 70 Meter lange Taunusquarzitrippe, erreicht.

Alte Inschrift im Hessenpark

Rast im Freilichtmuseum An der nächsten Wegkreuzung folgen wir dem Weg rechts abwärts zu einem gemütlichen Waldweg. Auf diesem wandern wir nach links etwa einen halben Kilometer weiter, bis wir wieder rechts abbiegen und über einen Pfad auf die Straße gelangen, die zum ➋ **Freilichtmuseum Hessenpark** führt. Hier lohnt es sich ebenfalls, Zeit für die Besichtigung und eine Pause einzuplanen – auf dem Marktplatz gibt es z. B. mehrere Restaurants, die typisch hessische Gerichte anbieten.

Nach der Stärkung setzen wir unsere Tour fort und halten uns links. Nach nur wenigen Metern wechseln wir die Straßenseite und spazieren am Wald- und Feldrand auf einem bequemen Weg bis nach ➌ **Obernhain**.

Nach ca. 15 Minuten treffen wir auf einen Spielplatz und den Löschteich. An der nachfolgenden Kreuzung geht es geradeaus weiter zur Straße Zur Thalmühle. Hier rechts abbiegend gilt es nun, der Saalburgstraße zu folgen. Weiter führt die Strecke durch den Wald bis zum nächsten Scheideweg, wo wir links auf dem asphaltierten Weg weiterwandern und später auf einem Waldweg die B456 erreichen. Von hier aus geht es über den Hinweg zurück zum Bahnhof Saalburg.

96

In die Maibacher Schweiz

Eigenwillige Felsengruppen

Mittel · 16 km · 398 m · 4 Std.

Tourencharakter
Mittelschwere Wanderung in
z. T. unmarkiertem Gelände mit
streckenweise herausfordernden
Steigungen

Ausgangs-/Endpunkt
Parkplatz am Friedhof in Usingen

Anfahrt
Auto: B 275 oder B 456 nach
Usingen. **Bus/Bahn:** Mit der
Taunusbahn bis Usingen-Bahnhof

Einkehr
Landgasthof Eschbacher Katz in
Usingen

Karte
Kompass 1:50 000, Nr. 840 Östlicher Taunus

Information
usingen.de

Die Felsformation unterhalb des Orts brachte Maibach den Beinamen »Maibacher Schweiz« ein. Mit ihrem bizarren und gleichzeitig anmutigen Aussehen ist die Felsengruppe ein Anziehungspunkt für Fotografen, Wanderer und Kletterer und wird zudem gern für ein Familienpicknick genutzt.

Die Taunusstadt Usingen eignet sich hervorragend als Startpunkt. Über 1200 Jahre ist die ehemalige Residenzstadt alt. Aufgrund des im Jahr 1938 durch Theo Geisel verfassten »Buchfinkenlieds«, in dem das Usinger Land beschrieben wird, wurde die Stadt zur Buchfinkenstadt im Buchfinkenland. Wer mit offenen Augen durch das Städtchen streift, wird hier und da auch einen bunten Buchfink entdecken können. Daneben gibt es hier aber auch noch mehr zu entdecken: In der Stadtmitte befindet sich das Usinger Schloss (heute ein Gymnasium), und dahinter erstreckt sich der Schlosspark mit dem Denkmal der Fürsten von Nassau-Usingen und dem Charlotte-Amalie-Brunnen sowie Rabatten, Wiesen und einer Vielzahl von Sitzgelegenheiten. Ebenfalls prominent im Stadtzentrum und gegenüber dem Schloss ist das Rathaus aus dem Jahr 1687. Das Fachwerkhaus im barocken Stil ziert eine Wetterfahne mit dem nassauischen Löwen sowie einem Kleeblatt, die auch im Stadtwappen zu finden sind.

Ins Michelbachtal Vom Parkplatz am Friedhof in Usingen geht es ein Stück den Wernborner Weg entlang. Über das Feld auf dem Usinger Weg erreicht man bald das Eschbachtal. Von hier aus dauert es nicht mehr lange, und wir kommen nach ❶ Wernborn, einem Ortsteil von Usingen. Auf der Lindenstraße streifen wir die Kirche des kleinen Orts und setzen auf der Friedberger Straße unsere Tour fort.
Nach der Überquerung des Michelbachs biegen wir links ins Michelbachtal. Nun gilt es die K 724 zu queren. Im Anschluss laufen wir parallel am Michelbach entlang, passieren die Kläranlage und erreichen schließlich ❷ Maibach. Durch diesen kleinen Ort führt der berühmte Ardennenweg, ein Fernwanderweg vom Atlantik bis zum Böhmerwald.

Eschbacher Klippen und Saienstein Im Zentrum von Maibach gehen wir links in den Eschbacher Weg und vorbei an kleinen Ferienhäusern wieder ins Michelbachtal. Stetig aufwärts erreichen wir mit einigen Mühen den Hasenberg und genießen von dort die Aussicht. Danach geht es auf unserer Route weiter, bis wir einen kurzen Abstecher von ca. 200 Metern zu den ❸ **Eschbacher Klippen** unternehmen. Diese Klippenformation wird besonders von Hobbykletterern innig geliebt, aber auch Familien suchen den Ort gern an den Wochenenden auf.

Zurück auf der Landstraße bzw. dem dortigen Parkplatz führt die Route nun am ❹ **Saienstein** vorbei. Der Saienstein (bzw. Kaiser-Friedrich-Felsen) gehört wie die Eschbacher Klippen zu einem Quarzgang. Auch hier sind die Steilwände ein Mekka für Sportbegeisterte; für Kletterer gibt es Sicherungsringe und Haken.

Über Eschbach nach Usingen Durch ein kleines Wohngebiet erreichen wir nun bald ❺ **Eschbach**. Dieser Stadtteil von Usingen ist besonders bekannt für seine Gastronomie, die man z. B. in der »Eschbacher Katz« an der Hauptstraße vorzüglich genießen kann: Regionale wie internationale Gerichte lassen sich auf der Speisekarte entdecken. In direkter Nähe befindet sich die Evangelische Kirche im neoromanischen Stil; ihr wirklich hübscher Kirchturm ist schon von Weitem hinter den Dächern der Häuser zu sehen.

Über die Straße Auf dem Engdenberg und die Plankstraße geht es dann auf der Usinger Straße rechts in die Kanstraße. Der Alte Usinger Weg führt uns nun bis zur linken Abzweigung in den Gutenbergweg und rechts in die Eschbacher Straße. Über den Roßmühlweg und den Wernborner Weg erreichen wir in wenigen Minuten wieder den Parkplatz am Friedhof in Usingen.

Das Schmalblättrige Weidenröschen

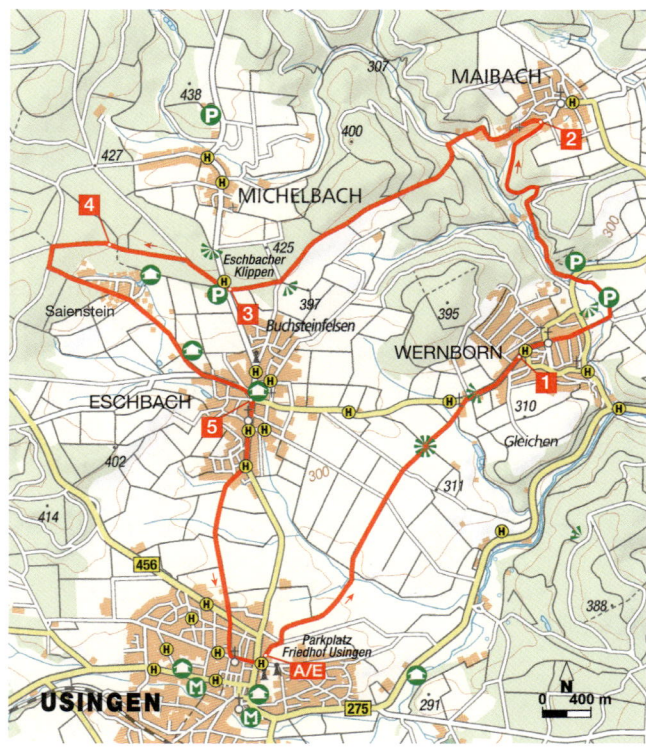

97

Am Hirschweg in Bodenrod

Kleine Pfadfindertour

| Leicht | 10 km | 218 m | 3 Std. |

. . . .

Tourencharakter
Leichte Wanderung durch Wald und an Feldern entlang mit teils fehlenden bzw. nicht sichtbaren Markierungen

Ausgangs-/Endpunkt
Wanderparkplatz Wellerstraße, zwischen Michelbach und Bodenrod

Anfahrt
Auto: Über B456 oder B275 nach Usingen, von dort über die L2370 nach Michelbach und weiter durch den Ort Richtung Bodenrod bis zum Wanderparkplatz. **Bus/Bahn:** Mit der Taunusbahn bis Bahnhof Usingen und weiter mit dem Sammeltaxi bis nach Michelbach und weiter zu Fuß

Einkehr
Unterwegs keine. Einen gut gefüllten Rucksack mitzunehmen, ist empfehlenswert.

Karte
Kompass 1:50000, Bd. 847 Westerwald/Siegen/Naturpark Lahn-Dill-Bergland

Information
bodenrod.net

Mitten im Wald startet die Tour auf bequemen Wegen. Später sind die Markierungen nur schlecht erkennbar, und die Wege werden zu kleinen Pfaden. Hier ist ein guter Orientierungssinn nötig. An einer Anhöhe wird über Feldwege der kleine Ort Bodenrod erreicht.

Der Wanderparkplatz Wellerstraße zwischen Michelbach und Bodenrod dient als Ausgangspunkt. Von hier aus folgen wir zunächst dem Waldweg mit der Hirsch-Markierung. Lange Zeit geht es nun vorwiegend bergab. Rechts und links säumen hohe Bäume den Weg. An der markanten 180°-Kurve kann man einen kurzen Abstecher zum ❶ **Kuhschwanzweiher** machen. Danach setzen wir unseren Weg fort bis zu einer lang gestreckten Wiese mit Jägersitz, auf den wir hinaufklettern und den Ausblick genießen können.

Kleine Wege Von nun an sind die verwitterten Markierungen nicht mehr ganz so deutlich zu sehen, und es macht etwas Mühe, dem richtigen Weg zu folgen. Nach etwa vier Kilometern geht es rechts auf einen kleinen Trampelpfad an einem umzäunten Gebiet entlang. Später streift man eine

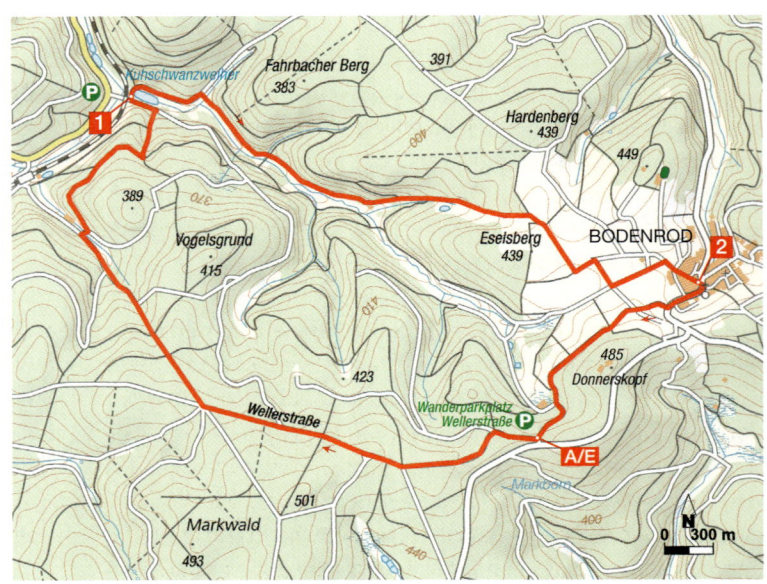

Ein sonniger Platz
zum Innehalten nahe
am Ziel

Kuhweide, auf der uns zwei Kühe freudig begrüßen. Weiter auf dem kleinen Waldweg streifen wir ein idyllisch gelegenes Pfadfindercamp. Nun heißt es wieder Obacht geben, denn die Markierung lässt uns erneut im Stich: Rechts geht es nun weiter an der Wiese entlang, bis wir über Bäume steigend auf den Waldweg treffen. Dieser geht später in einen Schotterweg über, dem man sich links haltend am Wald entlang folgt.

Gemütlicher Rastplatz Bald erreichen wir nun eine Anhöhe mit vielen Feldern. Hier kann man auch den Signalturm des ehemaligen Warnamts auf dem Donnerskopf erkennen; heute befindet sich an gleicher Stelle ein Pfadfinderzentrum. Bei der Sitzgelegenheit können wir nun eine Pause machen, bevor wir geradeaus weiter dem Feldweg bis nach ❷ **Bodenrod**, einem Stadtteil von Butzbach, folgen. Nach einer kleinen Ortsbesichtigung erreichen wir auf der gleichen Strecke von Bodenrod zurück wieder die gemütlichen Holzbänke.

Blick ins Hügelland Links befindet sich eine Schonung, an deren Zaun unsere Hirsch-Markierung erkennbar ist. An der Schonung bzw. dem Zaun wandern wir bis zum Feldrand weiter, wo es dann links am Feld aufwärts zum Wald geht. Von dort hat man einen schönen Blick auf die hügeligen Felder. Rechts auf dem Schotterweg geht es nun am Wald entlang, bis der Weg in den Wald hineinführt. In Kürze erreichen wir eine Bergungs- und Ortungsstation. Kleine Holzhütten sind hier und da ebenfalls sichtbar. Weiter dem Weg folgend erreichen wir in wenigen Minuten, uns rechts haltend, wieder den Wanderparkplatz Wellerstraße.

98 Von Weilburg zur Kubacher Kristallhöhle

Funkelnde Verzauberung

| Mittel | 13 km | 385 m | 4 Std. |

Tourencharakter
Aussichtsreiche und teilweise unmarkierte Rundtour zu einer geologisch interessanten Höhle in Kubach

Ausgangs-/Endpunkt
Bahnhof Weilburg

Anfahrt
Auto: Über die B 456 nach Weilburg. **Bus/Bahn:** Mit der Bahn bis Bahnhof Weilburg

Einkehr
Restaurant in der Kubacher Kristallhöhle; Restaurant Bürgerhof in Weilburg

Karte
Kompass Nr. 847 Westerwald, 1:50 000

Information
weilburg.de

Vorbei am Weilburger Schifffahrtstunnel und dem im 18. Jahrhundert erbauten Jagd- und Lustschloss Windhof geht es nach Kubach zum Höhepunkt der Tour, einer geologisch attraktiven Naturschönheit, die erst im Jahr 1974 entdeckt wurde.

Die ehemalige Residenzstadt Weilburg liegt zwischen dem Westerwald und dem Taunus. Vom Bahnhof Weilburg geht es über die Bahnhofstraße zur Limburger Straße. Hier wird nach links die Lahn überquert, dann geht's links weiter zur Weilstraße, wieder links in den Ahäuser Weg und über den Weilburger ❶ **Schifffahrtstunnel**. Nach wenigen Metern biegen wir rechts in die Straße Karlsberg und gehen weiter, bis links der Schmittbachweg abzweigt. Diesem folgen wir, bis rechts der Braunfelser Weg erreicht ist. Am Friedhof vorbei ist es nicht mehr weit bis zum Wohnheim Windhof.

Zur Kristallhöhle Rechts geht's auf der Johann-Ernst-Straße bis zur Frankfurter Straße, wo wir rechts abbiegen. Am Kreisverkehr geht es links über

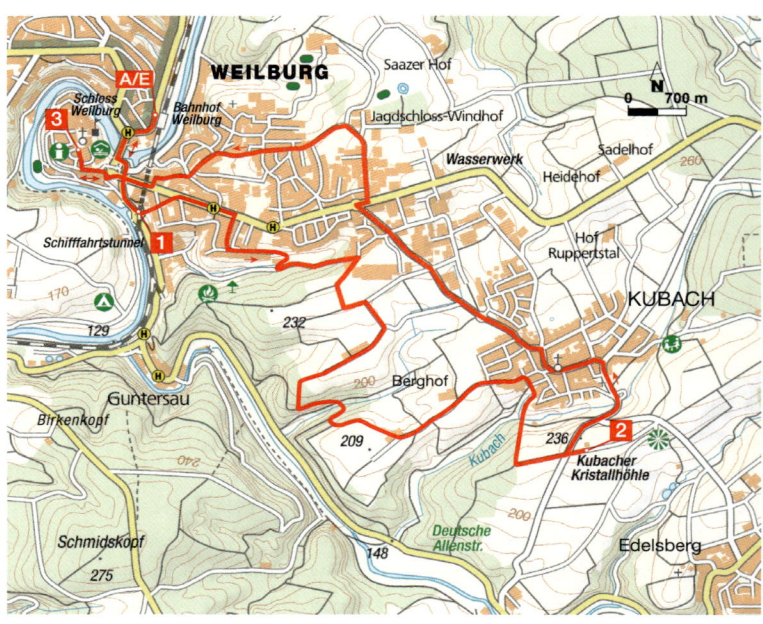

den Kubacher Weg und an einem weiteren Kreisverkehr geradeaus weiter bis zur Hauptstraße in Kubach. Vorbei an der Evangelischen Kirche halten wir uns rechts, dann links und anschließend wieder rechts bis zur Straße Am Birkenkopf. Nun heißt es Obacht geben, denn der schmale Weg, der rechts nach der zweiten Gabelung abzweigt, kann leicht übersehen werden. Auf dem Pfad, der durch Bäume gesäumt wird, laufen wir bis zur nächsten Gabelung, wo nun der Weg links durch die Felder weiter verläuft bis zu einem größeren Weg. Ihm südwärts folgend ist schnell ein kleiner Weg links erreicht, der an Bäumen vorbei auf einen Feldweg stößt. Nun gilt es rechts weiterzulaufen, bis die Höfstraße überquert und die ❷ **Kubacher Kristallhöhle** erreicht ist.

Im Inneren der Kubacher Kristallhöhle

Nach Weilburg Weiter auf dem Feldweg geht es durch den Wald bis zur nächsten Wegkreuzung. Wir halten uns rechts und verlassen den Wald. Dann rechts und gleich wieder links führt der Weg nach etwa zwei Minuten links zu einem Feldweg, der rechts weiterzulaufen ist. Wir nehmen die erste Abzweigung rechts und es kreuzt ein weiterer Feldweg die Route. Hier halten wir uns wieder links und laufen dann rechts in den Wald. An der nachfolgenden Kreuzung geht es rechts weiter. Der Weg führt zu einer weiteren Kreuzung, wo nun der linke Abzweig genommen werden muss. Die nächste rechte Abzweigung führt zu einer Kurve, nach der man sich links hält. Der Weg durch den Wald leitet zu einer Kreuzung, wo dem linken Abzweig zu folgen ist. An der nächsten Kreuzung geht es rechts weiter bis zu einem Forstweg. Links weiter, dann rechts und wieder links führt ein kleiner Weg direkt zur Straße Im Geyer. Rechts folgen wir der Bismarckstraße, bis wir links in die Frankfurter Straße einbiegen.

Prächtiges Schloss Im weiteren Verlauf bringt uns links die Straße Vorstadt zum König-Konrad-Platz, alsdann erreichen wir rechts über die Marktstraße das ❸ **Schloss Weilburg**, das sehr eindrucksvoll mit seinem Schlossgarten hoch über der Lahn liegt.
In den Jahren 1533–1572 wurde die Vierflügelanlage des Hochschlosses im Stil der Renaissance erbaut. Das barocke Aussehen verdankt es dem Architekten des Grafen Johann Ernst, der auch die Schlossgärten und die Orangerie schuf. Während einer Führung können ca. 30 Räume des Hochschlosses besichtigt werden. Besonders sehenswert ist das Badekabinett, welches 1712 mit schwarzem Lahnmarmor ausgestattet wurde. Ebenso interessant sind die Wohnräume, welche die Wohnkulturen der unterschiedlichen Epochen widerspiegeln. Im angrenzenden Schlossgarten gibt es eine facettenreiche Pflanzenwelt zu bestaunen. Heute gehört das Schloss Weilburg zu den wichtigsten barocken Schlossanlagen Hessens.
Über die Langgasse und die Niedergasse geht es anschließend auf die Steinerne Brücke. Am Kreisverkehr halten wir uns rechts in die Straße Am Postplatz und laufen durch die Bahnhofstraße zurück zum Bahnhof.

Von Wetzlar nach Braunfels

Unterwegs auf dem Lahnhöhenweg

| Mittel | 19 km | 419 m | 5 Std. |

Tourencharakter
Durchgehend gut beschilderte Tour auf hügeligen Feld- und Waldwegen

Ausgangspunkt
Parkplatz an der Kalsmuntstraße in Wetzlar

Endpunkt
Marktplatz in Braunfels

Anfahrt
Auto: Über A 45 und B 49 nach Wetzlar, dann über Gloelstraße, Karl-Kellner-Ring und Ernst-Leitz-Straße in die Kalsmuntstraße.
Bus/Bahn: Mit der Bahn bis Bahnhof Wetzlar, von dort ca. 1 km zu Fuß zum Ausgangspunkt

Einkehr
Mehrere gute Cafés und Restaurants in der Altstadt von Idstein

Karte
Kompass 1:50000, Nr. 847 Westerwald

Information
braunfels.de

Vom romantischen Fachwerkstädtchen Wetzlar geht's auf Feld- und Waldwegen zur ehemaligen Reichsburg und zum Stoppelberg. An zwei Mühlen und an geschichtsträchtigen Gemeinden vorbei wird Braunfels mit seinem Märchenschloss erreicht.

Wetzlar liegt im Lahntal und ist eine reizvolle Fachwerkstatt. Kleine Gässchen und schöne Plätze prägen die Altstadt. Ein besonderes Kleinod ist der Wetzlarer Dom, auch Dom Unserer Lieben Frau genannt; er gilt als

Im Wildpark Tiergarten Braunfels

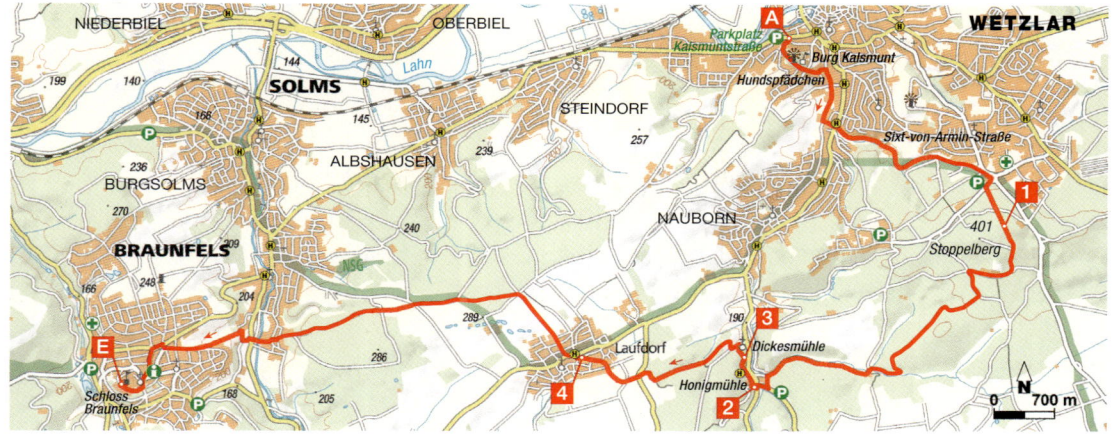

Wahrzeichen der Stadt und wurde nie fertiggestellt, was an seiner Fassade deutlich erkennbar ist. Neben dem Dom befindet sich das Lottehaus. In ihm begegnete Johann Wolfgang von Goethe im Sommer 1772 Charlotte Buff, in die er sich unglücklich verliebte. Weiterhin gilt die Stadt als Optikerstadt – ein Parcours beschäftigt sich mit sämtlichen Phänomenen und Wahrnehmungstäuschungen der Optik.

Wo Barbarossa herrschte Vom Parkplatz in der Kalsmuntstraße in Wetzlar geht es sogleich durchs Kalsmunttor. Nun gilt es, die ersten Höhenmeter auf der mit einem »L« markierten Route zu bewältigen. Die Ruine der ehemaligen Reichsburg Kalsmunt ist das erste Zwischenziel; hier kann man den wunderschönen Ausblick auf die Stadt Wetzlar und ihre Umgebung genießen. Die Burg wurde von Friedrich Barbarossa um 1180 ausgebaut mit der Absicht, die Stadt bzw. das Reichsland zu sichern. Nach dem kurzen Aufenthalt führt uns die Route nun halb um die Burg Kalsmunt herum und geradewegs ins Wetzbachtal hinein. Über den Burgweg gelangen wir nach Überquerung des Laufdorfer Wegs in das Hundspfädchen. Rechts in die Solmserstraße abbiegend, laufen wir über eine kleine Brücke des Wetzbachs zur Weiherstraße.

Über den Stoppelberg Nachdem die Nauborner Straße überquert wurde, geht es immer weiter auf der Sixt-von-Armin-Straße am Brühlsbach entlang. Über eine lange, waldige Passage erreicht man letztendlich den ❶ **Stoppelberg**. Hier steht ein Aussichtsturm, der zu einem Rundumblick einlädt. Außerdem befindet sich dort ein 48 Meter hoher Sendeturm.

Durch das Siebenmühlental geht es nun weiter. Eine Zeit lang ist der Abach unser Wegbegleiter. Bald erreichen wir die ❷ **Honigmühle**. Hier kann man die Gelegenheit zu einer Jause nutzen. Nach der kurzen Pause wird der Abach gequert, und es geht parallel am Wetzbach entlang. Nun wird die ❸ **Dickesmühle**, eine ehemalige Ölmühle, erreicht.

Ein Fachwerktraum Danach geht es in den Schöffengrund und auf der markierten Route bis nach ❹ **Laufdorf**. In diesem Ort stehen bis heute noch gut erhaltene Fachwerkhäuser, die z. T. aus dem 17. Jahrhundert stammen. Besonders interessant ist das ehemalige Backhaus, in dem früher gemeinschaftlich gebacken wurde, mit der davorstehenden Dorflinde.

Nachdem Laufdorf durchstreift wurde, ist der Ortsrand von Oberndorf unser nächstes Ziel. Nach dem Queren von Solmsbach und der Peter-Weil-Straße geht es direkt weiter nach Braunfels, dessen Schloss schon von Weitem sichtbar ist. 1246 wurde Braunfels und sein Schloss als »Castellum Bruninfels« erstmals erwähnt. Über die Straßen Kirschenhohl und Am Kurpark ist schnell der Marktplatz erreicht, den zahlreiche Fachwerkgebäude umringen und wo Cafés und Restaurants zur Einkehr laden.

Wächter des Tierparks

Für jeden Tag
die richtige Tour

#		Tour	km	▲	⏱	🍴	☺	🏛	❄	☀	🌳	🏊	🚌
1	●	Auf den unbekannten Eckpfeiler des Innerstetales	11,2 km	280 m	3 Std.	●	●			●	●		●
2	●	Der markanteste Gipfel des westlichen Harzes	13,5 km	440 m	4 Std.		●			●	●		(●)
3	●	Auf Waldwegen zur originellen Wanderbaude	9 km	450 m	3.30 Std.	●	●			●	●		●
4	●	Stille Höhen und tiefe Täler	15 km	350 m	4 Std.	●				●	●		●
5	●	Wildromantischer Hangweg und Aussichtswarte	10 km	300 m	3 Std.	●	●	●		●	●		●
6	●	Stille Winkel und einsame Pfade beim Eckerstausee	15 km	350 m	4 Std.	●	●			●	●		●
7	●	Der einsame Weg zum großen Berg des Nordens	22 km	830 m	6–7 Std.	●	●			●			●
8	●	Zum Ausguck über der Mitte des Ostharzes	8,5 km	200 m	2–3 Std.	●				●			●
9	●	Felsschluchten hinter dem Tourismus-Brennpunkt	12 km	300 m	3 Std.	●				●	●	●	●
10	●	Industrierelikte und Wiesentäler am Granitberg	16 km	300 m	4.30 Std.	●				●	●		●
11	●	Zu einem nur gelegentlich erscheinenden See	10 km	250 m	3 Std.	●	●			●	●	●	
12	●	Pilzaussicht	11 km	↑132 m/↓126 m	3 Std.	(●)				●			●
13	●	Breiter Stein, Schöne Höhe	10 km	↑247 m/↓211 m	3.30 Std.	●					●		●
14	●	Lilienstein	8 km	↑217 m/↓221 m	4 Std.	●				●			●
15	●	Brandgebiet	14 km	254 m	5 Std.	●							●
16	●	Schwarzbachtal	10 km	126 m	3.30 Std.	(●)	●			●			●
17	●	Arnstein und Kleinstein	8 km	91 m	3.30 Std.	(●)	●				●		●
18	●	Spanghorn und Labyrinth	9 km	196 m	2.30 Std.	(●)	●				●		●
19	●	Zeisigstein, Sachsenstein	11 km	191 m	3.30 Std.	(●)	●				●		●
20	●	Diebskeller am Quirl	13 km	↑176 m/↓452 m	4 Std.	(●)				●	●		●
21	●	Tafelberg-Panorama	6 km	0 m	1.30 Std.	●	●			●			●
22	●	Gelobtbachtal, Zirkelstein	10 km	242	4.30 Std.	●	●						●

Nr.		Tour	km	Höhe	Zeit	🍴	☺	🏛	❄	☀	🌳	≈	🚌
23	●	Im Land der großen Türme	15 km	530 m	4.45 Std.			●			●		
24	●	Felsendorf und Trockentäler	18,5 km	300 m	5.30 Std.		●	●	●				
25	●	Idyllische Täler und wilde Schluchten	16 km	440 m	4.45 Std.	●		●			●		●
26	●	Naturwunder über der Wiesent	10,5 km	280 m	3.15 Std.	●	●				●		●
27	●	Muggendorfer Felsabenteuer	10 km	410 m	3.30 Std.					●			●
28	●	Eldorado der Vertikale	4 km	150 m	1.45 Std.					●			●
29	●	Kunstwerke der Erosion bei Allersdorf	9 km	280 m	3 Std.		●		●	●	●		
30	●	Wunderland der Felstunnel	15 km	460 m	4.45 Std.	●	●		●	●	●		
31	●	Höhlenwelten und Waldeinsamkeit	16,5 km	370 m	5 Std.		●	●		●	●		
32	●	Felswildnis und Höhlenzauber	13 km	400 m	4.15 Std.		●				●		
33	●	Seeblick und Doppelturm	17 km	↑730 m/ ↓717 m	5.30 Std.	●		●		●	●		
34	●	Kraftort über dem Regental	15 km	320 m	4.30 Std.		●	●		●	●		
35	●	Sanfte Hügel überm Perlbachtal	15,5 km	570 m	5 Std.								●
36	●	Kathlfelsen und Arberblick	9,5 km	370 m	3.15 Std.		●						
37	●	Über den Gibacht	6 km	160 m	2 Std.		●	●			●		
38	●	Besuch beim Steinernen Drachen	10,5 km	290 m	3 Std.		●	●	●		●		
39	●	Luftige Kammwanderung	13 km	670 m	4.45 Std.	●	●				●		●
40	●	Wo Bayern kanadisch wird	10,5 km	250 m	3.30 Std.								●
41	●	Wilde Romantik mit Aussicht	14 km	650 m	4.45 Std.		●	●			●		●
42	●	Im »Obstgarten« Bayerns	16,5 km	540 m	4.45 Std.		●				●		●
43	●	Idyllische Wolfsteiner Ohe	13 km	310 m	3.45 Std.		●				●		●
44	●	Herbstgenuss am Dreiburgensee	17 km	440 m	4.30 Std.			●			●		
45	●	Grünstein	–	570 m	4 Std.	●		●			●	●	●
46	●	Hochgern	–	1300 m	7.15 Std./ 8.15 Std.	●					●		●
47	●	Reifenberg	–	380 m	2.15 Std./ 4 Std.	●				●	●		●
48	●	Dandlberg	–	160 m	2.45 Std.	●	●				●		
49	●	Nußlberg	–	500 m	4.15 Std.		●	●			●		
50	●	Stolzenberg	–	710 m	5 Std.	●				●	●	●	●

Nr.		Tour	🥾 km	⛰ m	🕐	🍴	😊	🏛	❄	☀	🌳	💧	🚌
51	●	Blankenstein	10 km	920 m	5 Std.						●		●
52	●	Ringspitz	6 km	470 m	3 Std.	●					●		●
53	●	Zwieselberg	11 km	860 m	5 Std.	●		●			●		●
54	●	Hirschhörnlkopf und Graseck	18 km	1250 m	7 Std.						●		●
55	●	Rund um das Kuhalmtal	21 km	2000 m	8–10 Std.					●			●
56	●	Tegelberg und Schloss Neuschwanstein	9 km	↑200 m/ ↓1100 m	3.15 Std.	●	●	●					●
57	●	Spieser und Kleiner Hirschberg	10 km	650 m	4.30 Std.	●	●						●
58	●	Der Sonnenkopfgrat	10,7 km	800 m	4.30 Std.	●							
59	●	Geißberg	6 km	550 m	3 Std.		●				●		●
60	●	Gunzesrieder Tal	14,1 km	900 m	5.30 Std.	●							●
61	●	Über die Thaler Höhe zum Alpsee	12,9 km	↑420 m/ ↓440 m	4.45 Std.	●						●	●
62	●	Von Wasserburg über Oberreitnau nach Lindau	17,5 km	105 m	4 Std.	●	●	●	●	●			●
63	●	Von Meckenbeuren nach Oberzell	9 km	↑60 m/ ↓50 m	2.30 Std.	●	●	●			●		●
64	●	Von Baitenhausen nach Breitenbach	12,5 km	90 m	3 Std.	●	●	●	●	●	●		●
65	●	Von Stockach nach Hoppetenzell	15 km	140 m	3 Std.	●	●	●			●		●
66	●	Von Stahringen auf die Ruine Homburg	5,5 km	195 m	1,5 Std.		(●)				●		●
67	●	Mettmatal und Schwedenfelsen	20 km	↑160 m/ ↓670 m	5.30–6.30 Std.		●	●	●				●
68	●	Überraschende Weitblicke im Süden	9 km	400 m	3 Std.	●	●	●		●			●
69	●	Am Ittenschwander Horn	12,5 km	400 m	3.45 Std.	●	●	●			●		●
70	●	So weit die Füße tragen	19 km	850 m	6.15–7 Std.					●			●
71	●	Geniale Ingenieurskunst – damals und heute	11 km	350 m	3.30 Std.	●							
72	●	Durch das Moor am Blindensee	12 km	320 m	3.30–4 Std.	●							●
73	●	Der große Unbekannte im Wolftal	12,5 km	525 m	4–4.30 Std.	●							●
74	●	Kurze Runde zu einem Bilderbuchsee	7 km	230 m	2.30 Std.	●				●			●
75	●	Vier Burgen ward ihr stolz	14 km	350 m	4.30 Std.	●	●	●		●			●
76	●	Aufatmen im Tal der Teinach	15,2 km	440 m	4.45 Std.	●	●	●		●			●
77	●	Aussichtstour zum Lautenfelsen	12,5 km	540 m	4–4.30 Std.	●	●	●	●	●	●		●
78	●	Von Kapsweiher nach Kandel	19,3 km	23 m	4.30 Std.	●		●			●		●

	Tour	Länge	Höhenunterschied	Gehzeit	Einkehr	kindergeeignet	Sehenswürdigkeit	wintergeeignet	viel Sonne	schattiger Weg	Baden	Bus/Bahn
79 ●	Über Dierbach nach Kapellen	12,2 km	147 m	3 Std.	●		●		●			●
80 ●	Zollstock und Hohenberg	9,6 km	562 m	2.45 Std.	●		●		●			
81 ●	Zu den Buchholzfelsen	17,8 km	800 m	4.55 Std.	●		●		●			●
82 ●	Über den Eselskopf zur Hohen List	11,1 km	384 m	3.05 Std.	●		●		●			
83 ●	Holländerklotz und Jagdfelsen	17,8 km	836 m	5.50 Std.	●		●		●			●
84 ●	Durch den Heltersberger Wald	10,8 km	576 m	3.10 Std.	●		●		●			●
85 ●	Von Weidenthal nach Neidenfels	12,2 km	786 m	3.45 Std.	●		●		●			●
86 ●	Am Isenachweiher	8,1 km	466 m	3.05 Std.	●		●					
87 ●	Nordpfälzer Weihertour	13,5 km	440 m	3.45 Std.	●		●		●			●
88 ●	Panoramablicke über dem Glantal	13,4 km	832 m	4 Std.	●				●			●
89 ●	Taunus-Rundwanderweg Wiesbaden	13 km	267 m	3.30 Std.	●		●	●	●			●
90 ●	Rundwanderung Rettershof	13 km	360 m	4 Std.	●	●	●					●
91 ●	Am Drei-Burgen-Weg	11 km	535 m	4 Std.	●		●					●
92 ●	Am Mühlenwanderweg	14 km	31 m	3 Std.	●		●		●			●
93 ●	Am Wanderweg Heiligenwald	8 km	176 m	2 Std.	●	●	●		●			●
94 ●	Von Seelenberg nach Treisberg	10 km	170 m	2.30 Std.	●		●		●			●
95 ●	Historisch interessante Wanderung am Limes	12 km	385 m	3.30 Std.	●		●					●
96 ●	In die Maibacher Schweiz	16 km	398 m	4 Std.	●		●		●			
97 ●	Am Hirschweg in Bodenrod	10 km	218 m	3 Std.		●	●					●
98 ●	Kubacher Kristallhöhle	13 km	385 m	4 Std.	●		●			●		●
99 ●	Von Wetzlar nach Braunfels	19 km	419 m	5 Std.	●		●	●		●		●

Piktogramme erleichtern den Überblick

🕐 Gehzeit	🍴 Einkehr	❄ wintergeeignet	≈ Baden
🥾 Länge	☺ kindergeeignet	☀ viel Sonne	🚌 Bus/Bahn
🏔 Höhenunterschied	🏛 Sehenswürdigkeit	🌳 schattiger Weg	

Impressum

Verantwortlich: Stefanie Krüger
Redaktion: Christian Schneider
Layout: BUCHFLINK Rüdiger Wagner
Umschlaggestaltung: Alexander Knoll
Repro: Cromika/LUDWIG:media
Kartografie: Bruckmann Verlag GmbH, Heidi Schmalfuß
Herstellung: Stephanie Schlemmer/Alexander Knoll
Printed in Slovenia by Florjancic

★★★★★

Sind Sie mit diesem Titel zufrieden? Dann würden wir uns über Ihre Weiterempfehlung freuen. Erzählen Sie es im Freundeskreis, berichten Sie Ihrem Buchhändler, oder bewerten Sie bei Onlinekauf. Und wenn Sie Kritik, Korrekturen, Aktualisierungen haben, freuen wir uns über Ihre Nachricht an Bruckmann Verlag, Postfach 40 02 09, D-80702 München oder per E-Mail an lektorat@verlagshaus.de.

Unser komplettes Programm finden Sie unter 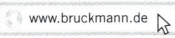 www.bruckmann.de

Empfehlung der Redaktion
Sie sind auf der Suche nach weiterführender Literatur? Dann empfehlen wir Ihnen den Titel »Mystische Pfade Deutschland« Oder Sie werfen einen Blick in die Zeitschrift »BERGSTEIGER«. Hier werden Sie bestimmt fündig.

Tourennachweis
Richard Goedeke: Touren 1–11, Daphna Zieschang, Anita Morandell-Meißner: Touren 12–22, Bernhard Pabst: Touren 23–33, Gottfried Eder: Touren 34–44, Michael Kleemann: Touren 45–50, Joachim Burghardt: Touren 51–55, Gerald Schwabe: Touren 56–61, Benedikt Grimmler: Touren 62–66, Annette und Lars Freudenthal: Touren 67–77, Matthias Wittber: Touren 78–88, Antje Bayer: Touren 89–99

Bildnachweis
Alle Bilder im Innenteil stammen von den Autoren der jeweiligen Touren mit folgenden Ausnahmen: Antje Bayer: S. 11 oben, S. 11 unten, S. 256 oben, S. 256 unten, S. 257 oben, S. 257 unten, Joachim Burghardt: S. 7 unten, S. 8 oben, S. 148 unten, S. 149 unten, Gottfried Eder: S. 6 unten, S. 7 oben, S. 112 oben, S. 112 unten, S. 113 oben, S. 113 unten, Frank Eichler: S. 41 unten, Martin Sonntag: S. 48, S. 50, Annette und Lars Freudenthal: S. 15 unten, S. 202 oben, S. 202 unten, S. 203 oben, S. 203 unten, Richard Goedeke: S. 4 oben, S. 4 unten, S. 15 oben, S. 16 oben, S. 16 unten, S. 17 oben, S. 17 unten, Benedikt Grimmler: S. 174 oben, S. 175 oben, S. 175 unten, Michael Kleemann: S. 13, S. 148 oben, S. 149 oben, Frank Meißner: S. 2, Thomas Mix: S. 40 oben, S. 40 unten, S. 41 oben, S. 43, S. 46, S. 51, S. 53, S. 55 oben, S. 55 unten, S. 56, S. 57, S. 60, S. 61, S. 63, S. 64, S. 65, S. 66, S. 67, Anita Morandell-Meißner: S. 5, S. 47, S. 57, S. 59, Rainer Nitzsche: S. 156, S. 157, Bernhard Pabst: S. 6 oben, S. 12, S. 68 oben, S. 68 unten, S. 69 oben, S. 69 unten, Martin Pohl: S. 52, Gerald Schwabe: S. 8 unten, S. 174 unten, Peter Weinrich: S. 230 oben, Matthias Wittber: S. 10 oben, S. 10 unten, S. 230 unten, S. 231 oben, S. 231 unten

Umschlagvorderseite: Herbstwanderung im Schwarzwald (Michael Mantke/shutterstock.com)
Umschlagrückseite: Nach dem Regen kommt der Nebel (Thomas Mix)

Die Deutsche Nationalbibliothek verzeichnet diese Publikation in der Deutschen Nationalbibliografie; detaillierte bibliografische Daten sind im Internet über http://dnb.d-nb.de abrufbar.

2. aktualisierte Auflage
© 2022, 2021 Bruckmann Verlag GmbH, Infanteriestraße 11a, 80797 München

ISBN 978-3-7343-2143-6